Politik und Wirtschaft

Schroedel

Politik und Wirtschaft

Autoren:

Politik: Karl-Heinz Meyer war Studiendirektor und Fachleiter für Politik/Wirtschaft am Studienseminar für das Lehramt an Gymnasien.

Wirtschaft: Bernd Hihler unterrichtet Mathematik, Wirtschaft/Recht, Rechnungswesen und Wirtschaftsinformatik an einem Gymnasium.
Sabine Leopold unterrichtet an einem Gymnasium mit wirtschaftswissenschaftlichem Schwerpunkt unter anderem Wirtschafts- und Rechtslehre, Rechnungswesen und Wirtschaftsinformatik.
Der Wirtschaftsteil wurde neu bearbeitet von **Susanne Schmidt**, die Fachleiterin für das Fach Wirtschaft und Recht an einem Gymnasium ist.

© 2014 Bildungshaus Schulbuchverlage
Westermann Schroedel Diesterweg Schöningh Winklers GmbH, Braunschweig
www.schroedel.de

Das Werk und seine Teile sind urheberrechtlich geschützt. Jede Nutzung in anderen als den gesetzlich zugelassenen Fällen bedarf der vorherigen schriftlichen Einwilligung des Verlages. Hinweis zu § 52a UrhG: Weder das Werk noch seine Teile dürfen ohne eine solche Einwilligung gescannt und in ein Netzwerk eingestellt werden. Dies gilt auch für Intranets von Schulen und sonstigen Bildungseinrichtungen.
Auf verschiedenen Seiten dieses Buches befinden sich Verweise (Links) auf Internet-Adressen. Haftungshinweis: Trotz sorgfältiger inhaltlicher Kontrolle wird die Haftung für die Inhalte der externen Seiten ausgeschlossen. Für den Inhalt dieser externen Seiten sind ausschließlich deren Betreiber verantwortlich. Sollten Sie bei dem angegebenen Inhalt des Anbieters dieser Seite auf kostenpflichtige, illegale oder anstößige Inhalte treffen, so bedauern wir dies ausdrücklich und bitten Sie, uns umgehend per E-Mail davon in Kenntnis zu setzen, damit beim Nachdruck der Verweis gelöscht wird.

Druck 2 / Jahr 2015

Redaktion: imprint, Zusmarshausen
Kontakt: lernhilfen@schroedel.de
Herstellung: Druckreif! Sandra Grünberg, Braunschweig
Umschlaggestaltung und Layout: Janssen Kahlert Design & Kommunikation, Hannover
Satz und Grafik: imprint, Zusmarshausen
Druck und Bindung: Westermann Druck Zwickau GmbH

978-3-507-**23119**-1

Vorwort

Top im Abi Politik und Wirtschaft soll Ihnen helfen, prüfungsrelevante Themen in den Fächern Politik, Sozialkunde, Gesellschaftswissenschaften sowie Wirtschaft zu wiederholen. Sie finden hier einen **kompakten Überblick**, der es Ihnen ermöglicht, den Stoff zu wiederholen und Ihre eigenen Wissenslücken zu erkennen – und zu beheben: Schlagen Sie die Bereiche, in denen Sie noch nicht ganz sicher sind, in Ihrem Schulbuch und in Ihren Unterlagen noch einmal nach.

Top im Abi enthält Merkkästen, Abi-Tipps und Checklisten, die Ihnen das Lernen erleichtern sollen. Vor allem die fett gedruckten Begriffe im Text sollen Sie an die wichtigsten Schlagworte erinnern – gehen Sie sicher, dass Sie diese verstanden haben und gegebenenfalls auch ausführlicher erklären können.

Es ist nicht nötig, das Buch von vorne nach hinten durchzuarbeiten. Jedes Kapitel steht für sich und behandelt einen anderen Fachbereich der Prüfung. Deshalb ist es auch möglich, nur einzelne Bereiche, wie beispielsweise „Demokratie" oder „Soziale Marktwirtschaft" nachzuschlagen und zu wiederholen.

Passend zum Buch gibt es eine **Abi-App** für Politik und Wirtschaft. 100 interaktive Test-Aufgaben zu allen Kapiteln dieses Buches warten auf Sie! Einfach im jeweiligen App-Store „Top im Abi" eingeben und mit dem Code **p w 3 – 4 s m** die Version für das Fach Politik und Wirtschaft herunterladen.

Buch plus App – der clevere Weg zum Abitur.

Wir wünschen Ihnen viel Erfolg für die Prüfung!

Inhalt

Vorwort 3

Politik

1 Grundlagen 9

1.1 Definitionen von Politik 9
1.2 Funktionen von Politik 11
1.3 Modelle von Politik 12
1.4 Das Politische 14
1.5 Beteiligung als Basis des Politischen 15
1.6 Entfaltung des Politischen als Demokratie 15
1.7 Dimensionen des Politischen im Politikzyklus 16
1.8 Entpolitisierung 18

2 Demokratie 19

2.1 Grundgesetz – eine Chronik 19
2.2 Grundrechte 21
2.3 Staat, Staatsorgane, Gewaltenteilung und Gesetzgebung 25
2.4 Strukturmodelle für den politischen Prozess 30
2.5 Politik als Prozess: Parteien, Verbände, Initiativen, Medien 31
2.6 Sonderstellung der Parteien 34
2.7 Medien 36
2.8 Pluralismus, Lobbyismus, Korporatismus 40
2.9 Freiheitlich demokratische Grundordnung 42
2.10 Demokratie als streitbare Demokratie 47
2.11 Wahlen 47
2.12 Demokratietheorien 54
2.13 Demokratie der Zukunft 57

3 Gesellschaft und sozialer Wandel · 60

3.1 Modernisierung und Individualisierung · · · · · · · · · · · · · · · · 60
3.2 Sozialer Wandel · 61
3.3 Soziale Ungleichheit · 61
3.4 Modelle und Theorien: Gesellschaftsanalyse · · · · · · · · · · · · 62
3.5 Kontroversen zur Deutung der Sozialstruktur · · · · · · · · · · · 63
3.6 Soziale Sicherung durch den Sozialstaat · · · · · · · · · · · · · · · · · 68
3.7 Soziale Sicherung im Sozialstaat · 71
3.8 Das System der fünf Sozialversicherungszweige · · · · · · · · · 71
3.9 Reform des Sozialstaats · 74

4 Die Europäische Union · 78

4.1 Eine Europa-Chronik · 78
4.2 Die Europäische Union als komplexes Mehrebenensystem · · · · · 81
4.3 Neuerungen durch den Lissabon-Vertrag · · · · · · · · · · · · · · · · · 91
4.4 Europas Währung – der Euro und
      die Europäische Zentralbank (EZB) · 93
4.5 Die Demokratie in der Europäischen Union · · · · · · · · · · · · · · 96
4.6 Wahl zum Europäischen Parlament · 98
4.7 Die Euro-Krise · 99
4.8 Wer hat die Macht in der Europäischen Union? · · · · · · · · · · · 100

5 Globalisierung · 103

5.1 Hintergründe, Kennzeichen, Folgen · 103
5.2 Strukturwandel · 105
5.3 Globalisierung und Alltagswelt · 106
5.4 Ursachen, Verlauf, Tendenzen · 108
5.5 Transnationale Unternehmen · 109
5.6 Politische Gestaltungsversuche – bis 2014 · · · · · · · · · · · · · · · · 110
5.7 Finanzkapitalismus · 115
5.8 Zwischenstand der Globalisierung · 116
5.9 Politik als Krisenmanagement · 117
5.10 Krise des Weltfinanzsystems · 120

6 Internationale Konflikte: Krieg, Frieden und Sicherheit ... 122

- 6.1 Krieg, Frieden, Sicherheit im 21. Jahrhundert ... 122
- 6.2 Vom „Recht zum Krieg" zum „gerechten Krieg"? ... 124
- 6.3 Die Vereinten Nationen ... 125
- 6.4 Alter Dualismus – neue Multipolarität ... 132
- 6.5 Regionale Bündnisse und neue Blockbildung ... 134
- 6.6 Neue Unübersichtlichkeit ... 135
- 6.7 Wo steht die Bundeswehr? ... 136
- 6.8 Internationale Zivilisierung ... 137
- 6.9 Global Governance als Weltordnungspolitik ... 139
- 6.10 Internationales Recht als Völkerrecht ... 140

Wirtschaft

7 Soziale Marktwirtschaft ... 147

- 7.1 Definition und historische Entwicklung ... 147
- 7.2 Menschenbild und Soziale Marktwirtschaft ... 148
- 7.3 Kennzeichnende Merkmale der Wirtschaftsordnungen ... 149
- 7.4 Ziele der Sozialen Marktwirtschaft ... 152

8 Modell des Wirtschaftskreislaufs ... 155

- 8.1 Das Kreislaufmodell einer offenen Volkswirtschaft mit staatlicher Aktivität ... 155
- 8.2 Gesamtwirtschaftliches Gleich-/Ungleichgewicht ... 157
- 8.3 Konsum-, Spar- und Investitionsfunktion ... 161
- 8.4 Die Volkswirtschaftliche Gesamtrechnung (VGR) ... 162

9 Konjunkturelle Grundtatsachen ... 164

- 9.1 Schwankungen des Wirtschaftsablaufs ... 164
- 9.2 Konjunkturindikatoren ... 166
- 9.3 Ursachen für Konjunkturschwankungen ... 166
- 9.4 Konjunkturverlauf in Deutschland ... 168
- 9.5 Konjunkturanalyse und -prognose ... 169

10 Geld- und Fiskalpolitik · 170

10.1 Beschlussorgane der Geldpolitik · 170
10.2 Ziele der Geldpolitik · 171
10.3 Instrumente der Geldpolitik · 172
10.4 Grenzen der Geldpolitik · 177
10.5 Maßnahmenträger der Fiskalpolitik · 178
10.6 Gestaltungsmöglichkeiten in der Fiskalpolitik · 180
10.7 Grenzen der Fiskalpolitik · 181
10.8 Nachfrage- und angebotsorientierte Wirtschaftspolitik · 182

11 Außenwirtschaftspolitik · 185

11.1 Zahlungsbilanz · 185
11.2 Ungleichgewichte in der Leistungsbilanz · 188
11.3 Wechselkurse · 189
11.4 Währungspolitisches Instrumentarium · 191
11.5 Außenhandelspolitische Instrumente · 191
11.6 Weltwirtschaft und Globalisierung · 192

12 Einkommens- und Vermögenspolitik · 194

12.1 Einkommens- und Vermögensverteilung in Deutschland · 194
12.2 Einkommens- und Lohnpolitik · 196
12.3 Vermögenspolitik · 199

13 Wachstums- und Strukturpolitik · 200

13.1 Begriffsdefinitionen · 200
13.2 Bedeutung des Wachstums · 202
13.3 Wachstumsfaktoren · 203
13.4 Strukturwandel · 204
13.5 Wachstums- und Strukturprobleme · 205
13.6 Maßnahmen zur Lösung der Umweltproblematik · 206
13.7 Probleme der Staatsverschuldung · 207

14 Betriebliche Grundentscheidungen   209

14.1 Voraussetzungen für die Unternehmensgründung   209
14.2 Unternehmerische Ziele   210
14.3 Rechtsformen von Unternehmen   211
14.4 Investitionsentscheidungen   213

15 Produktion und Kosten   214

15.1 Die Produktion   214
15.2 Einflussfaktoren auf die Erreichung
der Gewinnziele   216
15.3 Erklärungsmodelle der Kostentheorie   220
15.4 Schnittpunkte von
Kosten- und Erlösfunktion   222

16 Markt und Absatz   224

16.1 Wovon hängen Angebot und Nachfrage ab?   224
16.2 Marktformen   225
16.3 Preisbildung auf bestimmten Märkten   225
16.4 Preispolitik   227
16.5 Konzentrationsvorgänge   229
16.6 Marketing   231

17 Investition und Finanzierung   232

17.1 Investition   232
17.2 Finanzierung   234

Stichwortverzeichnis   238

Politik
Grundlagen

Politik gründet auf Partizipation – also auf Anteilnahme, Einbindung und Teilhabe. Eine als so weitreichend verstandene Partizipation setzt aber Freiheit und Gleichheit der Individuen voraus und steht noch vor aller Politik. Politik beschränkt dann den Menschen darauf, Einfluss auf andere zu nehmen, ohne über sie zu verfügen. Politik ist Vermittlung und besteht darin, die Selbstbestimmung eines jeden Einzelnen – unter Wahrung rechtlicher Konditionen – in die Mitbestimmung aller zu überführen.

1.1 Definitionen von Politik

In einer ersten Näherung kann das „politische" Handeln in Abgrenzung zu wirtschaftlichem, sozialem und kulturellem Handeln so in den Blick genommen werden: „Politik ist die Gesamtheit der Aktivitäten zur Vorbereitung und zur Herstellung gesamtgesellschaftlich verbindlicher und/oder am Gemeinwohl orientierter und der ganzen Gesellschaft zugutekommender Entscheidungen." (Thomas Meyer: Was ist Politik?, Opladen, ²2003)

Die in dieser Definition steckende Anfangsoffenheit mit dem Vorhandensein mehrerer Möglichkeiten, die Orientierung am Nutzen aller und die Verpflichtung zur Verbindlichkeit von Ergebnissen für alle kennzeichnen diese Definition. Das Gemeinwohl und die Macht werden in den Mittelpunkt gestellt. Damit knüpft moderne politische Theorie an Ideen der Antike an. Überhaupt ist die Bedeutung politischer Theorien seit der Antike für heute grundlegende Werte und Normen sowie für Strukturen von Gesellschaft und politischem System unverkennbar.

- **Aristoteles, 359 v. Chr.:** Ziel des Staates ist also das edle Leben, und jenes andere ist um des Zieles willen da. Und der Staat ist die Gemeinschaft der Geschlechter und Dorfgemeinden um des vollkommenen und selbstständigen Lebens willen. Dieses endlich ist, wie wir betonen, das glückselige und edle Leben. Man muss also die politischen Gemeinschaften auf die edlen Handlungen einrichten und nicht bloß auf das Beisammenleben.
- **Machiavelli, 1514:** Politik ist die Summe der Mittel, die nötig sind, um zur Macht zu kommen und sich an der Macht zu halten und um von der Macht den nützlichsten Gebrauch zu machen.
- **Karl Marx, 1846:** Setzen Sie einen bestimmten Entwicklungsstand der Produktivkräfte der Menschen voraus, und Sie erhalten eine bestimmte Form des Verkehrs und der Konsumtion. Setzen Sie bestimmte Stufen der Entwicklung der Produktion, des Verkehrs und der Konsumtion voraus, und Sie erhalten eine entsprechende soziale Ordnung, eine entsprechende Organisation der Familie, der Stände oder der Klassen, mit einem Wort, eine entsprechende Gesellschaft. Setzen Sie eine solche Gesellschaft voraus, und Sie erhalten eine entsprechende politische Ordnung, die nur der offizielle Ausdruck der Gesellschaft ist.
- **Max Weber, 1919:** Politik ist das Streben nach Machtanteil oder nach Beeinflussung der Machtverteilung, sei es innerhalb eines Staates oder zwischen den Menschengruppen, die er umschließt.
- **Hannah Arendt, 1945:** Der Sinn von Politik ist Freiheit.
- **Otto von der Gablentz, 1965:** Politik ist der Kampf um die rechte Ordnung.
- **Wilkens, Evangelisches Staatslexikon, 1975:** Politik ist die Führung von Gemeinwesen auf der Basis von Machtbesitz.
- **Graf von Krockow, 1976:** Politik ist der Kampf um die Veränderung oder die Bewahrung bestehender Verhältnisse.
- **Taschen-Lexikon, 1992:** Ursprünglich die Lehre von der Verfassung einer Polis, heute: Gemeinschaftsgestaltung, die auf die Durchsetzung von Vorstellungen zur Ordnung sozialer Gemeinwesen und auf die Verwirklichung von Zielen und Werten gerichtet ist.
- **Volker Gerhardt, 2007:** Politik ist ein Kampf ums Recht. Sicherheit durch Recht ist das Ziel. Aber da das Recht immer umstritten ist,

bietet es keine absolute Sicherheit. Deshalb ist mir die Betonung des Kampfes wichtig. Politik setzt, so wichtig für sie und in ihr die Arbeitsteilung ist, den aktiven Einsatz der Bürger voraus. [Niemand kann] ohne Politik leben. Jeder Mensch kommt aus natürlichen und gesellschaftlichen Zusammenhängen, die schon vor ihm durch andere gestaltet waren. Sie müssen erhalten werden. Und in allem, was der Mensch tut, bleibt er auf den sozialen Kontext angewiesen. Das Politische geht aber über die gesellschaftliche Kooperation hinaus, weil es von uns eine Identifikation mit dem Ganzen einer Gemeinschaft verlangt.

→ **Peter Sloterdijk, 2009**: Das gierige Monster Fiskalstaat zieht den Menschen das Geld aus der Tasche; es fordert nicht den über Jahrtausende gelernten kooperativen Sinn heraus. Nötig sei eine Erziehung zum generösen Geben, eine Umwandlung der Zwangssteuern in „Geschenke an die Allgemeinheit".

1.2 Funktionen von Politik

Damit eine Gesellschaft dauerhaft bestehen kann, müssen vier Felder als Grundfunktionen der Politik in irgendeiner Art und Weise ausgestaltet sein: Wirtschaft, Kultur, Gesellschaft und Politik. Aber erst deren enges Zusammenwirken leistet die notwendige Integration zum gesellschaftlich Ganzen.

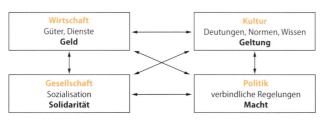

nach: Thomas Meyer, Was ist Politik?, Opladen ²2003

→ **Wirtschaftliches Handeln:** Die arbeitsteilige Erzeugung von Gütern und Dienstleistungen sichert die physische Existenz der Menschen. Der Austausch von Gütern und Diensten, der Tausch am Markt, vermittelt durch das regulierende Geld, stellt die grundlegende Logik wirtschaftlichen Handelns dar.

- **Kulturelles Handeln:** Kultur anstelle der unmittelbaren Natur steuert mit Normen und Werten, Begründungen und Deutungen, Sinnzuschreibungen und Wissen, Erwartungen und Erzählungen das Verhalten der instinktreduzierten Menschen und ermöglicht das Zusammenleben in Gesellschaften. Kultur wirkt als unsichtbares Muster, liefert Weltdeutung, gibt individuelle Orientierung und koordiniert kollektives Handeln. Hieraus begründet sich die Legitimität politischen Handelns.
- **Solidarisches gesellschaftliches Handeln:** Dauerhafte Lebensgemeinschaften ermöglichen emotionale Energien, begründen wechselseitige Bindungen und integrieren verschiedene Generationen. Nur die solidarische Kleingruppe in der Gesellschaft – etwa die Familie – festigt Regeln, sichert Normen, füllt Rollen aus, etabliert Kompetenzen. Nur hier können drückende gesellschaftliche Anforderungen mit emotionaler Zuwendung und mit individuellen Bedürfnissen verbunden werden.
- **Politisches Handeln:** Keine menschliche Gesellschaft kann ohne ein gewisses Maß an Regelungen bestehen, z. B. von Überlieferungen bezüglich gesellschaftlicher Rollen, von Leistungen für die Gemeinschaft, der Verteilung von Lasten, von Pflichten und von Vorrechten. Gesetze und Verordnungen, Handlungsprogramme und institutionell verankerte Leistungen stellen ein solches Regelwerk für komplexe Gesellschaften sicher. Die Dichte des Regelwerks unterscheidet die Gesellschaften voneinander.

1.3 Modelle von Politik

Das Politische ist einem ständigen Wandel unterworfen – je nach Epoche, Zeitpunkt, Blickwinkel, Perspektive und Gewichtung stehen unterschiedliche Aspekte im Vordergrund. Immer aber geht es darum, die reale Politik nicht nur praktisch zu erleben, sondern sie darüber hinaus theoretisch zu verstehen, sie nach ihrer Legitimierung zu befragen.

Politik lebt von Unterstellungen, also: Wir müssen uns für vernünftig halten; wir müssen davon ausgehen, dass uns etwas gelingt. Und wir müssen, auch wenn viele historische Erfahrungen dagegen sprechen, von uns selbst erwarten, dass wir die Zukunft in unserem Sinn gestalten können (Volker Gerhardt, Philosoph, 2007).

→ **Verständigungsmodell:** Aristoteles (384–322 v.Chr.) versteht den Staat (also die Polis als Sphäre des Politischen) als Gemeinschaft von Gleichen (zeit- und kulturbedingt: nur freie Männer, keine Frauen, keine Sklaven, keine Zugereisten), nämlich als ein Gemeinwesen für die Politik der gleichberechtigten Staatsbürger, die mit der Kraft der besseren Vorschläge und Argumente in einem zwanglosen Findungs- und Verständigungsprozess das Beste aus der Vielheit gewinnen und zur Einheit bringen. Politik ist hier Verständigungshandeln unter Gleichen.

→ **Heilsmodell:** Aurelius Augustinus (354–430 n.Chr.) hat die endzeitliche Erlösung der Menschen vor Augen, wenn er Politik als irdisches Mittel zu allein diesem endzeitlichen Zweck anerkennt. Da politisches Handeln der göttlichen Gerechtigkeit dienen muss, diese aber als Befreiung von aller irdischen Gewalt, von allen irdischen Unzulänglichkeiten und von allen menschlichen Verstrickungen verstanden wird, ist allein der Gottesstaat als Reich des Friedens, der Wahrheit und der Gerechtigkeit das Ziel der Gläubigen und zugleich das Ende der Geschichte. Politik wird hier verstanden als notwendiger, aber immer unzureichender Beitrag zum Heil und zur Erlösung der Menschen.

→ **Machtmodell:** Von Niccolò Machiavelli (1469–1527) wird zumeist ein Verständnis von Politik entlehnt, wonach es sich um die Gesamtheit aller Techniken zur Eroberung, Herstellung und Erhaltung staatlicher Macht um jeden Preis handelt. Politik ist hier Machthandeln und als Summe wertfreier Techniken und Geschicklichkeiten zum Nutzen des Staates und seines Herrschers zu sehen.

→ **Informationsmodell:** Karl W. Deutsch (1917–1992) gilt als Erfinder des kybernetischen Modells der Politik, in dem die Politik als zwang- und machtloser Steuerungsprozess für angemessene Informations- und Kommunikationsverarbeitung im ganzen Gesellschaftssystem sorgt. Wenn dabei der Staat als Informationsnetzwerk gesehen wird, so ist politisches Handeln als funktionaler Regulierungsvorgang auf die Aufnahme, Verarbeitung, Umsetzung und Weiterleitung von

Informationen beschränkt. Macht weist sich in einem solchen System als Behinderung aus; Politik muss solche Defizite der Netzsteuerung zügig beseitigen.

Vier Politikmodelle			
Autor	**Zeit/Kultur**	**Ziele**	**Weg**
Aristoteles	4. Jh. v. Chr. Antike	moralische Praxis, Glück	Verständigung zwischen Gleichen
Aurelius Augustinus	4./5. Jh. n. Chr. Übergang zum Mittelalter	Erlösung, Befriedigung	Heils-Politik; religiös geleiteter Staat
Niccolò Macchiavelli	15. und 16. Jh. Übergang zur Moderne	Ordnung	Macht-Technik
Karl W. Deutsch	20. Jh. Moderne	lernendes System	freier Informationsfluss

nach: Thomas Meyer, Was ist Politik?, Opladen ²2003

 Abi-Tipp

Betrachtet man Politik, so ist von einem ständigen Wandel auszugehen. Gesetze, Akteure, Fakten und Zahlen ändern sich.

Daher werden Sie in diesem Buch immer dort Hinweise zur eigenständigen Recherche finden, wo die Aktualität der Ereignisse – und damit der Erkenntnisse – dieses notwendig macht.

1.4 Das Politische

Der Begriff der Politik umfasst das Umstrittene, das sich aus der real und immer schon gegebenen Differenz der Interessen, Meinungen und Werte ergibt. Ein solcher Politikbegriff ist deshalb modern, weil er verbunden ist mit der Vorstellung von der Gleichheit der Menschen.

Indem der politische Prozess nicht auf Verständigungsprozesse nur unter Freien und Gleichen abstellt, beleuchtet er das noch nicht Entschiedene, das Im-Konflikt-Steckende. Das Politische ist somit das immer umkämpfte Problemlösen. Jeder Versuch, diese immanente Konflikthaltigkeit durch die Annahme oder Setzung eines vorpolitischen Gemeinwohls zu umgehen, führt zur Entpolitisierung.

1.5 Beteiligung als Basis des Politischen

Die Suche nach Wegen zu einer angemessenen Beteiligung der Individuen, Gruppen und Menschenmassen an für sie bedeutsamen Entscheidungen muss als erstes demokratiepolitisches Schlüsselproblem des 21. Jahrhunderts festgestellt werden. Dabei kann diese Suche nur bedingt auf jüngste Traditionen zurückgreifen, ist doch der über Jahrhunderte andauernde Ausschluss großer Teile der Bevölkerung aus dem politischen Prozess nachwirkend.

Auch wenn das antike Konstrukt der gleichberechtigten Individualität bzw. der personalen Souveränität die Grundlage für das Politikverständnis heutiger demokratischer Gemeinwesen abgibt, so lassen sich aus den damaligen Verfahrensweisen einer Polis die heutigen Erfordernisse nicht direkt ableiten.

Die zugleich auf Egalität und Differenz, auf Konkordanz und Dissonanz abzielenden Entwicklungen in den westlichen Massengesellschaften sind in die Wirtschafts- und Politikprozesse der heute transnationalen und zunehmend globalen Netzwerke eingebunden. Diese Globalität ist immer weniger eine europäisch strukturierte Verfasstheit, die ja das Individuum als von Natur aus und von Grund auf als je einzigartiges und als per se politisches Wesen auffasst. Stattdessen konkurrieren sogenannte asiatische Werte bzw. nicht individualistische Konzepte mit diesen individualistischen Konzepten.

1.6 Entfaltung des Politischen als Demokratie

Für eine Darstellung der allmählichen Entfaltung der Demokratie muss auf drei Grundfragen zurückgegriffen werden: „Erstens gilt es zu klären, wer an der Praxis der Verständigung über die politischen Differenzen mit welchen Rechten beteiligt werden muss. Zweitens geht es um die Grundfrage der Organisation der Demokratie: direkt oder repräsentativ.

Drittens ist strittig, wie weit der Geltungsanspruch der Demokratie reichen soll: libertäre oder soziale Demokratie." (aus: Thomas Meyer, Was ist Politik?, Opladen ²2003)

Wenn Beteiligung die Voraussetzung für die selbstbewusste Organisierung der öffentlichen Angelegenheiten ist, dann ist auch die Frage nach der Formgestalt gestellt. Die Entfaltung des Politischen bedarf ihrer adäquaten und konsequenten Form, der Demokratie. „Soweit sich die Elemente und Quellen des Politischen fassen lassen, haben sie ihre Kraft vor allem in den Formen. Die politischen Energien und Qualitäten brauchen Zeit, erkennbare Orte, Autonomiefähigkeit der Subjekte, einschließlich einer glücklichen Verbindung zwischen Spontaneität und Dauer, ein gegenständliches Gegenüber, den freien Wechsel zwischen Rückzug und Konzentration der Kräfte. Die Formen vereinigen sich zum Politischen dann, wenn sie ein Maß zueinander finden: Dies sind die Maßverhältnisse des Politischen." (Oskar Negt/Alexander Kluge: Maßverhältnisse des Politischen, Frankfurt/Main 1992, Klappentext)

1.7 Dimensionen des Politischen im Politikzyklus

Alle Versuche, das Politische in einem einzigen Begriff zu erfassen, akzentuieren stets nur eine Sichtweise bzw. eine Dimension von Politik. Die unverkürzte Vorstellung vom Politischen umfasst aber eine Vielzahl von Aspekten der politischen Wirklichkeit, integriert, strukturiert und systematisiert sie.

Zwei Darstellungsmöglichkeiten für das Politische
1. Das Politische kann in einem Strukturmodell beschrieben und durch seine drei **Dimensionen** erschlossen werden, nämlich durch
→ **die inhaltlich-normative Dimension** = Inhalt = *policy:* Aufgaben und Ziele der Politik, z. B. Förderung der Mitbestimmung der Arbeitnehmer im Betrieb – Novelle des Betriebsverfassungsgesetzes von 1974, ausgearbeitet und vorgelegt vom Bundesminister für Arbeit und Sozialordnung,
→ **die institutionell-formale Dimension** = Form = *polity:* Rechtlicher und kultureller Rahmen der Politik, z. B. Sozialstaatsprinzip – Grundsätze freier Marktwirtschaft – Selbstbestimmung als Teil der Men-

schenwürde – Recht auf Eigentum – Konsensstreben – verfassungsgemäßer Gang der Gesetzgebung,
→ **die prozessuale Dimension** = Prozess = *politics:* Konflikthafter Ablauf der Politik, z. B.: Proteste der Arbeitgeber gegen den Gesetzentwurf ⇒ Demonstration der Gewerkschaften für den Entwurf ⇒ hinhaltender Widerstand des Bundesministers für Wirtschaft ⇒ Mehrheiten im Bundestag und im Bundesrat für den modifizierten Entwurf: Gesetz verabschiedet.
2. Der **Politikzyklus** erschließt die politische Wirklichkeit mit ihren interdependenten Dimensionen und ordnet das Politische dann als Prozess der Problemverarbeitung auf dem Hintergrund der realen Entscheidungsabläufe in verschiedene Phasen:
→ Problem – Auseinandersetzung – Entscheidung – Vollzug der Entscheidung – Bewertung – Reaktionen – neues Problem usw.

Die drei Dimensionen des Politischen und der Politikzyklus können in eine Vielzahl von **Kategorien** aufgefächert werden, die sich dann als Analyse- und Suchinstrumente nutzen lassen. So sind die pragmatisch als Kategorien einsetzbaren Grundbegriffe geeignet, das Politische begrifflich zu erfassen:
→ Konflikt, Konkretheit, Macht, Recht, Interesse, Solidarität, Mitbestimmung, Funktionszusammenhang, Ideologie, Geschichtlichkeit, Menschenwürde.

> **Abi-Tipp: Literaturtipps**
>
> → Gotthard Breit/Georg Weißeno:
>   Planung des Politikunterrichts, Schwalbach/Ts. 2003
>
> → Hermann Giesecke: Didaktik der politischen Bildung,
>   Weinheim ¹²1982
>
> → Joachim Detjen: Politische Bildung – Geschichte und Gegenwart in Deutschland, München 2007.
>
> → Dirk Lange/Volker Reinhardt (Hg.):
>   Handbuch für den sozialwissenschaftlichen Unterricht. Basiswissen Politische Bildung, 6 Bände, Baltmannsweiler 2007.

1.8 Entpolitisierung

Das Individuum ist als soziales Wesen auf Kommunikation angewiesen und also per se politisch. Indem aber für die wichtigen Fragen des Zusammenlebens ein nicht zur Erörterung freigegebener Kanon von Werten, Normen, Regeln und Verfahren für verbindlich, weil in der Tradition begründet, erklärt wird, wird dem aktuell Politischen der Boden entzogen. Verabsolutierter Traditionalismus ist eine erste Entpolitisierungsstrategie. Eine solche Entpolitisierung des gesellschaftlichen Lebens kommt zweitens auch als Folge des durchgesetzten Anspruchs auf nur einen einzigen legitimen Lösungsweg zustande. Ein solcher Anspruch wird technokratisch als Alternativlosigkeit hingestellt oder aber fundamentalistisch als religiöse Gewissheit vorgetragen. Indem Fragen des Gemeinwohls gezielt allein der privaten Verfügung überlassen und indem staatliche Handlungsweisen grundsätzlich als unmöglich und als mit der Marktlogik unvereinbar qualifiziert werden, entsteht als dritte Strategie die Entpolitisierung durch Verabsolutierung des Marktmodells. Auch diese Strategie will Politik vermeiden, will Strittiges ausklammern und Gewissheiten setzen und das Politische entpolitisieren.

Entpolitisierung als Strategie der Politikvermeidung	
Strategie	Ersatz-Legitimation
Traditionalismus	unwandelbare Sittlichkeit
Technokratie	Fachwissen
Fundamentalismus	absolute Gewissheit
Markt-Fundamentalismus	absoluter Individualismus

nach: Thomas Meyer, Was ist Politik?, Opladen [2]2003

> **Checkliste 1 Grundlagen**
>
> Sie begegnen ständig „dem Politischen": Sie unterliegen Regelungen (Normen); Sie sind Marktteilnehmer; Sie sind Staatsbürger; evtl. Parteimitglied oder in einer Gruppierung wie Amnesty International engagiert; Sie gehen auf Demonstrationen …
> Denken Sie über diese „Begegnungen" nach.
> Erkennen Sie Elemente unserer Definitionen und der Modelle wieder?

Demokratie

2

Trotz Schwankungen in Meinungsumfragen ist die Demokratie als „beste Staatsform" in Deutschland längst unumstritten. Nach nationalsozialistischer Diktatur (1933–1945), staatloser Besatzungszeit (1945–1949) und kommunistischer Diktatur (in der DDR 1949–1990) ist das wiedervereinte Deutschland längst zu einer stabilen Demokratie in europäischer Einbindung geworden. Das 1949 für die „alte" Bundesrepublik Deutschland in Kraft gesetzte und mit der Wiedervereinigung 1990 für Gesamtdeutschland bekräftigte Grundgesetz ist zum Ausweis dieses Neubeginns der Demokratie geworden. International aber ist die Demokratie immer wieder gefährdet oder erst durchzusetzen. So wird der Menschenrechts- und Demokratiediskurs immer stärker von einer längst überwunden geglaubten Kontroverse bestimmt: „Sind die Menschenrechtsnormen lediglich ein Konstrukt westlicher, überwiegend christlich geprägter Demokratien und für andere Religionen und Regierungsformen nicht verbindlich? Oder sind diese Normen sowie die Verträge gültig und einklagbar für ausnahmslos alle Menschen dieser Erde?" – So taz-Redakteur Andreas Zumach am 10.12.2008.

2.1   Grundgesetz – eine Chronik

Zeittafel	
8.5.1945	„Bedingungslose Kapitulation" Hitler-Deutschlands
23.5.1945	Verhaftung des Hitler-Nachfolgers Dönitz und der „Geschäftsführenden Reichsregierung" – Ende deutscher Zentralgewalt
5.6.1945	Übernahme der „obersten Regierungsgewalt in Deutschland" durch die vier Siegermächte
17.7.– 2.8.1945	Potsdamer Konferenz der Großen Drei (Truman, USA; Churchill, GB; Stalin, SU): Denazifizierung, Demilitarisierung, Dezentralisierung, Demokratisierung, Demontagen; Alliierter Kontrollrat und vier Besatzungszonen; Oder-Neiße-Grenze als Westgrenze Polens

Zeittafel	
2.10.1945	Deutschland-Dissens auf der ersten Londoner Konferenz des Rats der Außenminister der vier Siegermächte USA, GB, SU, F
10.3.–24.4.1947	Scheitern der Moskauer Außenministerkonferenz an der Deutschland-Frage – kein Friedensvertrag
6./7.6.1947	Scheitern der einzigen gesamtdeutschen Konferenz der Ministerpräsidenten in München
25.11.–15.12.1947	Abbruch der Londoner Konferenz des Rats der vier Außenminister wegen des Streits über Reparationen; Demontagen, Marshall-Plan, Bizone, Oder-Neiße-Frage, Friedensvertrag, Fragen der deutschen Verfassung und Einheit
23.2.–6.3.1948	Londoner Sechs-Mächte-Konferenz (USA, GB, F plus Benelux-Staaten) für deutsche Weststaat-Gründung
20.3.1948	Auszug der SU aus dem Alliierten Kontrollrat
20.4.–2.6.1948	Londoner Sechs-Mächte-Konferenz: Vorbereitung der Gründung eines föderativen westdeutschen Staates durch Einberufung einer „verfassunggebenden Versammlung der westdeutschen Ministerpräsidenten"
1.7.1948	Übergabe der drei Frankfurter Dokumente durch die Militärgouverneure Clay, Robertson und Koenig an die westdeutschen Ministerpräsidenten: Einberufung einer verfassunggebenden Versammlung, Prüfung der Ländergrenzen; Leitsätze für die Beziehungen zwischen den drei Besatzungsmächten (USA, GB, F) und einer westdeutschen Regierung
8.–10.7.1948	Ministerpräsidenten-Treffen in Koblenz: widerstrebende Verständigung auf ein „Grundgesetz"
21./22.7.1948	Ministerpräsidenten-Treffen in Rüdesheim: Verständigung auf ein Provisorium als „Kernstaat"
10.–23.8.48	Schloss Herrenchiemsee: Vorbereitender Verfassungskonvent der von den Landesregierungen berufenen Sachverständigen für ein Grundgesetz für einen „Bund deutscher Länder"
1.9.1948	Zusammentritt von 65 Abgeordneten aus den elf westdeutschen Landtagen zum Parlamentarischen Rat – Arbeit am Grundgesetz
8.5.1949	Annahme des Grundgesetzes im Parlamentarischen Rat (53:12)
12.5.1949	Grundgesetz-Genehmigung durch USA, GB, F
23.5.–20.6.1949	Scheitern der letzten Konferenz des Rates der Außenminister in Paris am Deutschland-Dissens
23.5.1949	Verkündung des Grundgesetzes, dem zehn von elf Landtagen in Westdeutschland (außer Bayern) zugestimmt haben

Reaktionen in der Sowjetischen Besatzungszone

Zeittafel	
14.7.1945	Gründung der „Einheitsfront der antifaschistisch-demokratischen Parteien" in Berlin: KPD, SPD, CDU, LDPD = „Antifa-Block"
21./22.4.1946	Gründung der Sozialistischen Einheitspartei Deutschlands (SED) durch Verschmelzung von KPD und SPD
19.3.1949	Vorlage einer Verfassung für eine „Deutsche Demokratische Republik"
7.10.1949	Gründung der „Deutschen Demokratischen Republik" (DDR)

2.2 Grundrechte

Die mit dem Grundgesetz garantierten Grundrechte sind auch Bestandteil einer eigenen begrifflichen Systematik:

→ **Menschenrechte** stehen (auch aus UN-Sicht) über allem. Sie sind dem Menschen (aus christlicher Sicht von Gott, aus humanistischer von Natur aus) von Beginn seiner Existenz an mitgegeben. Dadurch gehen sie dem „positiven" (vom Staat gesetzten) und „subjektiven" („persönlichen") Recht voraus. Ausgangspunkt ist die **menschliche Würde**. Sie ist unantastbar.

Die Menschenwürde als Kern des Grundgesetzes

→ **Grundrechte** sind ins Grundgesetz übersetzte Menschenrechte: Wenn das Grundgesetz z. B. das Recht auf Leben festschreibt, wird damit kein neues Recht geschaffen, sondern ein bestehendes betont.
→ **Bürgerrechte**: Grundrechte, die nur Staatsbürgern im Sinne des Grundgesetzes zustehen, d. h. denen, die die deutsche Staatsbürgerschaft besitzen.

→ **Jedermannrechte** sind diejenigen Grundrechte, die allen Menschen im Geltungsbereich des Grundgesetzes zustehen.

Die Entwicklung der Grundrechte geht mit der Idee der Menschenrechte einher, und die Menschenrechtsidee gründet in der Idee des Naturrechts, das axiomatisch Rechtsgrundsätze feststellt, die stärker sind als jedes positive Recht. Das Grundgesetz fußt auf diesen Zusammenhängen, indem es sich und das deutsche Volk gleich zu Beginn (Art. 1 Abs. 2 GG) an die „unverletzlichen und unveräußerlichen Menschenrechte" bindet und diese so „als Grundlage jeder menschlichen Gemeinschaft" erkennt.

Grundrechte sind **durch das Grundgesetz gesichert** durch
→ ihren Anspruch auf unmittelbare Geltung (Art. 1, Abs. 3 GG),
→ das Verbot ihrer Beseitigung (Art. 79, Abs. 3 GG),
→ den Vorrang der allgemeinen Regeln des Völkerrechts (Art. 25 GG),
→ Sicherungen im Falle ihrer Einschränkung (Art. 19, Abs. 1 u. 2 GG),
→ Vorkehrungen für den Fall der Verletzung (Art. 19, Abs. 4, GG Art. 93, Abs. 1, Nr. 4a GG),
→ justizielle Grundrechte (Art. 101 GG, Art. 102 GG, Art. 13 GG, Art. 104 GG),
→ die richterliche Unabhängigkeit (Art. 97 GG).

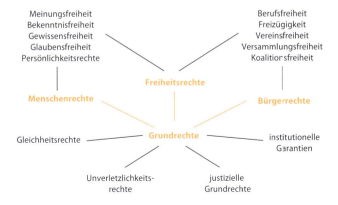

Die Geltung und die Umsetzung der Grundrechte des Individuums beeinflussen das Verhältnis des Staates zum Bürger:

Während er in einem so konzipierten freiheitlich-demokratischen Staat durch die Grundrechte geschützt ist, kann der autoritäre bzw. der totalitäre Staat in den Alltag des einzelnen Bürgers tief eindringen.

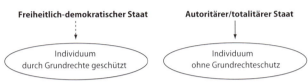

Die Entstehungsgeschichte des Grundgesetzes — Merke

Die „Genese" des Grundgesetzes lässt sich über die geschichtlichen Daten einprägen, wenn Sie darin den „grundgesetzlichen Kern" erkennen:

- → Scheitern der Siegerallianz
- → Initiative der Westalliierten zur Bildung eines Weststaates
- → Einbezug der westlichen Nachbarn Deutschlands
- → Beauftragung westdeutscher Ministerpräsidenten; Durchsetzen der alliierten Pläne gegen deren Widerstand
- → Meinungswandel in der Koblenzer Konferenz
- → der Herrenchiemsee-Konvent
- → Arbeit im Parlamentarischen Rat
- → Abstimmung am vierten Jahrestag des Kriegsendes
- → GG-Genehmigung und GG-Verkündung

Grundrechtsschranken

Die im Grundgesetz formulierten Grundrechte enthalten auch Sicherungen, mit deren Hilfe einforderbare Garantien gegeben werden:

1. Allgemeiner Gemeinschaftsvorbehalt

Eingrenzung der Grundrechte Einzelner durch die Grundrechte der Anderen – dies gilt für alle Grundrechte.

2. Grundrechtsimmanente Schranke

→ Grundrechtsschranke dort, wo die sachliche Reichweite endet.
Beispiel: Bei der Freiheit der Kunst ist nur die Kunst geschützt, nicht was sich dafür ausgibt.
→ Zum-Ausgleich-Bringen sachlich kollidierender Grundrechte, sodass sie zur Geltung kommen.
Beispiel: Meinungsäußerungen vs. Recht auf persönliche Ehre

3. Einfacher Gesetzesvorbehalt

Berechtigung des Gesetzgebers, im Schutzbereich des Grundrechts tätig zu werden, und zwar
→ bei der Formulierung „durch Gesetz": detaillierte Vorgaben durch den Gesetzgeber;
→ bei der Formulierung „aufgrund eines Gesetzes": Beschränkung auf das Wesentliche und Ausführungsbestimmungen durch die vollziehende Gewalt.

4. Qualifizierter Gesetzesvorbehalt

Das Grundrecht selbst schreibt dem Gesetzgeber den Zweck oder sogar Detailregelungen des einschränkenden Gesetzes vor.
Beispiel: Das die Enteignung begründende Gesetz muss Art und Ausmaß der Entschädigung regeln.

5. Direkt formulierte Eingriffsermächtigung

Das Grundrecht nennt die Instanz, die in das Grundrecht eingreifen darf, zumeist Richter oder Polizei.
Beispiel: Durchsuchungen von Wohnungen

> **Abi-Tipp: Grundrechtsschranken**
>
> Sie müssen die ins Grundgesetz eingebauten Grundrechtsschranken und deren Unterschiedlichkeit – am besten jeweils mit Beispielen belegend – kennen und diese in ihrer Qualität schlüssig darstellen können.

2.3 Staat, Staatsorgane, Gewaltenteilung und Gesetzgebung

Mit dem **Begriff Staat** sind vielfältige Bedeutungen verbunden:
- Ein Staat beansprucht als territorial begrenzter politischer Herrschaftsverband „das Monopol legitimer physischer Gewaltsamkeit für sich (mit Erfolg)" und begründet ein „auf Legitimität gestütztes Herrschaftsverhältnis von Menschen über Menschen" (Max Weber).
- Staaten sind gekennzeichnet von drei objektiven Kriterien – Staatsgebiet, Staatsvolk, Staatsgewalt über das gesamte Territorium – und viertens der Anerkennung durch die Weltgemeinschaft; bleibt diese Anerkennung aus, so kümmert ein solches „Gebilde" dahin.
- Einem Staat wird mit dem „Selbstbestimmungsrecht der Völker" Souveränität als völkerrechtlicher Akteur zugeschrieben; damit konkurriert aber das „Recht eines Staates auf territoriale Integrität" als wichtiges Ordnungsprinzip – Abspaltungen sind also unter bestimmten Bedingungen möglich.
- Funktionierende Staaten bilden Institutionen und beauftragen Personen, die „mit der Ausübung allgemeinverbindlicher Steuerungs-, Regulierungs- und Koordinierungsfunktionen" betraut werden. Moderne Verfassungsstaaten bedienen sich dabei demokratischer Willensbildungs- und Entscheidungsprozesse und wissen ihre Entscheidungen mit positiven bzw. negativen Sanktionen um- und durchzusetzen.
- Staaten können verschiedenartige Machtstrukturen entwickeln; üblicherweise bilden Monarchie, Diktatur und Demokratie die drei Grundtypen.
    - Monarchie – Alleinherrschaft eines legitimierten Monarchen, der damit Träger der Staatsgewalt ist (Kaiser, König, Fürst)
    - Diktatur – Herrschaft eines einzelnen Diktators unter Mithilfe einer vom Diktator befehligten Gruppe bei Ausschluss jeglicher Mitsprache des Volkes
    - Demokratie – Volksherrschaft durch direkte oder/und indirekte Mitwirkung des Volkes (Wahlen, Volksvertreter, Abgeordnete, Parlament) im Entscheidungsprozess über öffentliche Dinge

Deutschland: Staatsorgane des Bundes und der Länder

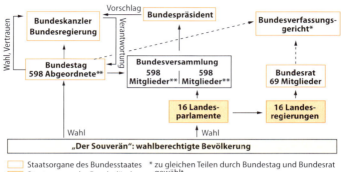

Die Bundesrepublik Deutschland verfügt zur Ausübung ihrer Staatsgewalt über Staatsorgane und Institutionen, die zu unterscheiden sind von den Personen, die die Ämter bzw. Positionen innehaben (Verwaltung).

Die **fünf Staatsorgane** der Bundesrepublik Deutschland (Deutscher Bundestag, Bundesrat, Bundeskanzler mit Bundesregierung, Bundespräsident, Bundesverfassungsgericht) sind voneinander unabhängig, von Weisungen der jeweils anderen Staatsorgane frei, jedoch im Rahmen einer Teilung der Staatsgewalt in Legislative, Exekutive, Judikative voneinander personell und sachlich abhängig.

Staatsorgan: Bundespräsident

→ vertritt den Bund völkerrechtlich
→ repräsentiert nach innen und außen
→ prüft, unterzeichnet und verkündet die Bundesgesetze
→ erklärt (unter best. Vorraussetzungen) den Gesetzgebungsnotstand
→ löst (unter bestimmten Vorraussetzungen) den Bundestag auf
→ schlägt den Bundeskanzler vor, ernennt und entlässt ihn
→ ernennt und entlässt die Bundesminister
→ ernennt und entlässt die Bundesrichter, Bundesbeamte und Offiziere
→ hat das Begnadigungsrecht

Staatsorgan: Bundeskanzler

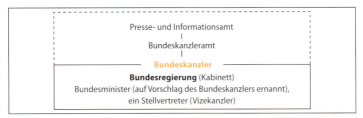

Kanzlerprinzip	Ressortprinzip	Kollegialprinzip
Der Bundeskanzler bestimmt die Richtlinien der Politik und trägt dafür die Verantwortung.	Innerhalb der Richtlinien leitet jeder Minister sein Ressort selbstständig und eigenverantwortlich.	Regierung berät und beschließt über alle Gesetzesentwürfe und klärt Streitfragen zwischen den Ministern.

Staatsorgan: Bundestag

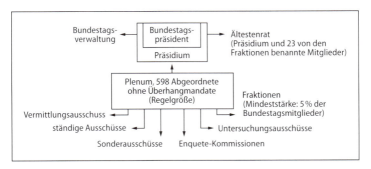

Hauptausschuss, 18. Bundestag: Für die Zeit bis zur Konstituierung der ständigen Ausschüsse setzt der Deutsche Bundestag einen Hauptausschuss ein. Dem Ausschuss gehören je 47 ordentliche und stellvertretende Mitglieder an, von denen die Fraktionen CDU/CSU 23, SPD 14, Die Linke fünf und Bündnis 90/Die Grünen ebenfalls fünf Mitglieder entsenden. Den Vorsitz ohne Stimmrecht übernimmt Norbert Lammert, Präsident des Deutschen Bundestages, oder einer seiner Stellvertreter.

Die Zuständigkeiten des Ausschusses werden durch Überweisungen des Plenums begründet. Der Hauptausschuss ist Ausschuss nach Artikel 45, 45a und 45c des Grundgesetzes. Er kann Anhörungen durchführen und ist im Sinne der geschäftsordnungsrechtlichen Vorgaben Haushaltsausschuss. Mit der Konstituierung der ständigen Ausschüsse ist der Hauptausschuss aufgelöst.

Staatsorgan: Bundestag

Bundesland	Regierungsparteien/ Abgeordnete	Stimmen im Bundesrat
Baden-Württemberg	Grüne/SPD 36 + 35	6
Bayern	CSU 101	6
Berlin	SPD/CDU 47 + 39	4
Brandenburg	SPD/Linke 31 + 26	4
Bremen	SPD/Grüne 36 + 21	3
Hamburg	SPD 62	3
Hessen	CDU/Grüne 47+ 14	5
Mecklenburg-Vorpommern	SPD/CDU 27 + 18	3
Niedersachsen	SPD/Grüne 49 + 20	6
Nordrhein-Westfalen	SPD/Grüne 99 + 22	6
Rheinland-Pfalz	SPD/Grüne 42 + 18	4
Saarland	CDU/SPD 19 + 17	3
Sachsen	CDU/FDP 58 + 14	4
Sachsen-Anhalt	CDU/SPD 41 + 26	4
Schleswig-Holstein	SPD/Grüne/SSW 22 +10 + 3	4
Thüringen	CDU/SPD 30 + 18	4
		Gesamt: 69

Staatsorgan: Bundesverfassungsgericht

Das Bundesverfassungsgericht wurde 1951 gegründet. Seine Aufgabe ist es, über die Einhaltung des Grundgesetzes für die Bundesrepublik Deutschland zu wachen. Die Entscheidungen des Gerichts interpretieren die Verfassung verbindlich. Es ist u.a. zuständig für: Verfassungsbeschwerden, Normenkontrolle, bei einem Streit zwischen staatlichen Organen, zwischen Bund und Ländern und bei einem Parteienverbot.

Parlamentarische Demokratie als Verbund der Staatsorgane: Gesetzgebungsverfahren

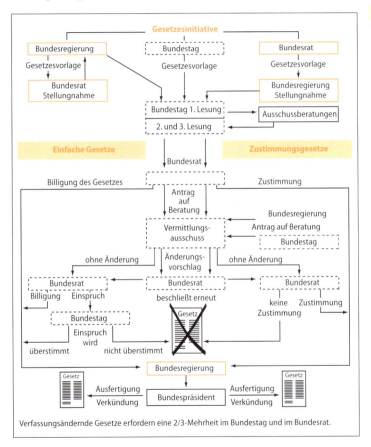

Verfassungsändernde Gesetze erfordern eine 2/3-Mehrheit im Bundestag und im Bundesrat.

Vermittlungsausschuss:

- → **Personal** – 32-köpfiges Gremium zwischen Bundestag und Bundesrat mit 16 Mitgliedern des Bundesrates (alle Bundesländer) und 16 des Bundestages (entsprechend den Fraktionsstärken)
- → **Aufgabe** – Konsensfindung zwischen Bundestag und Bundesrat, wenn vom Bundestag beschlossene Gesetze keine Mehrheit im Bundesrat finden
- → **Verfahren** – bei von der Vorlage abweichenden Beschlüssen des Vermittlungsausschusses erneute Beschlussfassung im Bundestag bzw. Bundesrat
- → **Initiative** – Einberufung auch möglich durch Bundestag oder Bundesregierung

2.4 Strukturmodelle für den politischen Prozess

Strukturmodelle sollen helfen, die komplexe Wirklichkeit zu erfassen, zu beschreiben und zu erklären. Mithilfe zusätzlicher Fakten und Fragen können Zusammenhänge, Wechselwirkungen und Abläufe nicht nur dargestellt werden, sie sollen auch Verstehen und Verständnis für den so aufbereiteten Sachverhalt erzeugen.

Strukturmodell: Die Gewaltenteilung

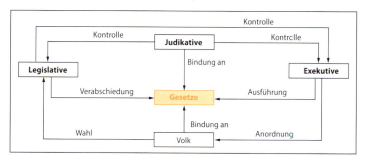

Strukturmodell: Das Demokratieprinzip

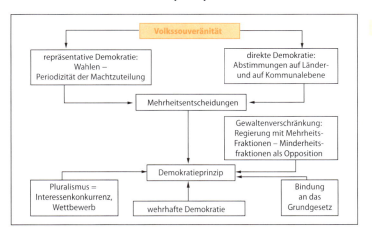

2.5 Politik als Prozess: Parteien, Verbände, Initiativen, Medien

Politik kann als eine prinzipiell endlose Folge von Versuchen zur Bewältigung von gesellschaftlichen Gegenwarts- und Zukunftsproblemen begriffen werden. Politische Inhalte bleiben als dynamisch sich wandelnde und interpretationsfähige Phänomene der Notwendigkeit ausgesetzt, immer wieder korrigiert, revidiert und neu fixiert zu werden. Dementsprechend gibt es immer wieder neue Lösungen, sodass der politische Prozess niemals aussetzt oder erstarrt.

→ **Parteien** sind in einer von Art. 21 GG privilegierten Position die Grundlage des Parteienstaates, zugleich als dauerhaft organisierte Verbünde von Bürgern mit gemeinsamen sozialen Interessen und politischen Vorstellungen Ausdruck der Bürgergesellschaft. Die Existenz mehrerer Parteien sichert die Demokratie. Die Allgegenwart der Parteien kennzeichnet die demokratisch-repräsentativen Parlamentssysteme. Ziel einer jeden Partei ist die Durchsetzung der eigenen Ideen von Wirtschaft und Gesellschaft.

Damit stehen Parteien im Wettbewerb um Ämter und um Macht im Staat.
- **Verbände** sind gemäß Art. 9 GG Ausdruck grundrechtlichen Engagements. Das Grundgesetz räumt jedem Deutschen mit der Koalitionsfreiheit das Recht ein, Vereine und Gesellschaften zu bilden. Diese Vereine, Vereinigungen, Interessengruppen, Gesellschaften, Verbände usw. sind freie Zusammenschlüsse von Interessenten, die Einfluss auf das politische Geschehen nehmen, ohne jedoch selbst Regierungsverantwortung zu tragen. Verbände betreiben **Lobbyismus**.
- **Bürgerinitiativen** sind auf der Basis von Art. 9 GG tätig und Ausdruck des gewachsenen bürgerschaftlichen Engagements. Solche Initiativen sind spontane, zeitlich meist begrenzte, organisatorisch eher lockere Zusammenschlüsse einzelner Bürger, die außerhalb der etablierten Beteiligungsformen der Parteiendemokratie bleiben wollen. Sie entstehen zumeist aus einem konkreten Anlass, häufig auch als Abwehrinitiative unmittelbar Betroffener und um Abhilfe im Sinne ihres Anliegens bemüht. Bürgerinitiativen sind ausufernd und ausfransend, ständig unabgeschlossen, organisatorisch auch vielgestaltig; sie kommen und gehen, haben einen konkreten, eng begrenzten Aktionsanlass und lösen sich oft auch wieder auf, wenn ihre Bemühungen scheitern oder wenn sie erfolgreich sind – jeder kann sie gründen.
- Daneben spielen die sogenannten **Nichtregierungsorganisationen** (**NGO** = Non-Governemental Organisation) eine zunehmend wichtige Rolle – sowohl national wie auch international, z. B. amnesty international = ai, Greenpeace, Ärzte ohne Grenzen, Human Rights Watch, World Life Fund usw. NGOs sind zunehmend erfolgreich, weil Staaten an geografische Grenzen stoßen, weil der Wandel von der Industrie- zur Informationsgesellschaft Kommunikations- und Betätigungsmöglichkeiten schafft, die bei hoher Änderungsdynamik in der Unternehmensumwelt die NGOs als kompetente Vertreter der Zivilgesellschaft legitimieren. Ziele und Betätigungsfelder von NGOs unterscheiden sich und decken eine große Bandbreite ab: Das das Spektrum reicht von der strengeren Kontrolle wirtschaftlicher Globalisierung und der Verhinderung ihrer negativen Folgen, von der

aktiven Mitgestaltung internationaler Politik bis hin zu juristischem, humanitärem und ökologischem Engagement sowie zu öffentlichkeitswirksamen Aktionen.

→ Das **duale Fernsehsystem** mit den Fernsehprogrammen des öffentlich-rechtlichen Fernsehens (u. a. ARD, ZDF, regionale 3. Programme) auf der einen Seite und denen der privatwirtschaftlich geführten sogenannten Senderfamilien auf der anderen Seite bestimmt zunehmend den Vermittlungsprozess zwischen Politik und Bürgern.
Der Umfang der gesamten Mediennutzung ist steigend, wobei Printmedien wie Tages- und Wochenzeitungen, Illustrierte, Magazine und Werbeblätter hinter den Zuwächsen der Fernsehprogramme und der Internet-Nutzung zurückbleiben.

→ Das **Internet** mit seinen Chats, Foren, Blogs (z. B. auch Facebook, Twitter, Google+ usw.) hat nicht nur die private, sondern auch die öffentliche politische Kommunikation verändert und auf ganz spezifische Weise intensiviert. Information, politische Werbung, Agitation und Desinformation haben hier vielfältige Ansatzpunkte gewonnen, die für Kampagnen sowie für Unterstützungs- und Spendenaktionen genutzt werden – siehe Barack Obamas innovative Internet-Kampagne im US-Wahlkampf 2008 und 2012, die Jasmin-Revolution 01/2011 in Tunesien, die Rolle dieses Mediums beim Umsturz in Ägypten 02/2011 bzw. 8/2013 sowie im syrischen Bürgerkrieg seit Anfang 2011.

> **„Grundkonstruktion" des Staates; Politik als Prozess** **Merke**
>
> Neben der Kenntnis grundlegender Fakten, Fachbegriffe, zentraler GG-Artikel, Namen und Kürzel der Parteien sind folgende Punkte wichtig:
> → „Grundkonstruktion" des Staates: Staat als Souverän und als ein dynamisch arbeitendes Gebilde, das fünf „Staatsorgane", drei „Staatsebenen", die vertikale und die horizontale Gewaltenteilung sowie in Art. 20/20a GG fünf Staatsstrukturprinzipien aufweist.
> → Politik als dynamischer Prozess zeigt sich im Gesetzgebungsprozess (Interaktion von Parteien, Verbänden, Initiativen und Medien).

Politik als Prozess im staatlichen bzw. überstaatlichen System

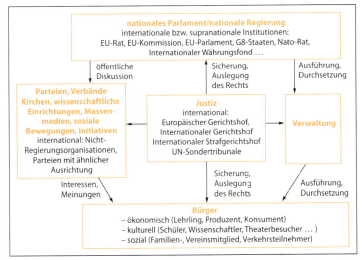

nach: Peter Massing, Politisches System, politische Willensbildung, Innenpolitik;
in: Lernfeld Politik, hrsg. von der Bundeszentrale für politische Bildung, Bonn, 1992

2.6 Sonderstellung der Parteien

Bei den Bürgerinnen und Bürgern sind Parteien nicht sonderlich beliebt. Trotz aller Parteienverdrossenheit spielen sie in der parlamentarischen Demokratie der Bundesrepublik Deutschland eine herausragende Rolle, die ihnen schon mit Art. 21 GG und mit dem Parteiengesetz zugestanden und zugewiesen worden ist. Diese sogenannte **Konstitutionalisierung** der Parteien hat nach Auffassung vieler Verfassungsrechtler und Parteienforscher zu einem **Parteienstaat** geführt. Die Parteienstaatstheorie fußt auf der These, dass die Parteien den Rang von Verfassungsorganen einnähmen und die eigentlich entscheidenden Akteure bzw. Handlungseinheiten im deutschen Parlamentarismus seien: Wahlen seien inhaltliche Richtungsentscheidungen, die die wesentliche Prägung des Volkswillens aus dem Parlament heraus in den Wahl- bzw. Abstimmungsakt verlagerten.

2.6 Sonderstellung der Parteien

Unabhängig von der Parteienstaatstheorie gilt es festzuhalten, dass Parteien mindestens diese fünf **Funktionen** erfüllen:
- Sie rekrutieren, trainieren und stellen das Personal für Parlamente und für die Regierung = Rekrutierungsfunktion.
- Sie entwickeln politische Ziele und Konzepte, berücksichtigen dabei auch andere als ihre ureigenen Interessen und führen diese in Programmen zusammen = Programmfunktion.
- Sie beeinflussen die Öffentlichkeit und die öffentliche Meinung sowie die Meinungs- und Willensbildung der Bürgerinnen und Bürger = Meinungsbildungsfunktion.
- Sie vermitteln zwischen Gesellschaft und Staat, indem sie gesellschaftliches Wollen in staatliches Wollen transformieren = Vermittlungsfunktion.
- Sie agieren im Bundestag bzw. in den Landesparlamenten sowie in der Bundesregierung bzw. in den Landesregierungen = Gestaltungsfunktion.

Die **Kritik an den Parteien** speist sich aus vielerlei Ursachen und konzentriert sich auf mindestens acht gewichtige Aspekte:
- Die Leistung der Parteien sei zu gering, es gebe Defizite beim Lösen von Problemen, auch wegen der Parteien-Zerstrittenheit.
- Das politische Personal der Parteien sei nicht erstklassig; die Rekrutierung eines leistungsfähigen Nachwuchses gelinge nicht.
- Die Selbstbedienungsmentalität des politischen Personals führe zur Ausbeutung des Staates; Diäten und Pensionen seien üppig.
- Die innerparteiliche Demokratie sei zur verkrusteten Form verkommen; de facto würden die Spitzenpolitiker entscheiden.
- Das Finanzgebaren der Parteien bzw. ihrer Spitzen habe immer wieder zu Regelverletzungen, Pannen und Skandalen geführt.
- Die programmatische Arbeit sei zweitrangig und bürgerfern geworden und gerate zur Alibiveranstaltung zugunsten von bloßem Politik-Management und parteilicher Personalpolitik.
- Die Monopolisierung des politischen Prozesses durch die Parteien behindere die Entwicklung der Zivil- und Bürgergesellschaft.
- Die Zukunftsorientierung der Parteien und ihre Fähigkeit, Themen zu setzen, gehe im Alltagsgeschäft unter und fehle zum Teil ganz.

Entwicklung der Mitgliederzahlen der Parteien							
Jahr	CDU	CSU	FDP	Grüne	SPD	Linke*	Gesamt
1987	705 821	184 293	64 873	39 479	910 063		1 904 529
1988	676 747	182 738	64 274	37 879	911 916		1 873 554
1989	662 598	185 853	65 216	37 956	921 430		1 873 053
1990	777 767	186 198	168 217	41 316	949 550	200 000	2 323 048
1993	685 343	177 289	94 179	39 335	861 480	131 406	1 989 050
1995	657 643	179 647	80 431	46 054	817 650	114 940	1 896 365
1998	626 342	178 755	67 897	51 812	775 036	94 627	1 794 469
2000	616 722	178 347	62 900	49 488	734 667	88 549	1 730 673
2004	574 526	173 000	64 150	44 250	605 000	63 500	1 524 426
2005	574 458	173 000	64 146	44 574	591 076	61 489	1 508 743
2008	530 194	165 000	66 000	45 151	522 668	76 700	1 405 713
2010	508 079	159 198	70 166	52 600	505 000	75 500	1 370 543
2011	489 896	150 585	63 123	59 074	489 638	69 458	1 321 774
2012	476 347	147 965	58 675	59 653	477 037	63 761	1 283 438
2013	468 329	148 000	57 275	61 579	474 820	63 784	1 272 787

* von 11/1989 bis 6/2007: PDS = Partei des Demokratischen Sozialismus; nach dem Zusammenschluss von PDS und WASG (Wahlalternative Arbeit und soziale Gerechtigkeit) am 16.6.2007

CDU Christlich Demokratische Union („Union") **CSU** Christlich Soziale Union (Bayern)	**FDP** Freie Demokratische Partei **„Grüne"** Bündnis 90/Die Grünen **SPD** Sozialdemokratische Partei Deutschlands

2.7 Medien

Die Medien arbeiten auf der Grundlage von Art. 5 GG, mit Meinungs-, Informations-, Presse-, Berichterstattungs- und Zensurfreiheit. Der Schutz der für eine parlamentarische Demokratie wesensnotwendigen freien öffentlichen Meinungsbildung vor staatlichen Ein- und Übergriffen ist das übergeordnete Ziel dieser Grundrechtsabsicherung.

Printmedien aller Art, Rundfunk und Fernsehen sowie das Internet mit seinen immer neuen Foren beanspruchen heute trotz immer schneller aufeinanderfolgenden medialen Innovationen das Zentrum dessen, was wir als „die Medien" bezeichnen. Privatwirtschaftliche und öffentlich-rechtliche Strukturen fügen sich in Deutschland zu einem „dualen System", das einerseits die für den demokratischen politischen Prozess wichtige Grundversorgung der Bevölkerung sicherstellen soll und andererseits freie Märkte für Information, Bildung und Unterhaltung sowie Unternehmertum und Gewinnstreben ermöglicht.

Den Medien werden mind. diese **politischen Aufgaben** zugesprochen:
- Herstellung von Öffentlichkeit,
- Sicherung von Information und von objektiver Berichterstattung,
- Förderung politischer Sozialisation und Integration,
- Bildung und Unterhaltung des Publikums,
- Artikulation begründender und wertender Meinungen,
- Ausübung von Kontrolle durch investigativen Journalismus und durch seriöse Kritik,
- dauerhafte Herstellung von publizistischer Vielfalt.

Unstrittig ist, dass Politik in der **Mediendemokratie** auch der Inszenierung bedarf. Ob die Medien aber auch befugt sind, politische Ungleichgewichte von sich aus zu korrigieren und so die Rolle eines eigenständig agierenden politischen Akteurs, also einer **Vierten Gewalt**, einzunehmen, ist strittig. Das liegt auch daran, dass den Medien oftmals tendenziell negative Wirkungen auf die Gesellschaft und auf deren Entwicklung zugeschrieben werden:
- unangemessene Darstellung von Politik durch Vereinfachung, durch Popularisierung, ja auch durch Demoskopie-Hörigkeit und durch Plebiszitarisierung,
- Verzerrung der komplexen politischen Prozesse durch Personalisierung,
- Konzentration der medial verwertbaren Berichterstattung auf Neues, auf „Events" und auf Veränderungen,
- Zustandekommen einer Schweigespirale als Folge unausgewogener Berichterstattung.

Bei der Beschreibung und bei der Erklärung des Verhältnisses von Politik und Massenmedien werden drei Deutungsvarianten angeboten; es gebe
- eine Unabhängigkeit der Funktionsbereiche Politik und Massenmedien voneinander (**Autonomietheorie**),

→ eine Abhängigkeit des einen Bereichs vom anderen (**Dependenztheorie**),
→ wechselseitige Verflechtungen und Abhängigkeiten (**Interdependenztheorie**).

Vielfältig zu beobachten ist eine Veränderung der Politik unter dem Einfluss der Massenmedien, der internationalen Vernetzung und der innovativen Medientechnik. Kritiker sprechen sogar von einer „Kolonisierung" der Politik durch das Mediensystem. Gerade die immer häufiger wechselnden Formate des Fernsehens nähmen immer stärkeren Einfluss auf den politischen Prozess auf der Herstellungsebene, also auf die Politik selbst.

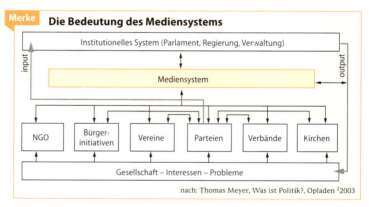

nach: Thomas Meyer, Was ist Politik?, Opladen ²2003

Eine Debatte um die Grenzen der Privatheit und um das „Eigentum am Ich" prägen neuerdings die deutsche und die internationale Öffentlichkeit: Telefonieren, mailen, twittern, chatten, online einkaufen – „jede dieser Bewegungen erzeugt einen digitalen Abdruck, der von Firmen und Behörden analysiert und gespeichert wird. Stück für Stück löst sich so unsere Privatsphäre auf. Wollen wir das?" So fragt die Wochenzeitung DIE ZEIT ihre Leser (Nr. 41/2013, 2.10.2013, S. 15–17).

Zahlreiche „Leaks" (Leck, undichte Stellen; hier: eine inoffizielle Veröffentlichung von Informationen, die nicht zu diesem Zweck vorgesehen waren) führten zu Skandalen und zu weltweiten Debatten über die vermutete Omnipotenz der US-Späh- und Geheimdienste.

→ **„WikiLeaks"** – Website mit dem Ziel, „unethisches Verhalten in den eigenen Regierungen und Unternehmen enthüllen zu wollen" (Wikipedia); „Whistleblower" deckten Praktiken von Unternehmungen, Regierungen und Geheimdiensten auf und verursachten so etliche globale Medienskandale, z.B. geleakte Dokumente zu geheimen Mautverträgen mit Toll Collect; zu Details aus Verhandlungsprotokollen bzgl. ACTA = Anti-Counterfeiting Trade Agreement, dem Anti-Produktpiraterie-Handelsabkommen zwischen den USA und der EU; als „Afghan War Diary" mit geheimen Dokumenten aus dem seit 2001 tobenden Afghanistan-Krieg.

→ **„Offshore-Leaks"** – unternehmensinterne Datenbestände zweier großer Dienstleister, betreffend die Gründung und die Verwaltung von Briefkastenfirmen und Trusts an Offshore-Finanzplätzen, darin auch Hinweise auf Beteiligung zahlreicher Großbanken an diesem Geschäft; Datenweg: anonym an Journalisten des Internationalen Konsortiums für investigativen Journalismus (ICIJ); Datenumfang: größer als bei allen vorherigen Leaks – Daten über Kundenbeziehungen von 130 000 Personen aus verschiedenen Ländern, u.a. aus Deutschland.

→ **„NSA-Leaks"** – Veröffentlichung streng geheimer NSA-Unterlagen (National Security Agency) durch den Ex-Mitarbeiter Edward Snowden (April 2013; befristetes Asyl in Russland). [Öffentlich erörterter Recherche- und Informationsstand, 10/2013: Belegdokumente für die Totalüberwachung des weltweiten Internetverkehrs durch US- und befreundete Geheimdienste mithilfe des US-Spähprogramms Prism, Abhören der Mobiltelefone von Bundeskanzlerin Angela Merkel und etlicher anderer Staatschefs; Komplettabschöpfung an Überseekabeln und an verkehrsintensiven Knotenpunkten (Frankfurt), Verpflichtung der Internet- und Telekommunikationskonzerne zur Kooperation, aktive und massive Beteiligung deutscher und anderer, vor allem britischer Geheimdienste].

2.8 Pluralismus, Lobbyismus, Korporatismus

Eine Vielzahl von mit-, neben- und gegeneinander agierenden Organisationen fördert die Interessen ihrer Mitglieder. Dieser **Verbändepluralismus** ist von Spannungen und Konflikten, aber auch von Kompromissen und Übereinstimmungen geprägt. Die Zahl dieser **Interessenverbände** lässt sich kaum ermitteln, liegt aber wohl bei ca. 200000; ca. 5000 davon sind politisch tätig, beim Deutschen Bundestag sind laut der „Ständig aktualisierten Fassung der öffentlichen Liste über die Registrierung von Verbänden und deren Vertretern, Stand: 1.11.2013" (www.bundestag.de/dokumente/lobbyliste/lobbylisteaktuell.pdf) 2142 Verbände als Lobbyisten registriert.

Adressaten und Methoden des Verbandseinflusses

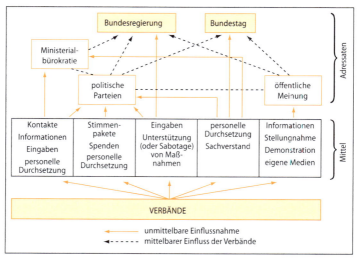

nach: Wolfgang Rudzio, Die organisierte Demokratie. Opladen, 2003

Problematisch am **Pluralismus der organisierten Interessen** sind die unterschiedliche Organisierbarkeit, der unterschiedliche Organisationsgrad und die unterschiedliche Konfliktfähigkeit von Interessen, die gesetzlich abgesicherte Bevorzugung etablierter und starker Verbände (Gewerkschaften und Arbeitgeber), die über die Geschäftsordnungen der Bundesministerien direkt in die Gesetzgebung des Bundestages und in die laufende Regierungspolitik einbezogen werden (**Korporatismus**).
Bürgerinitiativen und **soziale Bewegungen** ergänzen die Interessenverbände; sie erfüllen als lokal bzw. regional tätige Gruppierungen die Funktion spezifisch kommunalpolitischer Interessengruppen und wirken als Ein-Ziel-Gruppen mit alternativen Handlungsformen. Sie sind charakterisiert durch

- → ortsbezogene, außerhalb des Beruflichen liegende Interessen und Ziele,
- → eine überschaubare Zahl Beteiligter in Gruppen ohne formelle Mitgliedschaft, ohne fixierte Satzung, ohne hierarchische Organstruktur, ohne schriftlich festgehaltenes Programm, aber mit zunehmend intensiver Nutzung des Internets und von Handys zur Abstimmung von Aktionen.

Stiftungen nehmen eine Sonderstellung ein; ihre Anzahl steigt.

> **Abi-Tipp**
>
> In Abiturprüfungen kann es vorkommen, dass Sie Grafiken analysieren müssen. Das ist als Chance zu sehen, anhand des gegebenen Materials die eigenen Gedanken strukturiert zu entwickeln. „Stuttgart 21", die Elbe-Vertiefung oder die Stromtrassen-Bestimmung könnten als Übungsbeispiel dienen.
>
> Zudem sollte Ihnen der Dualismus von öffentlich-rechtlichem und privatem Rundfunk/Fernsehen geläufig sein.
> Den Trend zur Mediendemokratie sollten Sie argumentativ – positiv wie negativ argumentierend – erläutern können.

Lobbyismus – Repräsentation und Kapitaleinsatz

Interessensverbände	Zahl der Mitglieder in Mio.	Anmerkungen
Deutscher Olympischer Sportbund (DOSB)	27,7	
Katholische Kirche	24,3	
Evangelische Kirche	23,4	
Verbraucherzentrale Bundesverband (VZVB)	20,0	
Allgemeiner Deutscher Automobil-Club (ADAC)	19,0	
Bundesverband der Deutschen Industrie (BDI)	8,0	Zahl der Mitarbeiter der mehr als 100 000 Mitgliedsunternehmen
Deutscher Gewerkschaftsbund (DGB)	6,15	in acht Mitgliedergewerkschaften
Deutscher Fußballbund (DFB)	6,0	
Deutscher Turner-Bund (DTB)	5,0	
Deutsches Rotes Kreuz (DRK)	4,0	Mitglieder und hauptamtliche Mitarbeiter

2.9 Freiheitlich demokratische Grundordnung

Verfassungsprinzipien und Staatsziele

Die freiheitlich-demokratische Grundordnung des Grundgesetzes geht vom Gedanken der Selbstbestimmung des Volkes und der Volkssouveränität aus. Sie ist eine Ordnung, die unter Ausschluss jeglicher Gewalt- und Willkürherrschaft eine rechtsstaatliche Herrschaftsordnung auf der Grundlage der Selbstbestimmung des Volkes nach dem Willen der jeweiligen Mehrheit und der Freiheit und Gleichheit darstellt. Zu den grundlegenden **Prinzipien dieser Ordnung** sind zu rechnen:

> **Prinzipien der freiheitlich demokratischen Grundordnung** — Merke
> - Grundrechte
> - Volkssouveränität
> - Gewaltenteilung
> - Verantwortlichkeit der Regierung
> - Gesetzmäßigkeit der Verwaltung
> - Unabhängigkeit der Gerichte
> - Mehrparteiensystem
> - Chancengleichheit für alle politischen Parteien mit dem Recht auf verfassungsmäßige Bildung und Ausübung einer Opposition
>
> (Quelle: BVerfGE 2, Seite 12–13)

Politische Herrschaft wird als Macht nur dann legitim, wenn sie Volks- und nicht Klassen- oder Rassen- oder Gruppenherrschaft ist. Diese freiheitlich-demokratische Grundordnung (fdGO) des Art. 20 GG bzw. Art. 21 Abs. 2 GG und ihre Prinzipien sollen **gesichert** werden insbesondere durch

- gleiche Grund- bzw. Menschenrechte,
- gleiche Staatsbürgerrechte und
- Teilung der Staatsgewalt in Legislative (gesetzgebende), Exekutive (ausführende) und Judikative (Recht sprechende Gewalt).

Grundlegende liberale Ideen finden sich im Grundgesetz in den vier Struktur- und Verfassungsprinzipien des Art. 20 GG (Rechtsstaat, Sozialstaat, Bundesstaat, Demokratie), im Staatsziel Umweltschutz (Art. 20a GG), in den Aussagen über den Menschen, über die Struktur der Gesellschaft, über den Aufbau des Staates und über dessen Funktionen.

Das Rechtsstaatsprinzip

Nicht nur soll laut Art. 20 Abs. 3 GG der Einzelne vor dem unberechtigten Zugriff des Staates sowie vor Ein- und Übergriffen anderer Einzelner und gesellschaftlicher Gruppen geschützt werden, auch soll diesem Einzelnen die ihm zugesagte Freiheit garantiert werden; und er soll sich im Rahmen dieser Schutz-, Freiheits- und Beteiligungsrechte des Art. 2 Abs. 1 GG selbstbestimmt entfalten und engagieren können.

Das **Primat der Unabhängigkeit der Gerichte** und das **Prinzip der Gewaltenteilung** geben den Rahmen ab für
- → die Rechtsbindung des Verwaltungshandelns (Art. 20 Abs. 3 GG, Art. 79 GG, Art. 93 GG, Art. 104 GG);
- → die Rechtssicherheit – kein Eingriff ins Private ohne gültige gesetzliche Grundlage (Art. 103 GG, Art. 104 GG);
- → die Rechtsgleichheit (Art. 3 Abs. 1 und 3 GG, Art. 19 Abs. 1 GG);
- → die Verhältnismäßigkeit staatlicher Eingriffe;
- → das Verbot willkürlicher Verhaftung (Art. 101 GG, Art. 104 GG);
- → das Verbot rückwirkender Geltung von Strafgesetzen und der Doppelbestrafung (Art. 103 GG).

Das Sozialstaatsprinzip

Art. 1 GG Abs. 1 Satz 1 und Art. 1 Abs. 3 liefern mit dem liberal-humanitären Rechtskonstrukt der für alle geltenden Menschenwürde einen Gestaltungsauftrag für die Politik, zugleich binden sie die Politik mit unverrückbarem Maßstab für das gesellschafts- und für das sozialpolitische Handeln.

Auch wenn das Grundgesetz *keine* sozialen Grundrechte enthält, ist der Staat darauf verpflichtet, „die Herstellung gleichwertiger Lebensverhältnisse im Bundesgebiet" (Art. 72 Abs. 2 GG) im Auge zu behalten und die Vorstellungen der Menschen von sozialer Gerechtigkeit zu beachten. Denn die Festlegung des Sozialstaatsprinzips gründet auf den **Grundwerten**: Gleichheit vor dem Gesetz, Schutz von Ehe und Familie, Sozialbindung des Eigentums, Koalitionsfreiheit. Die mit der Gesundheitsreform 2010 begonnene Abkehr vom Solidarprinzip, also der Tatsache, dass Arbeitgeber und Arbeitnehmer sich gleichermaßen an den Kosten des Gesundheitssystems beteiligen, kann als tiefer Einschnitt in das Selbstverständnis des Sozialstaats betrachtet werden.

Auch den Bundesländern sind die o. a. Grundwerte in Art. 28 GG zur Umsetzung aufgetragen.

Varianten des Sozialstaatsprinzips

Das Sozialstaatsprinzip ist als leitendes Prinzip durch die in den Grundrechten ausformulierten Grundwerte abgesichert. Insbesondere die

- Gleichheit vor dem Gesetz (Art. 3 GG),
- der Schutz von Ehe und Familie (Art. 6 GG),
- die Koalitionsfreiheit (Art. 9 Abs. 3 GG) und
- die Sozialbindung des Privateigentums (Art. 14 Abs. 2 GG)

zielen auf „soziale Gerechtigkeit".

Darüber hinaus gelten:
- Zwangsversicherungen (Vorsorge für Krankheit, Alter, Pflege, Arbeitslosigkeit, Berufsunfälle),
- Teilhaberechte (Vertrags- und Koalitionsfreiheit, Tarifautonomie ...),
- operative Politiken (Familienpolitik, Steuerpolitik ...),
- Fürsorgeanspruch der Bürger (Sozialleistungen),
- Prinzip der Daseinsvorsorge (Gesundheitsvorsorge, Schulwesen ...).

Das Bundesstaatsprinzip

Das in Art. 20 GG festgeschriebene Prinzip des Bundesstaates zeigt sich einerseits an der auf beiden staatlichen Ebenen (Bund, Länder) wirksamen Gewaltenteilung und andererseits an der Beteiligung des Bundesrates an der Gesetzgebung des Bundes. Das Prinzip der Bundesstaatlichkeit ist vom Vorgang der Wiedereingliederung des Saarlandes ins Bundesgebiet zum 1. Januar 1957 und vom Beitritt der neu gegründeten Länder der DDR zum Geltungsbereich des Grundgesetzes am 3. Oktober 1990 unberührt geblieben; der räumliche Geltungsbereich des Grundgesetzes war bis dahin durch die Nennung aller seit 1949 bestehenden Bundesländer in der GG-Präambel bzw. in Art. 23 GG bestimmt.

> **Merke**
>
> **Die Bundesrepublik Deutschland ist auf drei Ebenen organisiert**
> - auf der nationalen Ebene des Bundes,
> - auf der Ebene der 16 Bundesländer
> - und auf der Ebene der Gemeinden, die mit ihrer zweigliedrigen kommunalen Selbstverwaltung (Landkreise und Gemeinden bzw. Städte) zum Staatsgebiet der 16 Bundesländer gehören.

Bundesrepublik Deutschland							
Land	Flächengröße		Einwohner		Sitze Bundes-		Landes-hauptstädte
	in km²	in %	gesamt (in 1000)	in %	rat	tag* Wahlkreissitze/Landeslistensitze	
Baden-Württemberg	35 751	10,0	10 786	13,1	6	38/40	Stuttgart
Bayern	70 550	19,7	12 596	15,3	6	45/46	München
Berlin	892	0,3	3 502	4,3	4	12/15	Berlin
Brandenburg	29 484	8,3	2 496	3,0	4	10/10	Potsdam
Bremen	419	0,1	661	0,8	3	2/4	Bremen
Hamburg	755	0,2	1 799	2,1	3	6/7	Hamburg
Hessen	21 115	5,9	6 092	7,4	5	22/23	Wiesbaden
Meckl.-Vorpommern	23 139	6,5	1 635	1,9	3	6/7	Schwerin
Niedersachsen	47 614	13,3	7 941	9,6	6	30/36	Hannover
Nordrhein-Westfalen	34 098	9,6	17 842	21,8	6	64/74	Düsseldorf
Rheinland-Pfalz	19 854	5,6	3 999	4,8	4	15/16	Mainz
Saarland	2 570	0,7	1 013	1,2	3	4/5	Saarbrücken
Sachsen	18 420	5,2	4 137	5,1	4	16/17	Dresden
Sachsen-Anhalt	20 450	5,7	2 313	2,8	4	9/10	Magdeburg
Schleswig-Holstein	15 800	4,4	2 838	3,4	4	11/13	Kiel
Thüringen	16 172	4,5	2 221	2,7	4	9/9	Erfurt
BRD	357 138		81 844		69	299/332	Berlin

*Sitze pro Bundesland nach der Bundestagswahl am 22.9.2013 – © Statistisches Jahrbuch 2013, S. 14 (eigene Darstellung und Berechnung)

2.10 Demokratie als streitbare Demokratie

Die streitbare Demokratie des Art. 20 Abs. 1 und Abs. 2 GG ist als wertgebundene Ordnung in der Lage, sich gegen rechts- oder linksextreme Verfassungsfeinde zur Wehr zu setzen durch

- das Ewigkeitsgebot (Art. 79 Abs. 3 GG),
- das Verbot (Art. 19 Abs. 2 GG), den Wesensgehalt von Grundrechten anzutasten,
- das Recht zur Klage für jedermann (Art. 93 Abs. 1, Nr. 4a GG) bei Grundrechtsverletzungen durch die Staatsgewalt,
- das Feststellen des Verwirkens von Grundrechten (Art. 18 GG), die zum Kampf gegen das Grundgesetz missbraucht werden,
- die Möglichkeit des Partei- und Vereinigungsverbots durch das Bundesverfassungsgericht für grundgesetzfeindliche Parteien (Art. 21 Abs. 2 GG) und Vereinigungen (Art. 9 Abs. 2 GG).

Die Demokratie des Grundgesetzes und der Staat sollen durch mehr Teilhabe bzw. durch eine umfassende Demokratisierung der Gesellschaft gesichert werden; Mitbeteiligungs- und Mitbestimmungsverfahren in Unternehmen und im staatlichen Verwaltungsapparat sollen dieses Ziel unterstützen.

2.11 Wahlen

Zur **Legitimation der Demokratie** gehören Wahlen und Abstimmungen. Eine Auswahl treffen zu können zwischen inhaltlichen Alternativen und zwischen unterschiedlichen personellen Möglichkeiten bildet eine wesentliche Grundlage des demokratisch organisierten politischen Prozesses. Während die Erbfolge keinerlei demokratische Grundlage hat, könnte das zufallsbasierte Losverfahren zur Herrschaftsbestellung dienen. Die Kooptation, also die Selbstergänzung einer politischen Körperschaft, und die ex-officio-Bestellung, also die von Amts wegen automatische Aufnahme in eine Körperschaft, sind noch üblich.

Plebiszite als Volksabstimmungen sind eine direkte Ausübung der Volkssouveränität und gewichtige Möglichkeiten der Partizipation am politischen Prozess, sie werden jedoch in Deutschland kaum eingesetzt.

Dennoch ist die Machtausübung auf Zeit in der Demokratie immer an die **Zustimmung des Volkes** gebunden.

Nun ist nicht jede Wahl automatisch Ausdruck der Volkssouveränität. Demokratische Wahlen haben bestimmte Kennzeichen, sie müssen bestimmte Normen, Prinzipien und Funktionen erfüllen.

Kennzeichen und Funktionen demokratischer Wahlen

Sechs unverzichtbare **Kennzeichen** demokratischer Wahlen sind:
- die Freiheit der Wahlbewerbung = Ermöglichung unterschiedlicher und kompetitiver Wahlvorschläge,
- die Kandidatenkonkurrenz,
- die Chancengleichheit in der Wahlwerbung des Wahlkampfes,
- die Wahlfreiheit durch Ermöglichung der geheimen Wahl und der geheimen Stimmabgabe,
- die Bindung des Stimmgebungsverfahrens an einen transparenten Entscheidungsmaßstab und an ein faires Stimmenverrechnungsverfahren – möglichst ohne unzulässig hohe Sperrklauseln bei der Mandate-Vergabe,
- die Entscheidung auf Zeit, die die Zurücknahme bzw. Widerrufbarkeit durch den Wähler ermöglicht, und die freie Auswahl bei vorab eindeutig terminierten künftigen Wahlen.

Demokratische Wahlen erfüllen in der parlamentarischen Demokratie diese **fünf Funktionen**:
- Legitimation der Regierenden für ihr politisches Handeln,
- Kontrolle der Gewählten als Repräsentanten des Wahlvolkes,
- Ermöglichung von Konkurrenz unterschiedlicher politischer Parteien, Führungsgruppen und Programme,
- Integration der Bürgerinnen und Bürger ins politische System,
- Repräsentation der Bürgerinnen und Bürger in der Regierung.

Mehrheits- und Verhältniswahlrecht

Alle Wahlsysteme lassen sich auf zwei Grundmodelle zurückführen, und zwar auf die Mehrheitswahl und auf die Verhältniswahl.

Bei der **Mehrheitswahl** ist das gesamte Wahlgebiet in so viele Wahlkreise eingeteilt, wie Mandate im Parlament zu vergeben sind. Gewählt ist derjenige der Wahlkreiskandidaten, der die meisten Stimmen erhält, entweder absolut oder relativ (Personenwahl). Eine Stichwahl ist beim absoluten Wahlrecht nur dann notwendig, wenn kein Kandidat die absolute Mehrheit erreicht hat.

Bei der **Verhältniswahl** werden die Abgeordnetensitze im Parlament proportional zu den Stimmenzahlen zugeteilt. Während die Wähler ihre Stimme für eine für das ganze Wahlgebiet geltende Kandidatenliste einer Partei (Listenwahl) und nicht für eine bestimmte Person abgeben, werden die von einer Partei-Liste gewonnenen Sitze entsprechend den von den Parteien aufgestellten Kandidatenlisten zugeteilt.

Vorzüge der Mehrheitswahl

- Verhinderung der Parteienzersplitterung – aus kleinen Stimmen-Mehrheiten werden große Mehrheiten an Parlamentssitzen
- schnelle Regierungsbildung – klare Mehrheiten beschleunigen
- stabile Regierungen – klare Mehrheiten ermöglichen Vieles
- Förderung politischer Mäßigung – die Mitte entscheidet
- Förderung des Wechsels von Regierungen – Abwahl erleichtert
- Personenwahl – Persönlichkeit geht vor Parteizugehörigkeit
- Unabhängigkeit der Abgeordneten – wegen der Direktwahl
- direkte Wahl der Regierung – keine Zwischenverfahren

Vorzüge der Verhältniswahl

- Gerechtigkeit – jede Stimme mit gleichem Erfolgswert
- Analogie und Spiegelung der Wählerschaft
- kein Streit um Wahlkreiseinteilung und Wahlkreisgrenzen
- Absicherung von Experten auf der Liste
- größere Chancen für Parteineugründungen
- Verhinderung extremer politischer Regierungen

Das Wahlrecht für Bundestagswahlen

Allgemeine Vorgaben für die Wahl und für das Wählen sowie für das aktive und für das passive Wahlrecht:

- → Art. 20 GG – Alle Staatsgewalt geht vom Volke aus. Sie wird vom Volke in Wahlen und Abstimmungen ... ausgeübt.
- → Art. 38 GG – Die Abgeordneten des Deutschen Bundestages werden in allgemeiner, unmittelbarer, freier, gleicher und geheimer Wahl gewählt. Wahlberechtigt ist, wer das achtzehnte Lebensjahr vollendet hat; wählbar ist, wer das Alter erreicht hat, mit dem die Volljährigkeit eintritt.

Fünf **Wahlrechtsgrundsätze** definieren den Wahlvorgang:

> **Merke** **Wahlrechtsgrundsätze**
> - → **Allgemeine** Wahl – alle Staatsbürger können wählen.
> - → **Gleiche** Wahl – jede Stimme hat den gleichen Zähl- und Erfolgswert.
> - → **Unmittelbare** Wahl – die Wahl findet ohne zwischengeschaltete Wahlleute statt.
> - → **Freie** Wahl – jede Stimmabgabe muss frei bleiben von unzulässigem Druck und von Zwang.
> - → **Geheime** Wahl – kein Dritter darf nachprüfen und identifizieren, wie sich ein Wähler bzw. eine Wählerin entschieden hat.

Die Bundesrepublik Deutschland verwendet das sogenannte **personalisierte Verhältniswahlrecht**. Mit diesem Wahlsystem versucht man, Vorzüge der beiden Grundmodelle zu kombinieren. Gleichwohl ist es letztlich ein Verhältniswahlrecht.

Diese spezifische Variante weist folgende Besonderheiten auf:
- → Jeder Wähler hat zwei Stimmen, eine Erststimme und eine Zweitstimme. Mit der Erststimme wird im Wahlkreis der Wahlkreisabgeordnete gewählt. Mit der Zweitstimme wird aufs Bundesland bezogen die Landesliste einer Partei gewählt.
- → Während die Hälfte der zu wählenden Bundestagsabgeordneten mit dem relativen Mehrheitswahlrecht der Erststimmen gewählt wird, bemisst sich die Stärke einer Partei im Bundestag jedoch immer nach dem Anteil einer Partei an der insgesamt bundesweit abgegebenen Zahl an Zweitstimmen. Und für deren Auszählung gilt das Verhältniswahlrecht – und zwar immer bezüglich der für eine Landesliste

abgegebenen Zweitstimmen, denn es gibt wegen föderaler Struktur keine Bundeslisten der Parteien.
→ Mit dem **Verfahren nach Sainte-Laguë/Schepers** (auch: Devisormethode mit Standardrundung) werden Wählerstimmen in Mandate umgerechnet. Das geschieht in mehreren Schritten:
  ① Anwendung des Bundeswahlgesetzes (BWG) vom 3. Mai 2013 – BGBl. I. S 1084 – siehe Glossar unter www.bundeswahlleiter.de
  ② Verteilung aller 299 Wahlkreise auf die Bundesländer
  ③ Anwendung der 5%-Klausel auf das Bundesergebnis jeder Partei
  ④ je Bundesland: Verteilung der Sitze einer Partei auf die Landeslisten der Partei nach dem Sitzzuteilungsverfahren
  ⑤ Sitzvergabe und gegebenenfalls Vergabe von Überhangmandaten auf Landesebene
  ⑥ Sitzvergabe für den Bundestag: Erst werden darin die regulär 598 Sitze nach dem Ergebnis in den Ländern auf die Parteien verteilt. Gibt es Überhangmandate, wird anschließend in einer sogenannten Oberverteilung die Zahl der Sitze im Bundestag zunächst solange erhöht, bis der Parteienproporz wieder hergestellt ist. Abschließend werden die Ausgleichsmandate dann in einer sogenannten Unterverteilung über die Landeslisten den Parteien zugeteilt.
  ⑦ Abhängig von der Zahl der Überhangmandate und verschieden hoher Wahlbeteiligungen in den Bundesländern kann sich die Zahl der Sitze durch Ausgleichsmandate insgesamt deutlich erhöhen.

Besondere Wahlrechte

Das Kommunalwahlrecht etlicher Bundesländer lässt besondere Verfahren zu, z.B. das Kumulieren und das Panaschieren.
→ **Kumulieren** bedeutet Anhäufen. Der Wähler kann mehrere – in der Regel bis zu drei – Stimmen nur einem einzelnen Kandidaten geben. Beim Kumulieren bleibt der Stimmzettel auch gültig, wenn die zulässige Stimmenzahl überschritten wird, denn überzählige Stimmen werden von unten gestrichen.
→ **Panaschieren** wird die Möglichkeit genannt, mehrere Stimmen der festgelegten Gesamtstimmzahl auf verschiedene Kandidaten einer

oder auch verschiedener Listen aufzuteilen. So erhält der Wähler die Gelegenheit, einzelnen Kandidaten unterschiedlicher Parteien seinen Zuspruch zu geben, auch wenn deren Chancen, in den kommunalen Rat einzuziehen, wegen ihrer hinteren Listenplätze zunächst gering scheinen. Will der Wähler nicht sein ganzes Stimmenkontingent aufteilen, kann er zusätzlich eine Liste ankreuzen. Entsprechend der verbliebenen Stimmenzahl erhalten dann die in der Liste genannten Kandidaten in der Reihenfolge ab Platz Eins je eine Stimme.

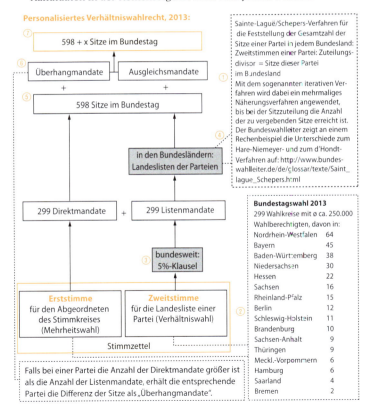

Personalisiertes Verhältniswahlrecht, 2013:

Sainte-Laguë/Schepers-Verfahren für die Feststellung der Gesamtzahl der Sitze einer Partei in jedem Bundesland: Zweitstimmen einer Partei: Zuteilungsdivisor = Sitze dieser Partei im Bundesland
Mit dem sogenannten iterativen Verfahren wird dabei ein mehrmaliges Näherungsverfahren angewendet, bis bei der Sitzzuteilung die Anzahl der zu vergebenden Sitze erreicht ist. Der Bundeswahlleiter zeigt an einem Rechenbeispiel die Unterschiede zum Hare-Niemeyer- und zum d'Hondt-Verfahren auf: http://www.bundeswahlleiter.de/de/glossar/texte/Saint_lague_Schepers.html

Bundestagswahl 2013
299 Wahlkreise mit ø ca. 250.000 Wahlberechtigten, davon in:

Nordrhein-Westfalen	64
Bayern	45
Baden-Württemberg	38
Niedersachsen	30
Hessen	22
Sachsen	16
Rheinland-Pfalz	15
Berlin	12
Schleswig-Holstein	11
Brandenburg	10
Sachsen-Anhalt	9
Thüringen	9
Meckl.-Vorpommern	6
Hamburg	6
Saarland	4
Bremen	2

Falls bei einer Partei die Anzahl der Direktmandate größer ist als die Anzahl der Listenmandate, erhält die entsprechende Partei die Differenz der Sitze als „Überhangmandate".

Das Verfahren des Kumulierens und Panaschierens wird auf kommunaler Ebene in unterschiedlicher Art und Weise in etlichen Ländern praktiziert. In Schleswig-Holstein ist nur Panaschieren möglich.

Dieses besondere Wahlrecht bedeutet eine Stärkung des Wählerwillens, da es den Wählern ermöglicht, sowohl einen Bewerber einer einzelnen Partei als auch verschiedene Bewerber unterschiedlicher Parteien zu wählen, während bei Listen nur eine von den Parteien aufgestellte Liste zur Wahl steht. Damit steigt der Einfluss der Wähler auf die Zusammensetzung von Kommunalparlamenten, was eine Aktivierung des demokratischen Potenzials bedeutet.

> **Abi-Tipp**
>
> Sie sollten – in katalogartiger Auflistung – die 6 Kennzeichen und 5 Funktionen demokratischer Wahlen wiedergeben können, ebenso etliche Vor- und Nachteile des Mehrheits- und des Verhältniswahlrechts.
>
> Das in Deutschland geltende „personalisierte Verhältniswahlrecht" und zugehörige Auszählverfahren als Variante des Verhältniswahlrechts sollten Sie erklären und hinsichtlich der politischen Wirkungen erläutern können.

Ein alternatives Wahlrecht – das Grabensystem

Die Berechnung der [aktuellen Bundestags-]Mandatsverteilung stellt auch für Experten eine Herausforderung dar. Wählerfreundlich ist das nicht und so könnte es sein, dass die Diskussion über das Wahlrecht wieder aufflammt. Das Grundgesetz steht einer großen Lösung nicht entgegen. Denn das Bundesverfassungsgericht hält auch die Einführung des Grabenwahlrechts für mit dem Grundgesetz vereinbar. Ausdrücklich schrieben die Richter 2008 in ihr Urteil zum negativen Stimmgewicht, der Gesetzgeber dürfe „das Verfahren der Wahl zum Deutschen Bundestag als Mehrheitswahl oder als Verhältniswahl gestalten". Er dürfe auch beide Wahlsysteme miteinander verbinden, „indem er eine Wahl des Deutschen Bundestages hälftig nach dem Mehrheits- und hälftig nach dem Verhältniswahlprinzip zulässt (Grabensystem)".

Die Alternative zum augenblicklichen Wahlsystem sähe danach also so aus: Beide Hälften des Bundestages würden nach verschiedenen Wahlrechten und verschiedenen Auszählverfahren besetzt – zwischen diesen beiden Hälften läge ein „Graben". (Quelle, gekürzt: http://www.bpb.de)

Vorzüge des sogenannten Grabensystems

→ konstante Anzahl von Bundestagsabgeordneten (598)
→ Unmöglichkeit von Überhangmandaten
→ gleiche Stimmengewichte und Unmöglichkeit negativer Stimmgewichte bei separater Auszählung in den einzelnen Bundesländern
→ Weitergeltung der bisher gewohnten Stimmzettel-Gestaltung mit Erst- und Zweitstimme
→ Weitergeltung der bisherigen Wahlkreiseinteilung (299)
→ Weitergeltung der bisherigen Praxis der Erststimmenauszählung nach dem relativen Mehrheitsrecht im Wahlkreis
→ Weitergeltung der bisherigen Praxis mit Auszählung der Zweitstimmen nach dem reinen Verhältniswahlrecht je Bundesland
→ Beibehalten der bisherigen Sperrklausel von 5 Prozent auf gesamtstaatlicher Ebene des Bundes bzw. deren Absenkung oder Aufhebung
→ keine Aufrechnung der mittels Erststimmen gewonnenen Direktmandate gegenüber Zweitstimmen-Mandaten
→ Schlichtheit und Transparenz und sofortige Nachvollziehbarkeit beim Umrechnen von Wählerstimmen in Abgeordnetenmandate

2.12 Demokratietheorien

Erst seit Ende des Ersten Weltkrieges gilt der Gedanke der **Volkssouveränität** als anerkanntes Fundament einer demokratischen Staatsordnung. Jedoch sind weltweit zahllose Varianten entstanden, sodass jeweils zu prüfen ist,
→ wie diese Demokratie mit dem Kerngedanken der Souveränität als ihrer legitimatorischen Grundlage umgeht
→ und ob auch alle Demokratie-Merkmale gegeben sind.

Souveränität bezeichnet die prinzipiell allumfassend-unbeschränkte Durchsetzungs- und Herrschaftsgewalt eines Staates nach innen

(Gewaltmonopol) und nach außen. Das Völkerrecht garantiert die Souveränität eines Staates als Unabhängigkeit und als Gleichberechtigung gegenüber anderen Staaten. Staaten können einen Teil ihrer Souveränitätsrechte auf supranationale Organisationen übertragen.

Ein Souverän – egal ob Einzelherrscher oder Gesamtstaat – kann über das Recht verfügen; er kann als Quelle des Rechts selbst Recht schöpfen,
→ als omnipotenter Herrscher das Recht durchbrechen,
→ Macht ungeteilt lassen und alle Kompetenzen an sich ziehen,
→ mit vorbehaltloser Gefolgschaft und Unterwerfung rechnen,
→ naturrechtlich begründeten Widerstand gegen seine Allmacht als unbegründet und als unzulässig brechen.

QUELLENTEXT: Souveränitäts- oder Verfassungsdemokratie?

Im Grunde lassen sich zwei in ihren Prämissen und ihren Folgen extrem unterschiedliche Richtungen der Demokratietheorie unterscheiden.
Für die eine Richtung steht unangefochten Jean-Jacques Rousseau (1712–1778) als maßgeblicher Begründer.
Die andere Richtung geht nicht in dieser Ausschließlichkeit, aber in der Wirkungsgeschichte doch sehr stark auf einen anderen Denker der Aufklärung zurück, nämlich auf John Locke (1632–1704). Das von Locke zum Teil nur umrisshaft Angedeutete ist im Verlauf der Geschichte von der politischen Praxis mit Leben gefüllt und von späteren Demokratietheoretikern mit Begriffen versehen worden.
Hält man es für richtig, dass dem Willen des Volkes in dem Sinne unbeschränkte Geltung zukommt, dass er oberstes, an keine vorrangige Norm gebundenes Gesetz ist, bewegt man sich in Rousseau'schen Gedankenbahnen.
Hält man es entgegen der Überzeugung Rousseaus und seiner Anhänger für richtig, dass die Menschen immer schon moralisch-rechtlich an bestimmte, aus ihrem Menschsein resultierende Normen gebunden sind, sodass es auch den gesetzgebenden Institutionen nicht zusteht, hierüber souverän zu entscheiden, folgt man John Locke und mit ihm der gesamten europäischen naturrechtlichen Tradition.
Dem Denken Rousseaus entspricht die Souveränitätsdemokratie. Aus Lockes Konzeption lässt sich die Verfassungsdemokratie ableiten.

aus: Detjen, Joachim: Demokratie in Deutschland, Hannover 2000

Beispielsweise umfasst der Verfassungsstaat Bundesrepublik Deutschland mit seiner auf Demokratie angelegten Verfassung die Gesamtheit der Staatsorgane und des Staatsrechts. Dieser Staat ist gegenüber seiner Gesellschaft souverän, und in ihm gibt es keinen Souverän außer ihn selbst. Aber es gibt Kompetenzen in diesem Staat, Ämter und Funktionen, zum Teil auf Zeit besetzt; sie ermöglichen dem Verfassungsstaat, diese Souveränität als alltägliches Staatshandeln nach innen, in die Gesellschaft hinein, wirksam werden zu lassen. Wenn „souverän sein" vor allem aber bedeutet, die Verfassung ändern zu können, so wird insbesondere im Akt der Verfassungsschöpfung – also im Moment der Gesetzgebung – die souveräne Macht des Volkes verwirklicht.

Identitäts- und Konkurrenzdemokratie sind nicht miteinander vereinbar – genauso wenig wie Souveränitäts- und Verfassungsdemokratie. Man muss sich entscheiden.

QUELLENTEXT: Identitäts- oder Konkurrenzdemokratie?

Die Fruchtbarkeit Rousseaus für die Demokratietheorie zeigt sich auch hinsichtlich der Frage, ob Demokratie das Versprechen der Herrschaftsfreiheit einschließt. Verbindet man mit der Demokratie die Vorstellung, dass sie Fremdherrschaft, verstanden als Herrschaft der Einen über andere, ausschließt und Freiheit dadurch bewirkt, dass jeder nur selbst gesetzten Regeln folgen muss, folgt man den Spuren Rousseaus. Eine solche Demokratie, in der die Gesetzesunterworfenen zugleich Gesetzgeber sind und aus diesem Grunde nur sich selbst gehorchen, nennt man Identitätsdemokratie. Hält man es dagegen für unvermeidlich, dass es eine Arbeitsteilung zwischen Regierenden und Regierten gibt, und sieht man es als hinreichende Berücksichtigung des Demokratieprinzips an, dass die Regierenden aus einer Wahl unter Bedingungen offener Konkurrenz hervorgegangen sind, hängt man einer Demokratietheorie an, die politische Führung nicht als Verstoß gegen den Demokratiegedanken ansieht. Eine solche Demokratie, die die Existenz politischer Eliten anerkennt, nennt man Konkurrenzdemokratie.

Diese Demokratietheorie verbindet sich ohne Schwierigkeiten mit dem Gedanken, dass die Menschen ihre divergierenden Interessen verbandsmäßig organisieren und dass diese Interessenverbände Einfluss auf die Regierenden nehmen. Konzeptionellen Ausdruck hat diese Weiterentwicklung der Konkurrenzdemokratie in der pluralistischen Demokratietheorie gefunden. Diese Theorie entspricht in besonderer Weise der Wirklichkeit des demokratischen Verfassungsstaates.

aus: Detjen, Joachim: Demokratie in Deutschland, Hannover 2000

Auch wenn der Repräsentationsgedanke dem der direkten Partizipation entgegenzustehen scheint, so lassen sich beide Prinzipien in einem föderalen Staat wie der Bundesrepublik Deutschland gleichwohl kombinieren, indem plebiszitäre Elemente wenn nicht ins Grundgesetz, so doch in Landesverfassungen eingeführt werden.

QUELLENTEXT: Repräsentative oder partizipatorische Demokratie?

Ein klassischer Gegenstand demokratietheoretischer Überlegungen ist die Frage, wer in einer Demokratie die Entscheidungen treffen soll, die für alle rechtlich verbindlich sind. Auch in dieser Hinsicht gibt es zwei prinzipielle Antworten, deren eine wiederum von Rousseau stammt. Seine Antwort lautet, dass Demokratie die ständige Selbstgesetzgebung des Volkes, am besten in Gestalt der Volksversammlung, verlangt. Dieses Verständnis begründet die sogenannte partizipatorische Demokratie. Die andere Antwort geht vom Gedanken der politischen Verantwortlichkeit sowie vom Prinzip der Gemeinwohlrichtigkeit aus. Sie sieht die Lösung des Problems, wem die politischen Entscheidungen nach Maßgabe dieser Kriterien anzuvertrauen sind, darin, demokratisch gewählte Repräsentanten hiermit zu beauftragen. Die repräsentative Demokratie ist nicht bloßer Ersatz für die in großräumigen Staaten nicht zu verwirklichende Volksversammlung, sondern eine eigenständige Synthese aus dem bereits im antiken Rom praktizierten Amtsprinzip mit dem demokratischen Prinzip der Wahl der Amtsinhaber. In der politischen Praxis können repräsentative und partizipatorische Demokratie sich insofern verbinden, als eine im Kern repräsentativ verfasste Demokratie partizipatorisch ergänzt werden kann.

aus: Detjen, Joachim: Demokratie in Deutschland, Hannover 2000

2.13 Demokratie der Zukunft

Das Versprechen der Französischen Revolution von 1789 bestand darin, „Freiheit und Gleichheit einzulösen und dabei zugleich das Gemeinwohl zu fördern" (Detjen). Dieses utopisch anmutende Ziel ist seither die stets erneuerte Aufgabe demokratischer Bemühungen für Bürgergesellschaften. Die Vorschläge für eine Stärkung der Zivil- und Bürgergesellschaft gehen dabei in unterschiedliche Richtungen:

- → Verbesserung der politischen Bildung der Bevölkerung,
- → Einführung der Wahlpflicht,
- → Einführung eines Kinder- bzw. eines Familienwahlrechts,
- → Einführung plebiszitärer Elemente in die Verfassung – Unterschriftensammlung, Volksinitiative, Volksbegehren, Volksentscheid, Volksbefragung, Referendum, Plebiszit,
- → Rotation bzw. zeitliche Begrenzung für gewählte Amtsinhaber,
- → Umbau des Bundesrates zu einer echten Zweiten Kammer neben dem Bundestag, mit gewählten Landesvertretern.

Als Konsequenz aus der weltweiten **Wirtschafts- und Finanzkrise** drängen viele Politiker auf eine entscheidende Machtverschiebung zwischen Politik und Wirtschaft: „Die Marktradikalen haben die Kapitalmärkte wild laufen lassen. Die langfristige Perspektive muss sein, den Primat der Politik wiederherzustellen" (SPD-Bundesgeschäftsführer Wasserhövel). Es gehe darum, „wieder sicherzustellen, dass die Finanzwirtschaft eine dienende Funktion gegenüber der Realwirtschaft" habe. Die Rolle der Politik werde sich stark verändern, ihre Bedeutung werde wieder zunehmen. Das erste große Beispiel für Marktversagen in den vergangenen Jahren sei der Klimawandel, das zweite große Beispiel sei die aktuelle Finanzkrise. (nach: ddp vom 1. März 2009)

Die Krise nach 2008 hat viele Staaten so stark verschuldet, dass das Vertrauen der Gläubiger – der Staatsfinanzierer – in die Rückzahlungsfähigkeit und in die Rückzahlungsbereitschaft dieser Staaten verloren gegangen ist. Das hat das Bemühen der Gläubiger um Sicherung ihrer Ansprüche in eine verstärkte Einflussnahme auf die staatliche Politik gewandelt. Und der demokratische Steuer- und Leistungsstaat ist zu einem Schuldenstaat mutiert, in dem neben den Bürgern die Finanzinvestoren und Gläubiger „eine zweite Klasse von Anspruchsträgern und Ermächtigungsgebern" gebildet haben.

Der demokratische Schuldenstaat und seine zwei Völker	
Staatsvolk	**Marktvolk**
National	International
Bürger	Investoren
Bürgerrechte	Forderungen
Wähler	Gläubiger
Wahlen (periodisch)	Auktionen (kontinuierlich)
öffentliche Meinung	Zinssätze
Loyalität	„Vertrauen"
Daseinsvorsorge	Schuldenbedienung

Quelle: Wolfgang Streeck, Gekaufte Zeit – Die vertagte Krise des demokratischen Kapitalismus, 2. Auflage Berlin 2013 S. 121

Weil beide Kollektive „unterschiedlich konstituiert sind" und „nach tendenziell unterschiedlichen Logiken funktionieren", wird konsistentes staatliches Handeln erschwert, weil „staatliche Politik dennoch möglichst gleichzeitig [beiden: einerseits der Bevölkerung, dem national organisierten Staatsvolk, und andererseits den Märkten, dem anonym bleibenden internationalen Marktvolk] gerecht werden muss" so Wolfgang Streeck in seinen Frankfurter Vorlesungen (Wolfgang Streeck, Gekaufte Zeit – Die vertagte Krise des demokratischen Kapitalismus, 2. Auflage Berlin 2013, S. 117–121).

---

2 Demokratie — Checkliste

→ Nutzen Sie die Unterkapitel dieses Kapitels zur Wiederholung der wichtigen Kenntnisse in Bezug auf den Startpunkt **Grundgesetz**, die **Bedeutung der Grundrechte,** das Selbstverständnis des Staates als **freiheitlich-demokratische Ordnung**, den **Staatsaufbau** und die **Staatsorgane** sowie die **Gewaltenteilung**, den **politischen Prozess** in der pluralistischen und zugleich durchstrukturierten Gesellschaft, die Sonderrolle der **Parteien**, die **Wahlen und das Wahlrecht**, die wichtigen Funktionen der **Medien.**

→ Was kennzeichnet „**Demokratie**"?
Beachten Sie hierbei verschiedene Akzentsetzungen.

→ Verknüpfen Sie diese Einzelkenntnisse und verwenden Sie sie bei der **Beschreibung und bei der Analyse des heutigen Demokratie-Systems der Bundesrepublik Deutschland.**

→ Sie sollten das politische System „Bundesrepublik Deutschland" mithilfe von sechs grundlegenden Varianten des Demokratiemodells bzw. mittels dreier alternativer Demokratietheorie-Paare erläutern können. Dabei analysieren Sie einzelne Bestandteile dieser **sechs Demokratiemodelle** bzw. dieser drei Demokratietheorie-Paare genauer und vergleichen sie
Souveränitätsdemokratie – Verfassungsdemokratie,
Identitätsdemokratie – Konkurrenzdemokratie,
repräsentative Demokratie – plebiszitäre Demokratie.

3 Gesellschaft und sozialer Wandel

Die Gesellschaft umgibt uns mit scheinbarer Selbstverständlichkeit. Als Gegenstand des Nachdenkens kommt „Gesellschaft" in den Blick, wenn der Einzelne oder Gruppen im Zusammenleben mit anderen Schwierigkeiten haben, Missstände auftreten, sich gesellschaftliche Strukturen verändern und man Richtung und Geschwindigkeit der Veränderungen voraussagen möchte.

3.1 Modernisierung und Individualisierung

Modernisierung beinhaltet „einen Komplex miteinander zusammenhängender struktureller, kultureller, psychischer und physischer Veränderungen, der sich in den vergangenen Jahrhunderten herauskristallisiert hat und damit die Welt, in der wir augenblicklich leben, geformt hat und noch immer in eine bestimmte Richtung lenkt." Modernisierung der Gesellschaft könne als Kombination von Differenzierung, Rationalisierung, Individualisierung und Domestizierung verstanden werden – so die Soziologen Hans van der Loo und Willem van Reijen.

- → **Differenzierung:** Spaltung des homogenen Ganzen, Verselbstständigung der differenzierten Teile, Spezialisierung der neuen Einheiten.
- → **Rationalisierung:** Fortschreitende Berechnung, Begründung und Beherrschung des Handelns, gezieltes Ordnen und Systematisieren von Mitteln und Methoden zwecks Effizienzsteigerung.
- → **Individualisierung:** Bedeutungsgewinn des Einzelnen bis hin zur Erlangung von Unabhängigkeit durch ein Herauslösen aus Kollektiven und durch eine Verringerung der Anspruchsintensität dieser Kollektive an diesen Einzelnen.
- → **Domestizierung:** Individuelle und kollektive Überwindung natürlicher, biologischer und sozialer Begrenzung (Dekonditionierung) – bis hin zu neuer Abhängigkeit von selbst eingesetzten Mitteln.

Die Struktur einer Gesellschaft wandelt sich ständig. Dieser **Strukturwandel** kann als massenhafter individueller Veränderungsprozess verstanden werden, der sich mithilfe repräsentativer Fälle und exemplarischer Biografien, vor allem aber mithilfe der Darstellung von **Klassen, Schichten, Milieus, Lebenslagen** aufzeigen lässt.

3.2 Sozialer Wandel

Sozialer Wandel stellt die Veränderung gesellschaftlicher Ordnungen und Strukturen und deren Auswirkungen auf den Einzelnen, auf die Gesellschaft und auf andere Strukturen und Institutionen dar. Auch wenn der Wandel der Gesellschaft individuell erlebt und zunächst aus der Perspektive des Individuums beschrieben wird, so muss doch die Sicht aufs Ganze vorrangig sein – als Bild von der Gesellschaft.

Gesellschaftsbilder beschreiben die Verhältnisse ihrer Zeit plakativ, andere haben als politische Signalbegriffe sogar Geschichte gemacht.
Die Vorstellung von einer gottgewollten Ordnung entfaltet stets eine normierende Kraft, wie auch die Vorstellung von einer natürlichen bzw. organischen Ordnung.

Mit den **Sozialwissenschaften** entstanden Modelle der Gesellschaft. Deren Geltungsanspruch leitete sich aus der Überprüfbarkeit ihrer Analysemethoden bezüglich der gesellschaftlichen Wirklichkeit ab. Anhand von Hypothesenbildung und Verifikation bzw. Falsifikation solcher Hypothesen mittels empirischer und statistischer Methoden ließen sich immer wieder neue Modelle von der modernen Gesellschaft erstellen.

3.3 Soziale Ungleichheit

Soziale Ungleichheit ist ein Grundtatbestand menschlicher Existenz. Verschiedenheit ist natürlich und entwickelt sich (Gene, Umwelt, Selbststeuerung, Zufall). Zumeist wird Ungleichheit nicht als Problem gesehen. Erst das Empfinden von Ungerechtigkeit macht Ungleichheit zum Gesellschaftsproblem.

Soziale Ungleichheit bezeichnet die ungleiche Verteilung wertvoller Ressourcen. Wenn diese **Ungleichverteilung** bestimmten sozialen Kriterien folgt und wenn es sich bei der Ungleichverteilung um wertvolle Güter oder um finanzielle oder soziale Ressourcen handelt (Einkommen, Vermögen, Berufsposition, Macht, Prestige, Bildung, Berechtigungen ...), dann äußert sich diese Ungleichverteilung in einer besonderen Weise in der Sozialstruktur der Gesellschaft. Wird diese als ungerecht angesehen, entwickeln sich politische Forderungen, die auf Veränderung dieses Zustandes abzielen: Revolution oder Reform – das ist die klassische Alternative sozialen Wandels.

3.4 Modelle und Theorien: Gesellschaftsanalyse

Gesellschaften wollen sich ihrer selbst vergewissern; sie entwickeln Selbstdeutungen und entwerfen Bilder von sich. Dann ist der Weg zum Modell und zur Theorie bezüglich der Realität nicht mehr weit.

Jede Gesellschaftstheorie lässt sich als Modell auffassen und dann auch grafisch darstellen. So kann versucht werden, die Realität gesellschaftlicher Verhältnisse zu beschreiben und zu erklären.
Die drei folgenden Modelle sind im Kern ganz unterschiedlich konzipiert; es gibt
- → **mathematisch-quantifizierende Modelle**, die die Realität mittels einfacher mathematischer Gleichungen beschreiben,
- → **qualitativ konstruierte Modelle**, die die Interdependenzen verschiedener Variablen registrieren und werten,
- → **Simulationsmodelle**, die mithilfe von PC-Programmen und anhand von empirischen Daten Entwicklungen durchrechnen.

Bezüglich dieser drei Modelle kann jeweils zwischen **Mikro- und Makromodellen** unterschieden werden.

In der Praxis der Politikberatung gilt die Unterscheidung von drei qualitativen Modellen als bewährte Grundlage:
- → **Dezisionistische Modelle** wollen den beratenen (Gesellschafts-)Politiker in die Lage versetzen, seine nicht hinterfragten rationalen Entscheidungen umsetzen zu können.
- → **Technokratische Modelle** hingegen engen den Entscheidungsspielraum des (Gesellschafts-)Politikers so ein, dass letztlich der Sachverstand der Experten entscheidet.

→ **Pragmatische Modelle** mischen die gegensätzlichen Ansätze des dezisionistischen und des technokratischen Modells und gehen von wechselseitiger Beeinflussung der Akteure aus.

Lebensläufe und Biografien sind der Stoff, aus dem Soziologen generalisierbare Fakten gewinnen, um mit deren Hilfe nicht nur wesentliche Strukturen einer Gesellschaft zu benennen, sondern um Modelle von der jeweiligen Realität zu entwerfen.

3.5 Kontroversen zur Deutung der Sozialstruktur

Waren in der vorindustriellen Zeit Geburt und Stand prägende Strukturmerkmale der **Ständegesellschaft**, so geriet während der Industrialisierung das Eigentum bzw. das Nicht-Eigentum an Produktionsmitteln zum alleinigen Kriterium, Menschen zu Großgruppen zusammengefasst zu sehen. Die gemeinsame soziale Lage und das gleiche soziale Dasein der beiden antagonistischen Klassen der **Klassengesellschaft** und des Klassenkampfes (Bourgeoisie und Proletariat) kennzeichneten so das **Klassenmodell** von Karl Marx (1818–1883) und Friedrich Engels (1820–1895), das sie 1848 im „Kommunistischen Manifest" als Analyse und Interpretationsergebnis für die Wissenschaft und zugleich für die politische Auseinandersetzung anboten.

Das Zwei-Klassen-Modell von Marx und Engels

Ganz anders ist das sogenannte **Schichtenmodell**, das die Rangordnung und den Statusaufbau als wesentlich für die Struktur einer Gesellschaft bezeichnet. Einkommen und Vermögen sind darin die ersten und zentralen Faktoren sozialer Ausdifferenzierung.

Dieser Ansatz wird für moderne Gesellschaften kombiniert mit weiteren sozial relevanten Merkmalen gesellschaftlicher Differenzierung, z.B. Beruf, Bildungsabschluss, Selbsteinschätzung, Sozialprestige. Aber auch Wertorientierungen, politische Grundüberzeugungen und sonstige Einstellungen werden ins Modell gebracht. Somit spielen nicht nur vertikal ausgerichtete, sondern horizontal angelegte Unterschiede eine zunehmend größere Rolle für die Modellbildung.

Laut Rainer Geißler (*1939) konkurrierten seit den 1960er-Jahren **verschiedene Modelle und Deutungen** für das Ungleichheitsgefüge in der Bundesrepublik Deutschland miteinander:

→ **Das Konzept der eingeschmolzenen Klassengesellschaft**: Bei mehr Differenzierung der horizontalen Schichtung, bei abnehmender Schärfe der Klassenkonflikte wegen verminderten Klassenbewusstseins der Arbeiter, bei Herausbildung einer differenzierten und abhängig beschäftigten Mittelschicht, bei neuen und quer liegenden Linien der Differenzierung greift das alte Modell der dominanten Klassenstruktur nicht mehr (Vertreter: Theodor Geiger, 1891–1952).

→ **Das Konzept der nivellierten Mittelstandsgesellschaft**: Bei hoch mobiler Sozialstruktur ebnen kollektive Aufstiegsprozesse (Industriearbeiterschaft, technische Angestellte und Verwaltungsangestellte) und Abstiegsprozesse (Besitz- und Bildungsbürgertum) die Klassen und die Schichten ein, bewirken (auch wegen gleicher politischer Rechte, ähnlicher materieller Lebensbedingungen, weitreichender Chancengleichheit) soziale Nivellierung und stellen, vom Massenkonsum gefördert, eine relativ einheitliche Gesellschaftsschicht her, die aufgrund des Verlusts der Klassenspannung und der traditionalen Hierarchie weder proletarisch noch bürgerlich ist (Vertreter: Helmut Schelsky, 1912–1984).

→ **Das Konzept der zur Schichtengesellschaft gewandelten Klassengesellschaft**: Mit der kulturellen Umbruchphase Ende der Sechzigerjahre ging auch eine Debatte um die Fortgeltung des Modells der Klassengesellschaft einher. Als mehr oder minder modifiziertes Modell lieferte es die Vorlage zuerst für das „**Dahrendorf-Haus**" mit seinen inneren Grenzen, dann für die „**Bolte-Zwiebel**" und deren Schichtengesellschaft. Jenseits des Marx'schen Klassenbegriffs nutzten beide Modelle Daten der Sozialforschung und gründeten auf empirisch Erwiesenem bzw. auf repräsentativ Erfragtem. Ralf Dahrendorf (1929–2009) variierte seine der USA-Soziologie entlehnte Strukturskizze der westdeutschen Gesellschaft nach 1968 mehrfach. Martin Bolte (1925–2011) betonte seit 1967 statt der hierarchisch-vertikalen Strukturen die in der westdeutschen Konsumgesellschaft sich egalisierenden Verhältnisse der gesellschaftlichen Mitte und die Mobilität im System.

Das „Dahrendorf-Haus"
Westdeutschland, 1960er-Jahre

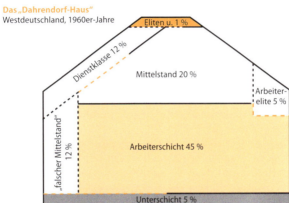

Die „Bolte-Zwiebel"
Westdeutschland, 1960er- bis 1980er-Jahre

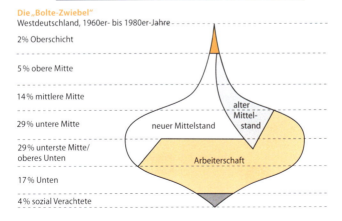

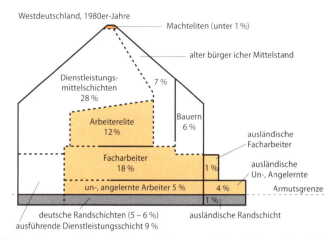

→ **Das Konzept der sozialen Milieus und der Lebensstile**: Hintergrund dieses von Pierre Bourdieu (1930–2002) entwickelten, in Deutschland von Michael Vester, *1939, weiterverfolgten und vor allem von der Konsumwirtschaft geforderten Ansatzes ist die kontroverse Diskussion darum, ob Klassen und Schichten sich auflösen oder ob sie fortdauern. Als Beleg für eine Auflösung gelten wesentliche Entwicklungen hin zu einer „Ungleichheit ohne Schichtung": die Vereinheitlichung der Lebensbedingungen, die Differenzierung sowie Diversifizierung der Soziallagen in horizontale und neue Ungleichheiten, die Auflösung schichttypischer Subkulturen, die Pluralisierung bzw. die Individualisierung von Lebensmilieus, Lebensstilen und Lebenslagen, die Entschichtung der Lebenswelt, die Pluralisierung der Konfliktlinien.

→ **Das Konzept des Konsums und Lebensweltforschung**: Mit der Vereinigung Deutschlands 1990 relativierte sich die Bedeutung solcher Kontroversen. Das Marktforschungsinstrumentarium wurde zur **Konsum- und Lebensweltforschung** weiterentwickelt. Es entstanden **Zielgruppenmodelle**. Die Wirtschaft verfeinerte angesichts der Zersplitterung von Zielgruppen und Märkten ihre Methoden der zielgruppengerechten Produktentwicklung.

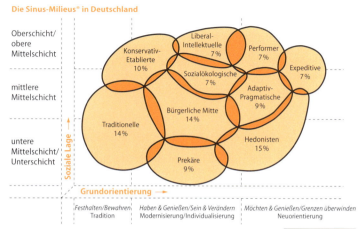

© Sinus Institut 2014
nach der Grafik auf der Website http://www.sinus-institut.de/loesungen/sinus-milieus.html,
genauere Erklärungen siehe dort

Während die Lifestyle-Typologien flüchtige Oberflächenphänomene klassifizierten, erfasst das **Milieu-Modell von Sinus Sociovision** Tiefenstrukturen sozialer Differenzierung. Dabei berücksichtigt dieses Sinus-Milieu®-Modell (Sinus Sociovision, Kurzinformation zu den Sinus-Milieus 2013, Heidelberg 2013, www.sinus-institut.de; Suchbegriffe: sinus + milieus) drei längerfristige Entwicklungen:

→ „**Modernisierung**: Öffnung des sozialen Raums durch höhere Bildungsqualifikationen, wachsende Mobilität und damit erweiterte Entfaltungsspielräume.
→ **Regression**: Wachsende soziale Deklassierungsprozesse, Orientierungslosigkeit, Sinn- und Werteverlust und dadurch verstärkt autoritäre und aggressive Neigungen.
→ **Segregation**: Auseinanderdriften der Lebens- und Werbewelten, sozialhierarchische Differenzierung und zunehmende Abschottung der Milieus gegeneinander."

> **Abi-Tipp: Gesellschaftsmodelle**
>
> Dahrendorf-Haus, Bolte-Zwiebel und Sinus-Milieu-Modelle (im Internet: www.sinus-sociovision.de) können Ihnen auch als Grafiken in der Prüfung begegnen. Üben Sie also auch den Umgang mit grafischen Darstellungen von Modellen! Sie sollten verschiedene Modelle erkennen, zeitlich einordnen und analysieren können.

3.6 Soziale Sicherung durch den Sozialstaat

Das Grundgesetz legt in Art. 20 fest, dass die Bundesrepublik Deutschland ein „demokratischer und sozialer Bundesstaat" sein soll. Dieses **Sozialstaatsgebot** ist geltende Verpflichtung für den politischen Prozess und für dessen Akteure. Der Staat ist verpflichtet, die Existenzgrundlage aller seiner Bürger zu sichern und für einen Ausgleich zwischen sozial Schwachen und sozial Starken zu sorgen.

Das heutige Sozialstaatsgebot hat eine lange Vorgeschichte: 1881 brachte Reichskanzler **Otto von Bismarck** die Forderung in den Reichstag ein, Gesetze zum Schutz der Arbeiter gegen Krankheit, Unfall, Invalidität und für finanzielle Absicherung im Alter zu beschließen. Dieser Geburtsstunde der Sozialversicherung folgten entsprechende Gesetze, mit denen die Absicherung der individuellen Lebensrisiken in einer kollektiven staatlichen Versicherung abgerundet wurde, zugleich aber auch die bis heute fortdauernde Aufteilung der abhängig Beschäftigten in Arbeiter und in Angestellte – neben den Beamten – festgeschrieben wurde.

Bausteine der Sozialpoltik
Sozialversicherungen – Krankenversicherung, Pflegeversicherung, Rentenversicherung, Arbeitslosenversicherung, Unfallversicherung
Soziale Dienste – Behindertenhilfe, Kinder- und Jugendhilfe
Transferzahlungen – Kinder-/Wohngeld, Ausbildungsförderung, Elterngeld
Steuererleichterungen
Arbeislosengeld II, Sozialhilfe – Hilfe zum Lebensunterhalt, Hilfe in besonderen Lebenslagen

3.6 Soziale Sicherung durch den Sozialstaat

Bausteine der Sozialpoltik
Arbeitsrecht, Tarifrecht, Betriebsverfassung, Famile und Beruf – Kündigungsschutz, Jugendarbeitsschutz, Mutterschutz, Elterngeld und Elternzeit
Und: Bundeszuschuss zur Finanzierung der Rentenversicherung und der Arbeitslosenversicherung, Familienausgleich, Entgeltfortzahlung im Krankheitsfall, Kriegsopferversorgung, Sozialhilfe und Sondersysteme für bestimmte Berufsgruppen (Beamtenversorgung, Altershilfe für Landwirte und Steuererleichterungen) zählen zum System der sozialen Sicherung.

Zeittafel	Sozialgesetzgebung
1883	Krankenversicherungsgesetz
1884	Unfallversicherungsgesetz
1889	Invaliditäts- und Altersversicherungsgesetz
1911	Versicherungsgesetz für Angestellte
1923	Reichsknappschaftsgesetz für die Rentenversicherung der Arbeiter im Bergbau
1927	Arbeitslosenversicherung
1957	Rentenreform: Einführung der dynamischen Rente
1995	Pflegeversicherung
2005	Gesundheitsreform: Ein weiter andauernder politisch gesteuerter Kontroll- und Gesetzgebungsprozess, der die Verteilung beschränkter monetärer Ressourcen im Gesundheitssystem so lenken möchte, dass ein Maximum an medizinischer Versorgung bei möglichst stabil bleibendem Kapitalaufwand zustande kommt, zugleich Ende der paritätischen Finanzierung.
2009	Einführung des Gesundheitsfonds: Sammelbegriff für die Umorganisation der Gesetzlichen Krankenversicherung mit Einführung von mehr Zentralismus bei der Umverteilung der erhöhten Beiträge
2010	Bundesverfassungsgerichts-Urteil zur Sozialhilfe (SGB XII) und zur sogenannten Grundsicherung (SGB II)
2011	Umsetzung des Bundesverfassungsgerichts-Urteils durch ein neues Gesetz: Erhöhung der Beträge
2013	Absichten der großen Koalition: Verbesserungen bei Erwerbsminderungsrenten; Einführung einer solidarischen Lebensleistungsrente; Einführung eines gesetzlichen flächendeckenden Mindestlohns

Das **System der sozialen Sicherung** beruht in Deutschland
- → auf **dem Versicherungs- bzw. Solidarprinzip** für die Gruppe der Beitragszahler in der Renten-, Kranken-, Arbeitslosen- und Pflegeversicherung, wenn sie Versicherungsbeiträge gezahlt haben;
- → auf dem **Versorgungsprinzip** als Selbstverpflichtung des Staates für bestimmte Bevölkerungsgruppen, wenn diese besondere Opfer oder Leistungen für den Staat bzw. für die Gemeinschaft erbracht haben;
- → auf dem **Fürsorgeprinzip** als Selbstverpflichtung des Staates für alle Bürgerinnen und Bürger, wenn sie bedürftig sind.

Während das **Versicherungs- bzw. Solidarprinzip** als Umverteilung von Kosten und Belastungen wirksam wird, möchte das gleichzeitig geltende **Subsidiaritätsprinzip** zur Stärkung der Teilsysteme beitragen.

War die Sozialversicherung am Ende des 19. Jahrhunderts auf die Existenzsicherung der Versicherten abgestellt, bietet das System heute trotz aller Finanzierungsnöte mehr. Und das hat seinen Preis. Den zu bezahlen, bedarf es einer funktionierenden und florierenden Wirtschaft mit erfolgreicher Wirtschafts- und Arbeitsmarktpolitik.

Sozialpolitik beinhaltet die Gesamtheit aller Grundsätze und Maßnahmen des Staates und größerer Verbände, die aktuell bestehende Sozialordnung im politischen Prozess zu gestalten. Dabei soll das Verhältnis der Klassen und Schichten zueinander und zum Staat so strukturiert werden, dass Interessengegensätze und je unterschiedliche soziale Lage durch Geld- und andere Leistungen zum Ausgleich gebracht bzw. gemildert werden. Sozialpolitik findet in Deutschland in einer Gesellschaft statt, die sich tagtäglich langsam und für den Einzelnen zumeist nicht sofort ersichtlich verändert. Insbesondere hat sich der Rahmen der Erwerbstätigkeit dramatisch verschoben: Waren beispielsweise 1996 bei 43,7 % aller Ehepaare mit minderjährigen Kind(ern) beide Partner in Vollzeit beschäftigt, waren dies 2012 nur noch 22,8 %. Bei nichtehelichen Lebensgemeinschaften waren dies 1996 64,9 % und 2012 44,0 %. Betrachtet man Ehepaare, bei denen Väter in Vollzeit und Mütter in Teilzeit beschäftigt waren, so ergeben sich folgende Zahlen: 1996 54,3 %; 2012 72,4 %. Bei nichtehelichen Lebensgemeinschaften: 1996 32,9 % und 2012 49,6 %.

3.7 Soziale Sicherung im Sozialstaat

Die soziale Sicherung umfasst im **Sozialstaat Bundesrepublik Deutschland** die Gesamtheit aller Maßnahmen, die dem Schutz des Menschen vor den individuell nur schwer oder gar nicht beherrschbaren Lebensrisiken und dem Ausgleich von deren wirtschaftlichen Folgen dienen.

Das System fußt auf **drei Säulen**:
- den fünf Zweigen der staatlichen bzw. gesetzlichen **Sozialversicherung** (Renten-, Kranken-, Pflege-, Arbeitslosen-, betriebliche Unfallversicherung),
- der **betrieblichen Altersversorgung** (Betriebsrenten),
- der **privaten Alterssicherung** (Sparguthaben, Lebensversicherungen, Aktien, Fonds-Anteile und staatlich geförderte sogenannte Riester-Renten).

Nach Art und Umfang der versicherten Risiken (Invalidität und Alter, Krankheit, Pflegebedürftigkeit, Arbeitslosigkeit, Betriebsunfall) ist die staatliche bzw. gesetzliche Sozialversicherung mit ihren fünf Zweigen die wichtigste Sicherungsinstitution; sie wickelt über 60% des gesamten Leistungsumfangs ab.

3.8 Das System der fünf Sozialversicherungszweige

Zentrale Aufgabe: Erhalt des angemessenen Lebensstandards eines Versicherten in existenziellen Risikosituationen und Sicherung seiner Stellung als Bürger im Rahmen der Gesellschaft.
- **Prinzip der Versicherungspflicht**: Fast 90 Prozent der Bevölkerung sind in der Sozialversicherung pflicht- oder freiwillig versichert.
- **Prinzip der Beitragsfinanzierung**: Überwiegende Finanzierung aus Beiträgen der Arbeitnehmer und der Arbeitgeber/Unternehmen bei grundsätzlich hälftiger Übernahme der Beiträge; Festlegung der Beitragssätze durch die Selbstverwaltung (Kranken- und Unfallversicherung) bzw. gesetzlich durch den Gesetzgeber (Renten-, Arbeitslosen- und Pflegeversicherung); Orientierung der Beiträge am Arbeitnehmer-Bruttogehalt.

→ **Prinzip der Solidarität**: Ausgleich zwischen Gesunden und Kranken, besser und weniger gut Verdienenden, Jung und Alt, Familien sowie Singles durch gemeinsame Übernahme der zu versichernden Risiken.

→ **Prinzip der Selbstverwaltung**: Entlastung des Staates durch Delegation von Aufgaben und Verantwortungsbereichen an die Träger der Sozialversicherung als öffentlich-rechtliche Körperschaften = Umsetzung des Subsidiaritätsprinzips durch organisatorisch und finanziell eigenständige Erledigung aller Steuerungsaufgaben unter Rechtsaufsicht des Staates.

→ **Prinzip der Freizügigkeit**: Basisrecht jedes EU-Bürgers innerhalb der Europäischen Union im Rahmen des Binnenmarkts mit seinen vier Freiheiten – freier Verkehr von Personen, von Waren, von Dienstleistungen und von Kapital innerhalb der EU-Mitgliedstaaten.

→ **Prinzip der Äquivalenz** – gültig in der Rentenversicherung: rentenpolitisch gesteuertes Verhältnis zwischen der Höhe eingezahlter (Renten-)Beiträge und den ausbezahlten (Renten-)Leistungen, die ein (Renten-)Versicherter erhält, bei Ausrichtung der (Renten-)Leistungen an der Höhe der in der Erwerbsphase gezahlten (Rentenversicherungs-)Beiträge und -Jahre.

Sozialversicherungsanteil vom Bruttolohn

Jahr	Renten	Kranken	Arbeitslosen	Pflegeversicherung	gesamter Anteil am Arbeitnehmer-Bruttolohn
1970	17	8,2	1,3		26,5
1980	18	11,4	3		32,4
1990	18,7	12,6	4,3		35,6
1995	18,6	13,2	6,5	1	39,3
2005	19,5	13,4 + 0,9*	6,5	1,7 + 0,25**	42,25
2011	19,9	15,5***	3,0	1,95 + 0,25**	40,60
2013	18,9	15,5***	3,0	2,05	39,45

* Zusatzbeitrag Arbeitnehmer
** Zusatzbeitrag für Kinderlose
*** Arbeitgeber 7,3% und Arbeitnehmer 8,2%

Fünf Zweige der Sozialversicherung

Art	Versicherungsleistungen		Versicherungsträger
Krankenversicherung	→ ärztliche und zahnärztliche Behandlung → Arznei-, Verbands-, Heilmittel (mit Bezahlung eines Eigenanteils) → Krankengeld → Vorsorge-/Früherkennungsuntersuchungen	**Beiträge:** Arbeitgeber und Arbeitnehmer zahlen i. d. R. jeweils 50 %; seit dem 1.7.2005 zahlt der Arbeitnehmer für die Krankenversicherung einen Zusatzbeitrag. Ab dem 1.1.2009 wird die Krankenversicherung über einen steuerfinanzierten Gesundheitsfonds mitfinanziert.	Krankenkassen, darunter: → Ortskrankenkassen → Innungskrankenkassen → Betriebskrankenkassen → Ersatzkassen
Rentenversicherung	→ Altersrente → Rente an Hinterbliebende → Rehabilitationsmaßnahmen zur Besserung oder Wiederherstellung der Erwerbsfähigkeit		Träger der RV, darunter: → Dt. RV Bund → Dt. RV Knappschaft-Bahn-See → Landwirtschaftliche Alterskassen
Arbeitslosenvers.	→ Arbeitslosengeld I (Dauer begrenzt) → Arbeitslosengeld II ≙ Hartz IV → Arbeitsförderung		→ Bundesagentur für Arbeit: Jobcenter und Jobbörsen → Agenturen für Arbeit
Pflegeversicherung	• häusliche Pflege durch Angehörige, Nachbarn, Pflegedienste • stationäre Pflege • Pflegehilfsmittel (Zuschuss o. begrenzte Kostenübernahme)		Pflegekassen bei den Krankenkassen
Unfallversicher.	→ ärztliche Versorgung nach Eintritt eines Arbeits- oder Wegeunfalls oder einer Berufskrankheit → Unfallverhütung	**Beitrag** zahlt allein der Arbeitgeber bzw. das Unternehmen	Berufsgenossenschaften

3.9 Reform des Sozialstaats

Die „permanente Reform" ist die Wunschvorstellung eines jeden Gesellschaftspolitikers. Die Reform des Sozialstaats kommt meist zu spät; kaum ein Staat hat ein dauerhaft funktionierendes Sozialsystem; immer wieder brechen **Finanzierungskrisen** aus. Auch die Reform der deutschen Sozialversicherung ist mit der 2002 entworfenen **Agenda 2010** zu spät organisiert worden. Der demografische Wandel, die Euro-Krise und die Globalisierung diktieren nun Inhalt und Tempo dieser Reform. Damit ist absehbar, dass der Reformbegriff bei einem Großteil der Bevölkerung seine Umwertung zu einem Begriff mit eher negativem Gehalt nicht rückgängig machen wird.

Viele Menschen sehen Deutschland heute als ein Land vielfältiger Spaltungen. Der teilweise große private Reichtum und der Mangel an öffentlichen finanziellen Mitteln zum Heilen vorhandener Wunden lassen diese Probleme umso deutlicher hervortreten.

Weil Lebenslagen auseinanderdriften, Mentalitäten sich zerklüften, der Ton schriller wird und Aggression auf vielen Feldern des Zusammenlebens aufsteigt, erodiert die Konsensgesellschaft. Unter einem offensichtlich doch nur dünnen Firnis ziviler und ausgleichender Umgangsformen kommen Konflikte, Brüche und Fronten zum Vorschein, die letztlich „den großen Graben" (so der Titel einer Artikelserie der Süddeutschen Zeitung im Herbst 2005) beschreiben: Ost gegen West, Arm gegen Reich, Frauen gegen Männer, Alt gegen Jung, Eltern gegen Kinderlose. Arbeitslose gegen Arbeitsplatzbesitzer, Gläubige gegen Ungläubige, Ausländer gegen Inländer, Zuzügler gegen Einheimische, Rechts gegen Links, Gebildete gegen Ungebildete, Gesunde gegen Kranke, Stadt gegen Land, Online gegen Offline, Tradition gegen Innovation, Euro-Befürworter gegen Euro-Gegner, EU-Sympathisanten gegen EU-Gegner.

Andere Interpreten sehen gerade in diesen Konflikten das Potenzial entstehen, das die Lösung zum Besseren und den Fortschritt ermöglicht: Hier entstehe Dynamik, die in Aufbruch gewandelt werden könne.

Sozialstaatsmodelle

	kontinentaleuropäisches Modell (z. B. Deutschland)	skandinavisches Modell (z. B. Schweden, Finnland)	angelsächsisches Modell (z. B. Großbritannien)
Hauptmerkmal	Staat gleicht die Unwägbarkeiten des ersten Arbeitsmarktes aus	Staat tritt als Arbeitgeber auf dem ersten Arbeitsmarkt auf	Eingliederungsdruck in den ersten Arbeitsmarkt
„Recht auf ..."	regelmäßiges Einkommen	Arbeit	residuale Absicherung (= Absicherung gegen individuelle Lebensrisiken überwiegend Privatsache, Staat springt nur im Notfall ein)
Ziel	Sicherung des Lebensstandards	soziale Sicherheit	Mindest- bzw. Grundsicherung
Kreis der Versicherten	alle abhängig Beschäftigten	alle Bürger	alle Bürger
Verständnis von der Rolle des Staates	konservatives Verständnis: Subsidiaritätsprinzip, auf Lohnarbeit basierend, Leistungen nach dem Versicherungsprinzip der gesetzlichen Versicherung (= Zwangsversicherung)	sozialdemokratisches Verständnis: Emanzipation des Einzelnen von Marktabhängigkeit, Zugangsrecht des Einzelnen zur breit gefächerten Palette staatlicher sozialer Leistung	liberales Verständnis: Betonung der Eigenverantwortlichkeit, staatlich geförderte freiwillige Versicherungssysteme, staatliche Fürsorgeleistungen bei streng kontrollierter Zugangsbeschränkung
zentrale Steuerungsinstanz	Familie bzw. Haushalts- bzw. Erwerbsgemeinschaft	Staat	Markt
Wirkungen	große umverteilte Geldmenge bei geringen Umverteilungseffekten	zielgerichtet effizienter Geldmitteleinsatz	Spreizung der Gesellschaft

2014: Werte in der Sozialversicherung

(West; für 2014 in Klammern die Werte für Ost, falls abweichend)

Beitragssätze	2009	2011	2014
Rentenversicherung	19,9 %	19,9 %	18,9 %
Arbeitslosenversicherung	2,8 %	3,0 %	3,0 %

Krankenversicherung
  Arbeitgeberanteil
  Versichertenanteil
	15,5 %
	7,3 %
	8,2 %
		15,5 % [1]
		7,3 %
		8,2 %
			15,5 %
			7,3 %
			8,2 %

Pflegeversicherung	1,95 %	1,95 %	2,05 %
Pflegeversicherung für Kinderlose [2]	2,2 %	1,95 %	2,3 %
Beitragsbemessungsgrenzen/Höchstbeiträge in Euro pro Monat			
Rentenversicherung Höchstbetrag	5400,00 1074,60	5500,00 1094,50	5950,00 (5000,00)
Arbeitslosenversicherung Höchstbetrag	5400,00 151,20	5500,00 165,00	5950,00 (5000,00)
Krankenversicherung Höchstbetrag	3675,00 569,63	3712,50 575,44 [3]	4050,00
Mindestbemessungsgrenze für freiwillig versicherte Selbstständige für Existenzgründer in der Krankenversicherung	1890,00 1260,00	1916,25 1277,50	4050,00

Pflegeversicherung
  Höchstbetrag
  Höchstbetrag für Kinderlose
	3675,00
	71,66
	80,85
		3712,50
		72,39
		81,68
			4050,00

Arbeitnehmer-Versicherungspflichtgrenze in Euro pro Monat			
Kranken- und Pflegeversicherung	4050,00	4125,00	4462,50

[1] Zuzahlungen und Boni – je nach Krankenversicherung
[2] Die zusätzlichen 0,25 Prozentpunkte zahlen allein die Versicherten.
[3] Bei einem gesetzlich vorgegebenen Beitragssatz von 15,5 %

3 Gesellschaft und sozialer Wandel `Checkliste`

→ Sie sollten wissen, dass allein der **Modell-Begriff** das Handwerkszeug dazu liefert, die komplexe und in Bewegung geratene Gesellschafts- und Sozialstruktur Deutschlands begrifflich exakt zu erfassen. Lebensläufe/Biografien müssten Sie als illustrierende Einzelfälle erkennen, die sich in die strukturierte Gesamtansicht von der Gesellschaft einpassen.

→ Die folgenden unterschiedlichen Deutungskonzepte sollten Sie auch als **gezeichnete Modelle** kennen, auch in ihren qualifizierenden Einzelheiten:
  - das Modell der „Klassengesellschaft" von Karl Marx und Friedrich Engels,
  - das Modell der „eingeschmolzenen Klassengesellschaft" von Theodor Geiger,
  - das Modell der „nivellierten Mittelstandsgesellschaft" von Helmut Schelsky,
  - das sogenannte Dahrendorf-Haus – auch in seinen modernisierten Fassungen – als Modell für die „aufbrechende Nachkriegs- und Klassengesellschaft" in Westdeutschland,
  - das Modell der „Schichtengesellschaft" mit der sogenannten Bolte-Zwiebel,
  - das Modell des „westdeutschen Ungleichheitsgefüges" von Rainer Geißler
  - das zielgruppenorientierte „Milieu- und Lebenslagen-Modell" aus der Konsum- und Lebensweltenforschung von Sinus Sociovision.

→ Haben Sie sich im Internet über die zahlreichen Varianten des sogenannten Sinus-Modells informiert? – Die Modellvarianten liefern Ihnen alltagstaugliche Erklärungshilfen.

→ Können Sie die miteinander konkurrierenden drei bzw. vier Prinzipien voneinander unterscheiden, die in der **Sozialpolitik** mit ihren drei Säulen angewendet werden und im System der Sozialversicherung mit ihren fünf Zweigen die strukturierende Basis liefern?

→ Über den aktuellen Stand der Debatte zur Reform des Sozialstaats sollten Sie laufend informiert sein. Dabei hilft z. B. www.deutsche-sozialversicherung.de.

4 Die Europäische Union

Mit 28 Mitgliedstaaten und ca. 500 Millionen Menschen ist der Binnenmarkt der Europäischen Union (EU) der größte Wirtschaftsraum der Erde. Die EU entwickelte sich in mehreren Etappen, parallel zur räumlichen Ausdehnung erweiterten sich ihre Zuständigkeiten. Heute ist sie auf fast allen Politikfeldern aktiv. Die seit den Umbruchjahren 1989/91 beschleunigte Globalisierung, die Krise der Finanzmärkte seit 2008 und die folgende Weltwirtschafts- und Eurokrise erfordern eine „Runderneuerung" der EU: Institutionen, Entscheidungsprozesse und Handlungsfelder müssen reformiert werden.

4.1 Eine Europa-Chronik

Zeittafel	
1951	Vertrag über die Europäische Gemeinschaft für Kohle und Stahl (EGKS = Montanunion)
1957	„Römische Verträge": Gründung der Europäischen Wirtschaftsgemeinschaft (EWG) und der Europäischen Atomgemeinschaft (EURATOM)
1962	gemeinsame Agrarpolitik für alle EWG-Staaten
1968	Zollunion: Zollfreiheit zwischen allen EWG-Staaten
1970	eigener EWG-Haushalt durch Eigeneinnahmen der EWG
1973	Beitritte: Dänemark, Irland, Großbritannien; Norwegens Beitritt scheitert nach Referendum 1972
1979	Start des Europäischen Währungssystems (EWS)
1979	erste Direktwahl des Europäischen Parlaments
1981	Beitritt von Griechenland
1984	zweite Direktwahl des Europäischen Parlaments
1986	Beitritt von Portugal und Spanien
1986	erste umfassende Änderung der Gründungsverträge durch die „Einheitliche Europäische Akte" (EEA)
1989	dritte Direktwahl des Europäischen Parlaments (EP)
1990	Deutschlands Wiedervereinigung

Zeittafel

1990	Schengener Abkommen: Abschaffung von Personenkontrollen an den Grenzen der Schengen-Staaten
1992	Maastrichter Vertrag über die Europäische Union (EU): Säulenmodell

EU = Europäische Union

1. Säule: EG	2. Säule: GASP	3. Säule: PJZS
Europäische Gemeinschaften Sammelbegriff für die drei ursprünglichen Europäischen Gemeinschaften EWG, EGKS und EURATOM	Gemeinsame Außen- und Sicherheitspolitik	Polizeiliche und justizielle Zusammenarbeit in Strafsachen hat (noch) keine Rechtspersönlichkeit
hat Rechtspersönlichkeit	Arbeitsbasis: Regierungszusammenarbeit = intergouvernementaler Charakter	Arbeitsbasis: Regierungsarbeit = intergouvernementaler Charakter
Arbeitsbasis: Vergemeinschaftung		

1993	Inkrafttreten des Maastricht-Vertrags: europäischer Binnenmarkt (freier Personenverkehr, freier Güterverkehr, freier Dienstleistungsverkehr, freier Kapitalverkehr)
1994	Schaffung des Europäischen Wirtschaftsraums EWR zwecks Zusammenarbeit mit Nicht-EU-Staaten in Europa; vierte Direktwahl des EP
1995	Beitritt von Finnland, Österreich, Schweden
1997	Amsterdamer Vertrag mit Unionsbürgerschaft; Betrugsbekämpfung; Datenschutz; Umweltschutz; Beschäftigungs-, Sozial-, Verkehrspolitik
1998	Gründung der Europäischen Zentralbank EZB und des Europäischen Systems der Zentralbanken ESZB
1999	fünfte Direktwahl des Europäischen Parlaments
1999	Einführung des Euro als Gemeinschaftswährung der EU
2001	Vertrag von Nizza: Vorbereitung der Ost-Erweiterung, veränderte Stimmgewichte der Staaten im Rat und im Parlament, neue Zusammensetzung der EU-Kommission, Ausdehnung von Mehrheitsentscheidungen, Ermöglichung von verstärkter Zusammenarbeit einzelner Staaten
2002	Ausgabe der Euro-Münzen und Euro-Scheine in „Euroland"
2003	Inkrafttreten des Nizza-Vertrags
2004	Ost-Erweiterung der EU um Polen, Tschechien, Slowakei, Ungarn, Slowenien, Litauen, Lettland, Estland, Malta, Zypern
2004	sechste Direktwahl des Europäischen Parlaments
2005	Scheitern des seit 2000 geplanten Verfassungsvertrags durch Abstimmungsniederlagen (Niederlande, Frankreich)

Zeittafel

2005	Einigung im Europäischen Rat über den Finanzrahmen der EU für 2007 bis 2013 (862 Mrd. Euro = 1,045 % der EU-Wirtschaftsleistung)
2005	Aufnahme der Beitrittsverhandlungen mit der Türkei und mit Kroatien
2007	13. Dezember: Unterzeichnung des EU-Reformvertrags von Lissabon
2008	Euro-Einführung in Zypern und Malta; Schweiz im Schengen-Vertrag
2009	Einführung des Euro in der Slowakei; siebte Direktwahl des Europäischen Parlaments; weltweite Finanzkrise mit Haushalts- und Finanzkrisen in 13 Euro-Ländern: Strengere EU-Vorgaben zwecks Haushaltsdefizite-Abbau, insbesondere in GR, IR, P, E; institutionelle und personelle Neuausrichtung aller EU-Organe nach Inkrafttreten des Lissabon-Vertrages
2010	Drohende Insolvenz Griechenlands und Gründung des EU-Rettungsschirms EFSF (750 Mrd. Euro) zwecks Abwendung von Staatsbankrotten – bei strengen Haushaltsauflagen in GR; Irland unter dem „Rettungsschirm"; EU-Gipfel-Beschluss: dauerhafter Rettungsfonds ESM für vom Staatsbankrott bedrohte Euro-Staaten (500 Mrd. Euro ab 2013, vorgezogen auf 2012)
2011	Einführung des Euro in Estland/Schuldenschnitt von 50 Prozent für GR/neues Rettungspaket und Regierungswechsel in GR; Krise in P (Rettungsschirm), E und I; Regierungswechsel, Sparprogramme, Haushaltsreformen in I; Wirtschafts- und Haushaltsreformen in Irland
2012	GR: 100-Mrd.-Euro-Schuldenschnitt mit Gläubigerbeteiligung/Ausweitung des ESM auf 800 Mrd. Euro; zweimalige Neuwahlen in GR; Regierungswechsel in E; EU-Fiskalpakt (nationale Schuldenbremsen, ausgeglichene Haushalte, quasiautomatisches Defizitverfahren) und Beschluss zum Aufbau einer „echten" Wirtschafts- und Währungsunion mit zentraler Bankenaufsicht
2013	Fortdauer der EU-Krise als Staatsschulden-, als Banken-, als Euro-, als Politik- und als Wirtschaftskrise in den vom Staatsbankrott bedrohten EU-Staaten Griechenland, Portugal, Italien, Spanien; zunehmende Kritik an der deutschen Europa-Politik, die in den EU-Krisenstaaten Haushaltssanierungen und Strukturreformen erzwingen will; Beitritt Kroatiens zur EU (EU – 28); Einigung über den EU-Finanzrahmen für 2014 bis 2020: 960 Mrd. Euro Verpflichtungen bei 908 Mrd. Euro Zahlungen; Brüsseler EU-Gipfel (12/2013) verabredet eine Bankenunion, die ab 2016 gelten soll: eine einheitliche und effektivere Bankenaufsicht, ein gesetzlich geregelter Kleinanlegerschutz, einen Mechanismus für die Sanierung oder Abwicklung maroder Banken
2014	Einführung des Euro in Lettland; achte Direktwahl des Europäischen Parlaments (05/2014)

4.2 Die Europäische Union als komplexes Mehrebenensystem

Mit den Abstimmungsniederlagen über den Verfassungsvertrag des Verfassungskonvents (Niederlande/Frankreich 2005) und mit der Ablehnung des daraufhin ausgearbeiteten Reformvertrags von Lissabon (12/2007) durch Irland (Referendum im Mai 2008) war die Europäische Union (EU) in eine Krise geraten. Gleichwohl lag mit dem Vertrag von Nizza eine klare, wenn auch formal und technokratisch-überreguliert wirkende Vertragsgrundlage vor. Wie anziehend die EU aber trotz alles Krisen und aller innerer Widersprüche für alle Staaten Europas von Anfang an war, zeigen die Beitrittsschübe zur EWG/EG/EU.

Für die Beurteilung eines Beitrittsantrages sind die sogenannten **Kopenhagener Kriterien** von 1993 ausschlaggebend:

- → **politische Kriterien:** institutionelle Stabilität als Garantie für demokratische und rechtsstaatliche Ordnung mit Wahrung der Menschenrechte, Achtung und Schutz von Minderheiten im beitrittswilligen Staat;
- → **wirtschaftliche Kriterien:** funktionsfähige Marktwirtschaft und Fähigkeit des beitrittswilligen Staates, dem Wettbewerbsdruck innerhalb der Europäischen Union standzuhalten;
- → Fähigkeit des beitrittswilligen Staates, sich die aus der Mitgliedschaft in der Europäischen Union entstehenden Verpflichtungen und Ziele zu eigen zu machen, also die **Übernahme des Gemeinschaftsregelwerks**, des *acquis communautaire*, zu garantieren.

Die Erfüllung der politischen Kriterien von Kopenhagen, aufgestellt auf dem EU-Gipfel 1993, ist eine Voraussetzung für jeden Verhandlungsbeginn mit einem Bewerberstaat. Die **Kopenhagener Kriterien** sind das Nadelöhr, durch das die damalige EU-15 alle Bewerberstaaten geschickt hat; jährliche Fortschrittsberichte der Europäischen Kommission für alle Bewerberländer haben die Grundlage der Erweiterung zur EU-25 im Jahr 2004, zur EU-27 im Jahr 2007 und zur EU-28 im Jahr 2013 gelegt. Zurzeit laufen jeweils zögerlich verlaufende **Beitrittsverhandlungen mit Island, Serbien und der Türkei**, wobei insbesondere der im Moment ergebnisoffen verhandelte Türkei-Beitritt in zahlreichen Staaten der EU umstritten ist. **Mazedonien und Montenegro** haben seit 2005 bzw. seit 2010 den Status eines Beitrittskandidaten.

Die erklärte Absicht der EU, weitere West-Balkan-Staaten in das EU-Assoziierungsprogramm einzubeziehen und sich gegenüber den USA, China, anderen Wirtschaftsblöcken, der World Trade Organisation (WTO), der United Nations Organisation (UNO), dem Internationalen Währungsfonds (IWF), der Weltbank, der Bank für Internationalen Zahlungsausgleich (BIZ), den G 20 und dem Rat für Finanzstabilität (FSB = Financial Stability Board) gezielt besser zu positionieren, kennzeichnet die Zeit seit **2006/07** und dauert trotz Euro-Krise an.

Nach dem Scheitern **der EU-Verfassung** durch Referenden in Frankreich und in den Niederlanden im Mai/Juni 2005 hat erst die Unterzeichnung des Lissabon-Vertrags im Dezember 2007 eine **Neuordnung der EU-Binnenstrukturen** auf den Weg bringen und durchsetzen können. Hinsichtlich des Ziels einer Beschleunigung von Entscheidungsfindungsprozessen und einer überfälligen, stärkeren **Demokratisierung des „komplexen Mehrebenensystems"** der EU gilt auch bei Geltung des Lissabon-Vertrags das Prinzip Hoffnung: Der „Nicht-Staat" und „Nicht-Staatenbund" EU steht mit seinen Institutionen und Verfahren weiterhin auf dem Wartestand. Und eine oftmals angemahnte konstitutionelle „Finalität" dieser staatsähnlichen „Union im Werden" ist wegen der unvollständigen und krisenbehafteten Wirtschafts- und Währungsunion nicht zu erkennen, auch wenn in der Europäischen Union alle **Insignien klassischer Staatlichkeit** verwendet werden:

→ **Europatag** – 9. Mai, in Erinnerung an den Vorschlag von Robert Schuman für die europäische Montanunion (9.5.1950);
→ **Europaflagge** – im Jahr 1986 vom Europarat übernommene Flagge, die mit zwölf (für Vollkommenheit) fünfzackigen goldenen (für Edles und für Erfolg) und im Kreis (für Einigkeit) angeordneten Sternen auf dunkelblauem Grund die EU symbolisiert;
→ **Europahymne** – die Ode „An die Freude" aus Beethovens neunter Symphonie („Freude, schöner Götterfunken, ...").
→ **Europamotto** – in Vielfalt vereint.

Die EU in Zahlen

	Bevölk. (in Mio. 2012)	BIP zu Marktpreisen in Mrd. Euro	Arbeitslosenquote (4.2013)	Finanzierungsquote in % des BIP 2012	2013	Staatsverschuldung in % des BIP 2012	2013
EU (EU 28)	502,4	12901,5	11,0	−4,0	−3,4	85,3	89,8
Euroraum (EU 18)	331,4	9488,9	12,2	−3,7	−2,9	90.6	95,5
Belgien (B)	11,1	376,2	8,4	−3,9	−2,9	99,6	101,4
Deutschland (D)	81,8	2644,2	5,4	0,2	−0,2,	81.9	81,1
Estland (EST)	1,3	17,0	8,7*	−0,3	−0,3	10,1	10,2
Finnland (FIN)	5,4	194,5	8,2	−1,9	−1,8	53,0	56,2
Frankreich (F)	65,3	2032,3	11,0	−4,8	−3,9	90,2	94,0
Griechenland (GR)	11,3	193,7	26,8**	−10,0	−3,8	156,9	175,2
Irland (IRL)	4,6	163,6	13,5	−7,6	−7,5	117,6	123,3
Italien (I)	59,4	1565,9	12,5	−3,0	−2,9	127,0	131,4
Lettland (LV)	2,0	22,3	12,4**	−1,2	−1,2	40,7	43,2
Luxemburg (L)	0,5	44,4	5,6	−0,8	−0,2	20,8	23,4
Malta (M)	0,4	6,8	6,4	−3,3	−3,7	72,1	73,9
Niederlande (NL)	16,7	600,6	6,5	−4,1	−3,6	71,2	74,6
Österreich (A)	8,4	310,8	4,9	−2,5	−2,2	73,4	73,8
Portugal (P)	10,5	165,2	17,8	−6,4	−5,5	123,6	123,0
Slowakei (SK)	5,4	71,5	14,5	−4,3	−3,0	52,1	54,6
Slowenien (SLO)	2,1	35,5	10,2	−4,0	−5,3	54,1	61,0
Spanien (E)	46,2	1049,5	26,8	−10,6	−6,5	84,2	91,3
Zypern (CY)	0,9	17,9	15,6	−6,3	−6,5	85,8	109,5
Bulgarien (BG)	7,3	39,7	12,3	−0,8	−1,3	18,5	17.9
Dänemark (DK)	5,6	244,5	7,0	−4,0	−1,7	45,8	45,0
Großbrit. (GB)	63,3	1901,0	7,7**	−6,3	−6,8	90.0	95,5
Kroatien	4,2	43,9	15,9	−3,8	−3,8	57,0	54,0
Litauen (LT)	3,0	32,9	12,5	−3,2	−2,9	40.7	40,1
Polen (PL)	38,5	381,2	10,8	−3,9	−3,9	55.6	57,5
Rumänien (RO)	21.1	131,7	7,3	−2,9	−2,6	37,8	38,6
Schweden (S)	9,5	409,2	8,3	−0,5	−1,1	38,2	40,7
Tschechien (CZ)	**10,5**	152,3	7,2	−4,4	−2,9	45,8	48,3
Ungarn (H)	9,9	97,7	10,6**	−1,9	−3,0	79,2	79,7

* Prognose; **März 2013: Quelle: Eurostat 2013, Europäische Kommission Frühjahrsprognose v. 3.5.2013
© Europäische Union, 1995–2014

Die Europäische Union – ein komplexes „Mehrebenengeflecht"

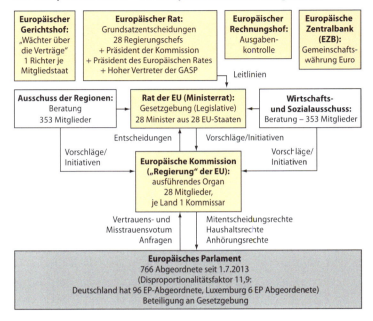

Wer macht was in Europa? (Stand: 2014)

Institution	Kompetenzen
Europäischer Rat Staats- oder Regierungschefs der Mitgliedstaaten	gibt Impulse für die weitere Entwicklung der Mitgliedstaaten der EU und legt die allgemeinen politischen Ziele fest, darunter auch die finanzielle Vorausschau für jeweils sieben Jahre – zentrales EU-Organ, das sich anlässlich von „EU-Gipfeln" auch als Politik-Zentrum darstellt.
Europäisches Parlament z. Zt. 754 direkt gewählte Abgeordnete unterschiedlicher Parteien aus allen Mitgliedstaaten	berät über alle Fragen der EU, erlässt in der Mitentscheidung mit dem Rat Rechtsvorschriften, stimmt Beitritts- und Assoziierungsverträgen zu

Institution	Kompetenzen
Rat der Europäischen Union (Ministerrat) Fachminister der Mitgliedstaaten	entscheidet als „Machtzentrum" der EU über die Politik der Europäischen Union im Rahmen der Verträge, erlässt Rechtsvorschriften – meist in Mitentscheidungen mit dem Parlament –, nimmt Befugnisse zur Durchführung von Vorschriften wahr oder überträgt sie an die Kommission. Ratsformationen: 1. Rat für Allgemeine Angelegenheiten 2. Rat für Auswärtige Angelegenheiten 3. Rat für Wirtschaft und Finanzen 4. Rat für Justiz und Inneres 5. Rat für Beschäftigung, Sozialpolitik, Gesundheit und Verbraucherschutz 6. Rat für Wettbewerbsfähigkeit 7. Rat für Umwelt 8. Rat für Bildung, Jugend, Kultur und Sport 9. Rat für Verkehr, Telekommunikation und Energie 10. Rat für Landwirtschaft und Fischerei
Europäische Kommission je ein(e) Kommissar(in) pro Mitgliedsland	überwacht als „Regierung" der EU und als „Hüterin der Verträge" die Anwendung des Gemeinschaftsrechts, hat als „Motor" der EU das Initiativ- und das alleinige Vorschlagsrecht für Gesetze, nimmt Befugnisse zur Durchführung von Vorschriften wahr, führt die Haushaltspläne der EU aus
Europäischer Gerichtshof je ein(e) Richter(in) pro Mitgliedsland	wacht über die Ausübung und Anwendung des Rechts der Europäischen Union
Europäische Zentralbank sechs Direktoren aus verschiedenen Euro-Ländern, je ein Mitglied pro Euro-Land im Rat für Wirtschaft und Finanzen (ECOFIN)	ist die Notenbank der Euro-Länder, verantwortlich für die Geldpolitik der Euro-Staaten, für die Durchführung von Devisengeschäften, für die Verwaltung der Währungsreserven und für das Funktionieren der Zahlungssysteme
Europäischer Rechnungshof ein Mitglied pro EU-Staat	prüft, inwieweit die Einnahmen und Ausgaben der EU korrekt erfasst, rechtmäßig und ordnungsgemäß ausgeführt und im Sinne eines sparsamen, wirtschaftlichen und wirksamen Einsatzes verwaltet werden

4 Die Europäische Union

	Regelung nach dem Lissabon-Reformvertrag (seit 1.12.2009)
Rechtspersönlichkeit	Die EU besitzt eine eigene Rechtspersönlichkeit, kann damit selbstständig Verträge schließen.
Europäischer Rat	→ Der Europäische Rat wird von einem Präsidenten geleitet, der zweieinhalb Jahre im Amt ist, einmal wiedergewählt werden kann und kein einzelstaatliches Amt ausübt. → Der Europäische Rat kann einstimmig den Übergang von Einstimmigkeits- zu Mehrheitsentscheidungen für den Ministerrat beschließen, außer in militärischen oder verteidigungspolitischen Bezügen.
Europäisches Parlament	→ Mitentscheidungsrecht als Regelfall, außer bei GASP und ZBJI
Europäische Kommission	Ab 2014 entspricht die Zahl der Kommissare 2/3 der Zahl der Mitgliedstaaten; Sonderregelung für Irland.
Rat der Europäischen Union (Ministerrat)	→ qualifizierte Mehrheitsentscheidungen in 181 Politikbereichen; einige Sonderregelungen für Irland, Dänemark, Großbritannien → Qualifizierte Mehrheit: 55 % der Staaten und 65 % der EU-Bevölkerung; Sperrminorität: 4 Staaten. → Bis 2017 kann ein Staat eine Abstimmung nach altem Recht beantragen. → Bis 2017 Überprüfungsverfahren nach Ioannina-Klausel (10 Staaten oder 26,3 % der EU-Bevölkerung); ab 2017 Sperrminorität nach vereinfachter Ioannina-Klausel (8 Staaten oder 19,3 % der EU-Bevölkerung)
Gemeinsame Außen- und Sicherheitspolitik (GASP)	Es gibt einen „Hohen Vertreter der Union für Außen- und Sicherheitspolitik", der Vizepräsident der Kommission ist und Vorsitzender des neu zu schaffenden EU-Außenministerrates.
verstärkte Zusammenarbeit eines Teils der Mitgliedstaaten	im Bereich der GASP möglich bei Einstimmigkeit im Rat, in allen übrigen Bereichen bei qualifizierter Mehrheit
Grundrechtecharta	Rechtsverbindlichkeit, außer für Großbritannien
Subsidiaritätskontrolle durch die nationalen Parlamente	Die Mehrheit der nationalen Parlamente kann den Rat und das EP innerhalb von acht Wochen verpflichten, einen Beschluss auf seine Subsidiarität hin zu überprüfen.

Zusammenstellung nach Übersicht des CEP (Centrum für Europ. Politik), Freiburg; Aktualisierungen

> **Abi-Tipp: EU-Grundwissen**
>
> Grundwissen über die EU wird immer wieder abgefragt.
>
> Worüber Sie auf jeden Fall Bescheid wissen sollten:
>
> → die wichtigsten Stationen der Geschichte und Vorgeschichte der EU;
> → verfassungsrechtliche Besonderheiten des komplexen „Mehrebenensystems" im Zusammenhang mit Geschichte und Struktur Europas;
> → EU-Symbole und der Streit um sie;
> → weshalb die „Kopenhagener Kriterien" in der tagespolitischen Auseinandersetzung in der EU und in einzelnen EU-Staaten immer wichtiger werden;
> → den Zugewinn an Gestaltungsmacht für den Europäischen Rat im Verlauf der EU-Krise;
> → den Bedeutungsgewinn des Geld- und Kapitalsektors sowie der EZB zu Lasten der Politik;
> → die herausgehobene Rolle der EZB angesichts der Staatsschulden-, Banken- und Euro-Krise.

Europäischer Rat

→ **Mitglieder:** Alle 28 Mitgliedstaaten werden durch ihren Regierungschef vertreten, hinzu kommen der Präsident des Europäischen Rates, der Präsident der Europäischen Kommission und der Hohe Beauftragte für die Außen- und Sicherheitspolitik; insgesamt also 31 Mitglieder

→ **Führungswechsel:** Unabhängig vom Amt des Präsidenten des Europäischen Rates ändert sich die Führungszuständigkeit in halbjährlichem Wechsel Irland, II/2013: Litauen, I/2014: Griechenland, II/2014: Italien, I/2015: Lettland, II/2015: Luxemburg, usw.

→ **Aufgaben:** Als zentrales politisches Lenkungsorgan der EU ist der Europäische Rat zugleich Legislativ- und Exekutivorgan; er erfüllt zwei Aufgaben:

1. Festlegung der allgemeinen politischen Zielvorstellungen und Prioritäten der EU
2. Befassung mit komplexen oder sensiblen Themen, die auf einer niedrigeren Ebene der zwischenstaatlichen Zusammenarbeit nicht geklärt werden können.

Der Europäische Rat nimmt damit zwar gewichtig Einfluss auf die Festlegung der politischen Agenda der EU, er darf und kann aber keine rechtsverbindlichen Vorschriften erlassen.

→ **Aufbau:** Jeder Mitgliedstaat verfügt in Brüssel über ein ständiges Team von Mitarbeitern („Vertretung"), die ihn vertreten und seine nationalen Interessen auf EU-Ebene wahren. Die Leiter dieser Vertretungen sind praktisch die Botschafter ihrer Länder bei der EU. Es arbeitet ein ständig präsenter und allwöchentlich tagender Ausschuss dieser „Vertreter" der Mitgliedstaaten, es gibt etliche beratende Gremien (Beschäftigungsausschuss, Militärausschuss, …).
→ **Sitz:** Brüssel
→ **Personal:** ca. 2000; siehe differenzierte EU-Statistiken unter http://ec.europa.eu/civil_service/docs/key_figures_2010_externe_en.pdf

Rat der EU (Ministerrat)

→ **Mitglieder:** Jeder Mitgliedstaat wird durch einen Fachminister repräsentiert oder er entsendet einen Vertreter (daher der auch die Bezeichnung „Ministerrat"), insgesamt also 27 Mitglieder;
→ **Führungswechsel:** entsprechend dem Führungswechsel beim Europäischen Rat
→ **Aufgaben:** als Beschluss- und Lenkungsorgan der EU zugleich Legislativ- und Exekutivorgan, insbesondere für
  - die Verabschiedung europäischer Rechtsvorschriften – in vielen Bereichen gemeinsam mit dem Europäischen Parlament,
  - die Abstimmung der Grundzüge der Wirtschaftspolitik in den Mitgliedstaaten,
  - den Abschluss internationaler Übereinkünfte zwischen der EU und anderen Staaten oder mit internationalen Organisationen,

- die Genehmigung des Haushaltsplans der EU gemeinsam mit dem Europäischen Parlament,
- die Entwicklung der Gemeinsamen Außen- und Sicherheitspolitik der EU,
- die Koordinierung der Zusammenarbeit der nationalen Gerichte und Polizeikräfte in Strafsachen.

→ **Aufbau:** siehe Europäischer Rat; Details und Verfahren unter http://europa.eu/institutions/inst/council/index_de.htm
→ **Sitz:** Brüssel
→ **Personal:** ca. 3000; siehe differenzierte aktuelle EU-Statistiken unter http://ec.europa.eu/civil_service/docs/key_figures_2010_externe_en.pdf

Personalbestand der EU-Organe		1993 (EU)	2013 (EU-27)
Europäisches Parlament		3 790	6 713
ER und Rat		2 256	3 153
Kommission		18 567	24 944
davon:	Verwaltung	14 540	19 270
	Forschung	3 430	3 773
	Amt für Veröffentlichungen	463	669
	OLAF	–	378
	Sonstige	143	854
Europäischer Auswärtiger Dienst		–	1 669
Gerichtshof der EU		825	1 995
Rechnungshof		402	891
EWSA und AdR		510	1 264
Europäischer Bürgerbeauftragter		–	67
Europäischer Datenschutzbeauftragter		–	45
Insgesamt		26 359	40 741

Wie die Europäische Union und ihre Mitgliedstaaten arbeiten

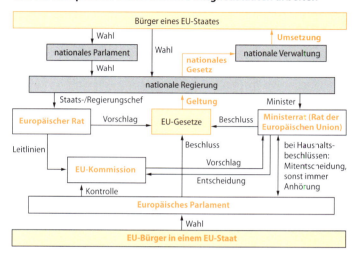

Die EU-Gesetzgebung als Mitentscheidungsverfahren

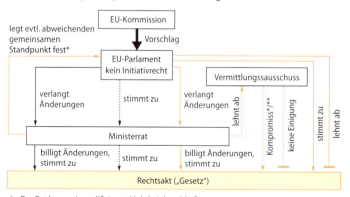

* Der Rat kann mit qualifizierter Mehrheit beschließen,
  wenn jedoch ein Kommisionsvotum vorliegt, muss einstimmig beschlossen werden.
** Rat und Parlament müssen zustimmen.

4.3 Neuerungen durch den Lissabon-Vertrag

Der „Vertrag von Lissabon" (2007/2009) hat mit seinem Inkrafttreten die vertraglichen Rechtsgrundlagen der Europäischen Union geändert:

- → Verbindlichkeit der Grundrechte der EU-Bürgerinnen und EU-Bürger durch Geltung der **Grundrechte-Charta**

- → **Europäisches Volksbegehren** – Initiierung eines Gesetzesvorschlags seitens der EU-Kommission aufgrund von einer Million Unterschriften aus einer erheblichen Anzahl von EU-Mitgliedsländern

- → **Stärkung des Europäischen Parlaments** durch die fast volle Mitwirkung in der europäischen Gesetzgebung neben dem EU-Ministerrat (in Zukunft bei ca. 95 % aller EU-Gesetze) durch zusätzliche Kontrollbefugnisse, durch Mitbestimmung bei der Zusammensetzung der EU-Kommission durch Wahl des Präsidenten der EU-Kommission durch das Europäische Parlament, durch Einholen der Zustimmung des Europäischen Parlaments bei Ernennung des Kommissionskollegiums

- → **Stärkung der nationalen Parlamente** durch mehr Mitwirkungs- und mehr Kontrollrechte in EU-Angelegenheiten

- → **Mehr Konstanz in der EU** durch das Amt eines Präsidenten im Vorsitz des Europäischen Rates für zweieinhalb Jahre bei jährlich vier regulären Tagungen, wobei dieser Präsident kein nationales Regierungsamt inne hat

- → **Doppelte bzw. dreifache Mehrheit:** Neue Regel für die Entscheidungsfindung im Rat der Europäischen Union: Das Prinzip der doppelten Mehrheit – mindestens 55 % der Mitgliedstaaten und mindestens 65 % der EU-Bevölkerung hinter einem EU-Gesetzgebungsvorschlag plus qualifizierte Abstimmungsmehrheit (ab 2014, Übergangsperiode bis 2017)

- → **Beschleunigte Entscheidungsfindung:** Ausweitung des Prinzips der „doppelten Mehrheit" bei qualifizierter Abstimmungsmehrheit auf 40 neue Politikbereiche, insbesondere auf Asyl- und Einwanderungsfragen, polizeiliche Zusammenarbeit und justizielle Kooperation in strafrechtlichen Angelegenheiten

→ **Verkleinerung der EU-Kommission** ab 2014 auf 2/3 der jetzigen Zahl

→ **Vereinheitlichung der EU-Außenbeziehungen** durch Schaffung des Amtes eines EU-Außenministers, der „Hoher Vertreter der Außen- und Sicherheitspolitik" genannt wird, zugleich Vizepräsident der EU-Kommission und Mitglied des Europäischen Rates ist, einen eigenen diplomatischen Dienst der EU aufbaut und Ratstreffen der EU-Außenminister leitet.

→ Feste Regeln für ein bisher unbekanntes **Recht auf EU-Austritt**

 Abi-Tipp

Immer wieder bereitet das EU-Organe-Geflecht Orientierungsschwierigkeiten: Sie müssen sich in diesem „Mehrebenengeflecht" der Europäischen Union sicher bewegen können, auch indem Sie mit den EU-Organen Personen bzw. Gesichter verbinden:

→ Präsident des Europäischen Rates: Herman Van Rompuy (EVP, Belgien; bis 11/2014);
Nachfolger: _____

→ Präsident der Europäischen Kommission: José Manuel Barroso (EVP, Portugal; bis 2014);
Nachfolger: _____

→ Vize-Präsidentin der Europäischen Kommission und Hohe Vertreterin der Union für Außen- und Sicherheitspolitik Catherine Ashton (S&P, Großbritannien; bis 2014);
Nachfolger: _____

→ Präsident des Europäischen Parlaments: Martin Schulz (SPD, Deutschland; bis 2014);
Nachfolger: _____

Hinweis: Gute Details zu EU-Organen und zu EU-Aktuellem liefern http://europa.eu/index_de.htm und
http://www.europarl.europa.eu/brussels/website/content/modul_01/start.html.

4.4 Europas Währung – der Euro und die Europäische Zentralbank (EZB)

Die Europäische Zentralbank (EZB) ist seit dem 1. Januar 1999 die Notenbank für die gemeinsame Währung Europas, den Euro. Ihre Hauptaufgabe ist die Geldpolitik des Euro-Währungsgebietes so durchzuführen, dass die Kaufkraft des Euro und somit Preisstabilität im Euroraum gewährleistet werden. Das Euro-Währungsgebiet besteht aus den 18 Ländern (Stand: 1.1.2014) der Europäischen Union, die den Euro seit 1999 eingeführt haben.

Die Schaffung des Eurogebiets und die Errichtung einer neuen supranationalen Institution, der EZB, waren Meilensteine im langen und komplexen Prozess der europäischen Integration.

Für den Beitritt zum Euro-Währungsgebiet mussten die 18 Länder die Konvergenzkriterien erfüllen, die als fiskalische und als monetäre Vorgabewerte auch für die anderen EU-Mitgliedstaaten vor der Einführung des Euro zwecks erfolgreicher Teilnahme an der Wirtschafts- und Währungsunion verbindlich sind. Damit verbunden sind praktische Maßnahmen im Eurosystem, z. B. die Teilnahme am Zahlungsverkehrssystem Target2, die Unterstützung bei der Erhebung statistischer Daten, auch die währungs- und wechselkurspolitische Zusammenarbeit (europäischer Wechselkursmechanismus II = WKM II) mit dem Eurosystem im Erweiterten Rat der EZB.

Konvergenzkriterien

Basis: Vertrag über die Arbeitsweise der Europäischen Union (AEU-Vertrag) = Lissabon-Vertrag 2007/09

Kriterium-Nr.	1	2 + 3	4	5
Kriterium	Preisniveauentwicklung/Inflationsrate	Entwicklung der öffentlichen Finanzen	Wechselkursentwicklung	Entwicklung der langfristigen Zinssätze
Vertragliche Grundlage	AEU-Vertrag, Art. 140 Abs. 1 erster Gedankenstrich	AEU-Vertrag, Art. 140 Abs. 1 zweiter Gedankenstrich	AEU-Vertrag, Art. 140 Abs. 1 dritter Gedankenstrich	AEU-Vertrag, Art. 140 Abs. 1 vierter Gedankenstrich
Vertragstext	„Erreichung eines hohen Grades an Preisstabilität, ersichtlich aus einer Inflationsrate, die der Inflationsrate jener – höchstens drei – Mitgliedstaaten nahe kommt, die auf dem Gebiet der Preisstabilität das beste Ergebnis erzielt haben"	„Eine auf Dauer tragbare Finanzlage der öffentlichen Hand, ersichtlich aus einer öffentlichen Haushaltslage ohne übermäßiges Defizit"	„Einhaltung der normalen Bandbreiten des Wechselkursmechanismus des Europäischen Währungssystems seit mindestens zwei Jahren ohne Abwertung gegenüber dem Euro"	„Dauerhaftigkeit der von dem Mitgliedstaat mit Ausnahmeregelung erreichten Konvergenz und seiner Teilnahme am Wechselkursmechanismus, die im Niveau der langfristigen Zinssätze zum Ausdruck kommt"
Vorgabewerte	max. 1,5 % über dem Durchschnitt der drei preisbesten EU-Staaten	Haushaltsdefizit max. 3,0 % des BIP + Staatsschuldenquote max. 60 % des BIP	Zweijährige Teilnahme am Wechselkursmechanismus II + Wechselkursstabilität mit max. Schwankungsbreite von 15 % gegenüber dem Euro-Kurs	Zinsniveau max. 2 % über dem Durchschnitt der drei preisstabilsten EU-Staaten

4.4 Europas Währung – der Euro und die Europäische Zentralbank (EZB)

Die Europäische Wirtschafts- und Währungsunion (EWWU) – eine Chronik

- → **Vorläufer:** gescheiterter Werner-Plan 1969/71
- → **Basis:** Vertrag von Maastricht 1992
- → **Gesamtziel:** wirtschaftlicher Zusammenschluss aller Länder der Europäischen Union
- → **Einzelziele:** 1. Schaffung der Europäischen Zentralbank
  2. Einführung des Euro als gemeinsame Währung
  3. Europäischer Binnenmarkt plus vollständige Liberalisierung des Kapitalverkehrs
- → **Planung:** *Drei-Stufen-Plan*
- → **Verlauf:**

  Stufe 1 = 1.7.1990 bis 31.12.1993
  - Start für einen freien Kapitalmarkt in Europa
  - Stärkere Abstimmung der Staaten bei ihrer Wirtschafts- und Währungspolitik

  Stufe 2 = 1.1.1994 bis 31.12.1998
  - Bemühen aller EU-Staaten um Erfüllung der strengen Aufnahmebedingungen für die Europäische Währungsunion, also der fünf Bedingungen (Konvergenzkriterien = Preisstabilität / Haushaltsdefizit-Begrenzung / Schuldenstand-Begrenzung / Zinsen-Angleichung / Währungsstabilität)
  - Gründung des Europäischen Währungsinstituts (EWI) zwecks Aufbaus der Europäischen Zentralbank (EZB)
    EWI-Auflösung mit Arbeitsaufnahme der Europäischen Zentralbank (EZB) am 1.6.1998 in Frankfurt am Main

  Stufe 3 = 1.1.1999 bis heute
  - eigentliche Währungsunion ab 1.1.1999
  - verbindliche Vorbedingung = Erfüllung aller fünf Konvergenzkriterien, laut Konvergenzberichten von Europäischer Kommission und Europäischem Währungsinstitut
  - Bekanntgabe der elf Teilnehmerstaaten durch Europäischen Rat am 01.05.1998.
  - sukzessive Vergrößerung des Euro-Gebietes bzw. des Kreises der Euro-Teilnehmerstaaten

Organe und Einrichtungen der Europäischen Union (Stand: 2013)

① **Grange:** Inspektionsbüro für Veterinär- und Pflanzenschutzkontrollen
② **Dublin:** Stiftung zur Verbesserung von Lebens- und Arbeitsbedingungen
③ **London:** Agentur für die Beurteilung von Arzneimitteln
④ **Den Haag:** Europol
⑤ **Brüssel:** Rat der Europäischen Union, Europäische Kommission
⑥ **Köln:** Agentur für Flugsicherheit
⑦ **Luxemburg:** EFSF und ESM, Europäischer Gerichtshof, Rechnungshof der EU, Europäische Investitionsbank, Übersetzungszentrum
⑧ **Frankfurt:** Europäische Zentralbank
⑨ **Straßburg:** Europäisches Parlament
⑩ **Angers:** Sortenamt
⑪ **Kopenhagen:** Umweltagentur
⑫ **Bilbao:** Agentur für Sicherheit am Arbeitsplatz
⑬ **Lissabon:** Agentur für Sicherheit des Seeverkehrs, Beobaobachtungsstelle für Drogen
⑭ **Alicante:** Harmonisierungsamt für den Binnenmarkt
⑮ **Turin:** Stiftung für Berufsbildung
⑯ **Parma:** Behörde für Lebensmittelscherheit
⑰ **Wien:** Stelle zur Beobachtung von Rassismus
⑱ **Warschau:** Frontex Agentur für den Schutz der EU-Außengrenze
⑲ **Thessaloniki:** Zentrum für die Förderung der Berufsbildung, Agentur für den Wiederaufbau

4.5 Die Demokratie in der Europäischen Union

Der Unsicherheit über die aktuelle politische und rechtliche Qualität der Europäischen Union als Ganzes ist ihrer nicht transparent wirkenden Innenstruktur geschuldet. Diese Unübersichtlichkeit ist verursacht durch die komplexe rechtliche Struktur, die der Vertrag über die Europäische Union (**Maastricht-Vertrag**) schuf und die der **Lissabon-Vertrag**

4.5 Die Demokratie in der Europäischen Union

nicht deutlich verändern konnte. Dieser Maastricht-Vertrag stülpte die Europäische Union über drei bis dahin selbstständige internationale Organisationen, nämlich die Europäische Gemeinschaft für Kohle und Stahl (EGKS), die Europäische Wirtschaftsgemeinschaft (EWG) und die Europäische Atomgemeinschaft (EURATOM).

Die Gründe für die **Kompliziertheit** der Europäischen Union und für die Schwierigkeiten ihres Verstehens liegen erstens im Umfang der Vertragstexte, zweitens in der sogenannten flexiblen Integration, drittens in den Folgen der Harmonisierungsverweigerung durch einzelne Mitgliedstaaten und viertens im Gegensatz von alltäglicher Schnelllebigkeit und europapolitischer Langsamkeit bzw. Langfristigkeit.

Immer wieder wird auf das sogenannte **Demokratiedefizit der EU** hingewiesen. Damit ist der von zahlreichen Bürgern, Publizisten und Politikern beklagte Mangel gemeint, der die Legislative der EU kennzeichnet: Der Rat wirke als Gesetzgeber, als Legislative der EU – und dieser Rat bestehe ja aus den jeweils in ihrem Staat gewählten Regierungsmitgliedern, die doch dort „nur" Exekutivorgan seien. Also lautet der doppelte Vorwurf: Es gebe – bisher – kein europäisches Volk; das Europäische Parlament arbeite nicht souverän als ein vom europäischen Volk direkt gewähltes Parlament der Bürger, sondern es bleibe – bei nach wie vor fehlendem Initiativrecht – reduziert auf verschiedene Verfahren des politischen Prozesses, die – gemessen am Maßstab der vollen Souveränität – als defizitär einzuschätzen seien, auf Anhörung, Mitwirkung, Mitentscheidung. Allerdings gilt auch: Die Befugnisse des Europäischen Parlaments sind von Vertrag zu Vertrag stetig ausgeweitet worden, und bei politischen Alltagsgeschäften führt heute kein Weg am Europäischen Parlament vorbei.

Abi-Tipp

Die Argumente (und eine begründete Gegenmeinung) in Bezug auf die „Demokratiedefizit"-Debatte sollten Ihnen geläufig sein.
Sie sollten an einem Beispiel – etwa am gescheiterten Urheberrechtsabkommen ACTA – die Rolle des Europäischen Parlaments darstellen und seine Rolle beurteilen können.

4.6 Wahl zum Europäischen Parlament

Zwischen 4. und 7. Juni 2009 wurde zum 7. Mal in den Ländern der EU das Europäische Parlament gewählt. In der weltweiten Finanz- und Wirtschaftskrise, die die EU mit voller Wucht getroffen hatte, waren die Rahmendaten dieser „Europawahl" bemerkenswert: Die Wahlbeteiligung betrug 42,9%; in Deutschland lag sie bei 43,3% und das Wahlergebnis verrückte das Europäische Parlament politisch deutlich nach „rechts", weil EU-Skeptiker und EU-Gegner Anhänger dazugewannen. – Die gewählten Abgeordneten organisierten sich nach Parteizugehörigkeit in Fraktionen („europäische Parteienfamilien").

Fraktionen im Europäischen Parlament (2009 – 2014)

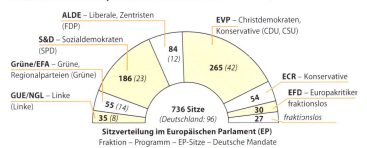

Sitzverteilung im Europäischen Parlament (EP)
Fraktion – Programm – EP-Sitze – Deutsche Mandate

Abi-Tipp

Informieren Sie sich über die aktuellen Zahlen der EU und die Wahl zum Europäischen Parlament im Mai 2014: (Sitze im Parlament, Stimmen im Rat, evtl. im Vergleich zu Einwohnerzahlen und BSP); z. B. bei: europa.eu/abc/keyfigures/index_de.htm.
Eine solide Flash-Animation zum Lissabon-Vertrag (seit 1.12.2009) liefert die Tagesschau unter http://www.tagesschau.de/static/flash/vertrag-von-lissabon/index.html.

4.7 Die Euro-Krise

März 2011: Angela Merkels Plan (EU-Gipfel 03/2011) zum langfristigen Schutz von EU und Euro vor Währungskrisen mittels Harmonisierung der nationalen Wirtschaftspolitiken („Pakt für Wettbewerbsfähigkeit"), strikter Orientierung am zwischenzeitlich („Sixpack"; 2011) verschärften Stabilitätspakt und Einführung eines festen Europäischen Stabilitätsmechanismus (ESM, ab 2012) ist bis zum EU-Gipfel 07/2012 EU-Europas Krisenbewältigungsplan geworden:

→ Defizitabbau in Staatshaushalten = maximal 3-prozentiges Defizit
→ Rückführung der Staatsverschuldung auf angezielte 60% vom BIP
→ Angleichung der Steuern und der Steuersätze
→ Anpassung des Renteneintrittsalters an die demografische Entwicklung gegenseitige Anerkennung von Bildungs- und Berufsabschlüssen
→ Eindämmung der Verschuldung durch Einführung einer Schuldenbremse zur Stabilisierung der öffentlichen Haushalte

Juli 2012: Während die USA die Krise noch nicht überwunden haben, die Schwellenländer (China, Brasilien, Indien, Südafrika) boomen, Asien sich zum Motor der Weltwirtschaft entwickelt, die Gewichte in der Weltwirtschaft, auf den Weltfinanzmärkten und in der Weltpolitik neu verteilt werden (neue Quoten beim IWF), steckt nun die gesamte Euro-Zone bzw. ganz EU-Europa seit dem Übergreifen der Bankenkrise auf die von den kriselnden Banken kreditfinanzierten Staatshaushalte in Schwierigkeiten. Und weil Europa auch in den benachbarten arabischen Staaten (Tunesien, Libyen, Ägypten, Syrien) kaum helfen kann, Ruhe einkehren zu lassen, bleibt unklar, ob und wann Europa wieder zum Akteur auf der Weltbühne wird.

Juli 2012: Seit Monaten treiben die finanziellen Schwierigkeiten Griechenlands, Portugals, Spaniens, Italiens, Zyperns die Spekulation auf den Kapitalmärkten an und die Politik um. Auch wenn Irland und Portugal neue Staatsanleihen erstaunlich leicht am Kapitalmarkt platzieren konnten, so ist eine dauerhafte Lösung der Staatsschulden- und Eurokrise nicht in Sicht.

August 2012: Mittlerweile geht es in der Eurokrise darum, ob es gelingt, die politische Union der EU-27 btw. EU-28 nachzuholen, die man damals (1992/93: zwölf EU-Mitglieder) nicht einrichten konnte, und so der ins Schlingern geratenen Euro-Währungsunion (2012: 17 Mitglieder) stabilisierend zur Seite zu stellen (Fiskalunion, verschärfter Stabilitätspakt, europäischer Finanzminister, zentrale europäische Bankenaufsicht, dauerhafter Rettungsfonds ESM, unabhängige Notenbank, reformierte EU-Institutionen). Die Krise hat gezeigt, dass die EU-27 bzw. EU-28 als europäischer Staatenverbund demokratisch stärker legitimiert und bürgernäher organisiert werden muss, um so auch schneller und besser lenkbar zu werden.

Dezember 2013/Januar 2014: „Der Euro ist angeschlagen. Hohe Staatsschulden, marode Banken und eine wackelige Architektur haben die Währungsunion in Gefahr gebracht. Doch die Politik tut alles dafür, die gemeinsame Währung zu retten. Der Bundestag hat dem größten aller Rettungsschirme (ESM) zugestimmt. Mit dem Geld sollen schwache Kreditinstitute und Staaten gestützt werden. Auch eine Bankenunion wird es geben." So die Süddeutsche Zeitung am 4. Juli 2012 auf Seite 26 mit Blick auf den EU-Krisen-Herbst 2012 und in Erwartung des BVerfG-Urteils am 12. September 2012, wenn Deutschlands Euro-Politik und seine Rolle in und für Europa zur Debatte stehen. Längst nicht mehr kann sich das wirtschaftlich starke und so umfassend „europäisierte" Deutschland nationalstaatlich-egoistisches Handeln in der EU bzw. in der Eurozone erlauben; fest verwoben sind Politik, Wirtschaft und Finanzen mit den Nachbarstaaten.

4.8 Wer hat die Macht in der Europäischen Union?

Nicht nur Europa-Experten fragen sich immer wieder, wer denn nun die Macht hat im „Mehrebenensystem" EU, auch die Debatten um die Finalität der EU – also um ihren zukünftigen und schlussendlichen Ausbaustand – werfen diese Frage auf. Angesichts der vielschichtig demokratischen Strukturen ist der Prozess der Willensbildung und der Entscheidungsfindung in der EU immer wieder anders und neu. Diese Prozesse spielen sich einerseits zwischen den EU-Institutionen ab – zwischen Rat, Kommission, Parlament, Gerichtshof, Zentralbank.

Tauziehen um die Macht in Europa

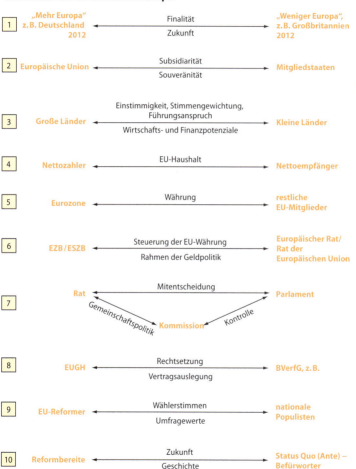

Diese Prozesse sind zumeist zeitraubend und kompliziert, auch weil die gegenüber den anderen Institutionen vertretenen Positionen erst innerhalb der Institution selbst abgestimmt werden müssen. Andererseits hat die Eurokrise den Hang zum Zwischenstaatlich-Intergouvernementalen und zum nationalstaatlichen Handeln außerhalb der EU-Verträge befördert (EU-Gipfel zur Stabilitätsunion, 11/2011). Vor allem hat sich wegen der Währungsunsicherheiten eine ungute politische Dynamik in die Eurozone verlagert, weil die Leistungsunterschiede zwischen den Staaten der EU bzw. der Eurozone immer deutlicher hervortreten: Der EU bzw. der Eurozone fehlt bisher die einigende politische Union als gemeinsame Basis (Fiskalunion, europäischer Finanzminister, gemeinsame Wirtschaftspolitik, Bankenunion).

> **Checkliste 4 Die Europäische Union**
> → Sie sollten die **Weiterentwicklung der EU** durch den und seit dem Lissabon-Vertrag darstellen können, indem Sie die Veränderungen benennen – auch in den Einzelheiten.
> → Kennen Sie die zahlreichen Fakten, die die **Binnenstruktur der EU** als Machtstruktur kennzeichnen (Sitzverhältnisse im Europäischen Parlament – nach Fraktionen und nach Staaten, die Organisation innerhalb der EU-Kommission, die Stimmenverhältnisse im Rat, das Abstimmungsprozedere und die dreifache Mehrheit – u. a. m.)?
> → Sie sollten in der Lage sein, die Frage danach, wer denn die **Macht in der EU** habe, als eine zentrale Frage aufzugreifen und sie in Form einer transparenten Erörterung zu bearbeiten bzw. als eine argumentationsstarke Pro-Kontra-Debatte vorzutragen.

Globalisierung

5

Globalisierung ist „der Prozess, durch den Märkte und Produktion in verschiedenen Ländern immer mehr voneinander abhängig werden – dank der Dynamik des Handels mit Gütern und Dienstleistungen und durch die Bewegung von Kapital und Technologie." Die OECD sieht die Globalisierung damit vor allem als einen Prozess von Kapital, Technologie und Wirtschaft, nicht ausdrücklich auch als kulturelle Entwicklung. Dabei ist Globalisierung heute weit mehr als nur Interdependenz – sie ist Realität auch im letzten Winkel dieser Erde, wie sich an der Finanzmarktkrise 2008, an der Weltwirtschaftskrise 2009, der ersten Krise der Globalisierung, und an der Schuldenkrise der Euro-Staaten 2010/2011 zeigt.

5.1 Hintergründe, Kennzeichen, Folgen

Nahtlos und zunächst fast unbemerkt ist der seit Jahrzehnten für Deutschlands Industriegesellschaft typische Strukturwandel in eine neue Qualität hineingewachsen. Indem er nun als Teil der allumfassenden Globalisierung erkannt wird, fällt der Blick auch auf die zum Teil keineswegs neuen Faktoren, Ursachen, Hintergründe und Mechanismen, die für eine so dynamische und globale Veränderung von Gesellschaft und Wirtschaft stehen.

Globalisierung: Fakten

- → Ende des Kalten Krieges, des Blockgegensatzes und der Bipolarität
- → Untergang der planwirtschaftlichen Kapitalismus-Alternative
- → Sieg des westlichen Modells der Marktwirtschaft
- → Revolutionierung aller Kommunikationstechnologien
- → Vernetzung der Welt durch das Internet
- → Siegeszug der Welt- und Internetsprache Englisch
- → fortschreitende Industrialisierung, sinkende Lohnstückkosten
- → Tendenz zur Angleichung bzw. zur Übernahme etablierter Industrie-Normen

- → Entstehung eines weltweiten Börsen- und Finanzplatznetzes
  = Liberalisierung des Geldverkehrs
- → Eintritt immer weiterer Staaten in den internationalen Handel
  = Liberalisierung des Güterverkehrs
- → Wirkungsgrenzen und Bedeutungsverlust für Nationalstaaten
- → Erfindung und Massenhaftigkeit des Containers
- → technischer Fortschritt mit Absenkung der Transportkosten
- → steigende Weltexportquote mit steigendem Grad der Handelsverflechtung und immer mehr Regelungen für freieren Welthandel
- → Rückzug des Protektionismus und Zollabbau mit Bedeutungsgewinn der Welthandelsorganisation WTO = World Trade Organisation
- → Ansammlung ungeheuer großer Kapitalien in privater Hand
- → Entstehung zahlreicher Weltkonzerne als Transnationale Unternehmen (TNU = global players)
- → Erleichterung von Direktinvestitionen und von globalen Anlagemöglichkeiten durch Hedge Fonds und Private Equity Unternehmen
- → weltweite Angleichung von Mode und Geschmack
  = kulturelle Homogenisierung
- → weltweite Wohlstandsmehrung
- → Zunahme des internationalen Tourismus
- → weltweites Medieninteresse für Weltgipfel, Großkatastrophen, terroristische Attentate und Anschläge
- → zunehmende Aktivitäten weltweit tätiger Hilfsorganisationen und Nichtregierungsorganisationen (NGO)
- → Bedeutungsgewinn für international tätige Großorganisationen
- → weltweit agierende Wirtschaftsspionage

Ulrich Beck und Dirk Lange unterscheiden Globalisierung von Globalität und von Globalismus (Praxis Politik, 1/2005):

Globalismus bedeute, dass der Weltmarkt politisches Handeln verdränge, ersetze oder ganz überflüssig mache; betriebswirtschaftlich-unternehmerische Marktrationalität ermögliche, ja erfordere geradezu eine entsprechend angelegte Führung von komplexen Strukturen, auch von Staaten. So habe die Politik die von der Ökonomie geforderten Rahmenbedingungen herzurichten, um deren optimale Zielerreichung zu ermöglichen.

Globalität hingegen bedeute, dass eine offene und entgrenzt-grenzenlose Weltgesellschaft mit ihren verschiedenen ökonomischen, politischen, kulturellen Formen längst Realität geworden sei. Diese Unabgeschlossenheit erfordere ständige Legitimierung, z. B. des krassen Arm-Reich-Wohlstandsunterschieds oder von Gewaltanwendung.

Globalisierung aber meine jene zahlreichen Entwicklungen, die in ihrem Zusammenwirken zum Bedeutungsverlust von Nationalstaaten und von deren Souveränität beitrügen und zur Unumkehrbarkeit der entstandenen Globalität geführt hätten.

5.2 Strukturwandel

„Unter Strukturwandel versteht man einen fortwährenden Prozess von wirtschaftlichen Umwälzungen, wobei sich der innere Aufbau der Gesamtwirtschaft verändert, das heißt, die Anteile der Wirtschaftszweige verschieben sich kontinuierlich. Dabei ist ein unterschiedliches Tempo des Wachstums der einzelnen Branchen auszumachen. So ist die Zusammensetzung der Gesamtzahl der Beschäftigten nach Sektoren und Regionen in ständiger Veränderung begriffen. Unterschiedliche Faktoren bewirken oder beeinflussen diesen Wandel: technologische, weltwirtschaftliche und staatlich-politische Faktoren, Produkt- und Prozessinnovationen, Veränderungen in der Nachfragestruktur und in den Preisrelationen bei strategischen Gütern (Rohstoffe, Energie) – und anderes mehr. Der wirtschaftliche Strukturwandel ist ein hoch **komplexer Anpassungsprozess**, der die gesamte wirtschaftliche Entwicklung umfasst und schließlich weite gesellschaftliche Bereiche durchwirkt.

Nach dem Modell der Wettbewerbswirtschaft wäre **Strukturpolitik** überflüssig. Es ist aber offenkundig, dass der Anpassungsprozess zum Teil nicht modellgerecht stattfindet bzw. mit nicht vertretbaren Opfern für die Betroffenen verbunden ist. Hier ist das **Handeln des Staates** gefordert, der sich als Sozialstaat begreift und dem aufgegeben ist, die ‚Einheitlichkeit der Lebensverhältnisse im Bundesgebiet' zu wahren (Art. 72 Abs. 2 und Art. 106 Abs. 3 Nr. 2 GG). Für die Politik kann daraus eine dreifache Aufgabenstellung hergeleitet werden: gezielte Erhaltung, geordnete Anpassung, vorausschauende Gestaltung."

(nach: Mensch und Politik, Hannover 1999)

> **Abi-Tipp**
>
> → Sammeln Sie aus der Tagespresse zahlreiche Einzelbelege, um plastisch werden zu lassen, was Globalisierung ist.
> → Grenzen Sie Globalisierung gegen Globalismus und Globalität ab.
> → Sie sollten Strukturwandel von Globalisierung zu unterscheiden wissen und auch deren gemeinsame Wirkprinzipien benennen können.
> → Sie sollten damit in der Lage sein, tagesaktuelle Ereignisse auf dem Hintergrund dieser Analysebegrifflichkeit darzustellen und begründet in übergreifende Zusammenhänge einzuordnen: Lassen Sie sich dabei bei Tagesmeldungen – egal ob aus Wirtschaft, Finanzwelt oder Politik – nicht von einer ordnenden Betrachtung abhalten, erst recht nicht von scheinbar Unbekanntem erschrecken!

5.3 Globalisierung und Alltagswelt

Bis zur Ausweitung der amerikanischen Hypotheken- und Immobilienkrise 2008 zur Weltfinanzkrise, zur Weltwirtschaftskrise 2009 und zur Eurokrise 2010/11 beschäftigten ganz andere Meldungen zum „Gespenst" Globalisierung die deutsche Öffentlichkeit, z. B. Exportrekorde der neuen Wirtschaftsmacht China, Abwanderung von Industriearbeitsplätzen in Billiglohnländer, Abbau von Sozialstandards, Vorschläge zur Deregulierung, Rekordniveau von Börsenkursen, Deutschland als Exportweltmeister, weltweit vertretene Marken, Riesengewinne bei Konzernen, Diskussion über Banker-Boni und extrem erhöhte Managergehälter, Öffnung der Schere zwischen Arm und Reich usw. Solche Meldungen legen nahe, den Begriff Globalisierung multiperspektivisch zu verstehen.

BEISPIEL: Lebensmitteldiscounter

Der Strukturwandel von Handelsunternehmen führt in die Globalisierung – der Formatwandel der Betriebe, die vertikale Integration von Groß- und Einzelhandel sowie der horizontale Konzentrationsprozess zeigen das. Dabei weisen die Beziehungen zwischen Produktion und Handel Konzepte des *lean retailing* (effizientes Prozessmanagement mittels Kostensenkung und Gewinnerhöhung zwecks Steigerung der schwachen Profitabilität) und einer veränderten Arbeitsaufteilung auf (Bedeutungszunahme von Handelsmarken). Die beschleunigte Internationalisierung eigener Einzelhandelsaktivitäten durch Aufbau oder Übernahme ausländischer Filialnetze und Distributionssysteme geht einher mit dem Aufbau eines weltweiten Beschaffungswesens mit den von der Zentrale gesteuerten Wertschöpfungsketten.

Vom Strukturwandel zur Globalisierung

BEISPIEL: Ein Unternehmen expandiert

Phase	Heimatnation	Übersee-Markt
Phase 1: Export	Service, Vertrieb, Marketing Fertigung, Konstruktion, Forschung und Entwicklung	Händler
Phase 2: Präsenz vor Ort	Service, Vertrieb, Marketing Fertigung, Konstruktion, Forschung und Entwicklung	Vertrieb
Phase 3: lokale Fertigung	Service, Vertrieb, Marketing Fertigung, Konstruktion, Forschung und Entwicklung	Service, Vertrieb, Fertigung
Phase 4: autonome Landesgesellschaften	Service, Vertrieb, Marketing Fertigung, Konstruktion, Forschung und Entwicklung	Service, Vertrieb, Marketing Fertigung, Konstruktion, Forschung und Entwicklung
Phase 5: globale Integration	Service, Vertrieb, Marketing, Fertigung, Konstruktion, Forschung und Entwicklung gemeinsames Personal, gemeinsame Forschung und Entwicklung, entwickelte Corporate Identity, Angleichen von Wertesystemen	

5.4 Ursachen, Verlauf, Tendenzen

David Ricardo (1772–1823) sah in weltweiter Arbeitsteilung eine Chance auf wirtschaftlichen Fortschritt; die Tatsache der vergleichsweise günstigeren Herstellung in einem Land müsse durch Freihandel zu segensreicher Wirkung gebracht werden. Seine **Theorie der komparativen Kostenvorteile** besagt, dass internationale Spezialisierung allen Staaten Kostenvorteile verschaffe, die dann als nationaler Wohlstandsgewinn anfallen. Die These von der **fortschreitenden Konvergenz der Staatenwelt** besagt, dass im Prozess der Globalisierung drei sich gegenseitig verstärkende Prozesse weltweit zu ähnlichen Nutzenstrukturen bei den Konsumenten führen, womit eine Angleichung von Verbraucherbedürfnissen und von Konsumentenpräferenzen in Gang gesetzt wird: exponentielle Vergrößerung des menschlichen Wissens, länderübergreifender Austausch von Wissen und Erfahrungen, Akkulturation als Angleichung der Kulturen. Auf der Seite der Produzenten wirkt der technische Fortschritt im Sinne einer weltweiten Konvergenz über wachsende Fixkostenanteile bei sinkenden Produktpreisen, verkürzte Produktlebenszyklen, verkürzte Amortisationszeiten von Investitionen, Rückkopplungseffekte im Kampf um Ländermärkte, konsequente Internationalisierung.

Globalisierung findet **im Bereich der Wirtschaft** nach leidlich überstandener Weltfinanzkrise in den Jahren nach 2008 wieder als beschleunigte internationale Arbeitsteilung auf drei Betätigungsfeldern statt:

- → **Exporte:** „Die Güter gehen zum Markt" – Wachstum des weltweiten Außenhandels 1985 bis 2009 um fast 9 % pro Jahr bei gleichzeitig nur rund 6-prozentigem Anstieg der Produktion.
- → **Direktinvestitionen:** „Die Produktion geht zum Markt" – Steigerung 1985 bis 2009 etwa 21 % pro Jahr; Ursachen: Nutzung der politischen Veränderungen (z. B. EU-Binnenmarkt, Zerfall des Ostblocks, neue Handelsblöcke) und der Innovationen bei den Kommunikationstechnologien.
- → **Finanzmärkte:** „Das Kapital geht zur Produktion" – Vereinfachung der Finanzierung grenzüberschreitender Aktivitäten durch Liberalisierung der Finanzmärkte; damit Steigerung des Anleihe-Volumens auf den Finanzmärkten 1990 bis 2009 um 15 % pro Jahr.

5.5 Transnationale Unternehmen

Träger der Globalisierung sind vor allen anderen Akteuren die sogenannten **Global Players**, die **TNU** = Transnationalen Unternehmen. Diese Multis treiben den alle Grenzen überschreitenden Austausch von Technologiewissen, von Finanzkapital, von Managementfähigkeiten und Managementfertigkeiten voran. Dabei hat das Konzept des **Shareholder Value** eine zentrale Rolle inne: Das Wohl der Aktionäre sei das wichtigste Unternehmensziel, die – auch kurzfristige – Gewinnmaximierung gehe den übrigen Unternehmenszielen vor; die Senkung der Lohnstückkosten, Fusionen und Arbeitsplatzverlagerungen seien dazu probate Mittel; das Ziel der Beschäftigungssicherung für die im Unternehmen Beschäftigten und die Stakeholder-Interessen seien eher nachrangig.

Die Multis und die Staatenwelt

Vergleicht man Bruttoinlandsprodukte mit den Umsätzen großer Konzerne, findet man den ersten Großkonzern (Wal-Mart) schon an 21. Stelle – nach Schweden. Die Grafik unten zeigt einen Ausschnitt aus diesem Vergleich, der von den USA mit weitem Abstand zu Japan angeführt wird, es folgen Deutschland und China, Großbritannien, Frankreich, ...

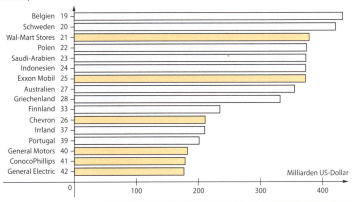

Datenquellen: BIP: siteresources.worldbank.org; Stand 2007, Atlas method
Umsätze der Großkonzerne: money.cnn.com/magazines/fortune/fortune500; Stand 2008

5.6 Politische Gestaltungsversuche – bis 2014

Um die politische Gestaltung von Weltwirtschaft, Welthandel und Devisenhandel als Teil der Globalisierung wird gerungen. Sie ist einerseits umstritten hinsichtlich der generellen Machbarkeit von Kontrolle und Steuerung, andererseits hinsichtlich des Umfangs und der Tiefe einer wie auch immer angelegten Regulierung. Unumstritten ist ein begrifflicher und konzeptioneller Apparat zur Erfassung des Globalisierungsprozesses.

Globalisierung: Erschließungsbegriffe

Kommunikation	Ökonomie	Gesellschaft	Umwelt
Vernetzte Welt	**Weltbinnenmarkt**	**Die Welt als globales Dorf**	**Die Welt als Risikogemeinschaft**
Innovation der Telekommunikation (informationstechnische globale Vernetzung) Logistik	Liberalisierung des Handels Mobilität der Produkte, des Kapitals und der Produktionsstandorte sinkende Transportkosten regionale Arbeitsmarktentwicklungen	Souveränitätsverlust für Nationalstaaten Probleme und Chancen regionaler Identität Homogenisierung des Lebensstils? („Weltgesellschaft"?) „Verlust räumlicher Distanz"	Globale Umweltgefährdungen Ressourcenverschwendung
	Global Player		
Global City			
Global Village			
Global Governance			

nach: Praxis Geographie, 7–8/1999

Mit der Konferenz im US-Erholungsort **Bretton Woods 1944** versuchten die Alliierten des Zweiten Weltkrieges, den sich abzeichnenden Sieg über Hitler-Deutschland umzumünzen in einen dauerhaften weltweiten Frieden mit neuer internationaler Friedensordnung, auch mit einer neuen Weltwirtschaftsordnung. Zu diesem Zweck gründeten sie – neben den Vereinten Nationen (United Nations Organisation = **UNO**) 1945 – internationale Management-Organisationen: den Internationalen Währungsfonds (IWF, 1944), die Weltbank 1944 und das GATT (1948), den Vorläufer der Welthandelsorganisation (WTO, 1995).

Internationaler Währungsfonds (IWF)

→ gegründet als International Monetary Fund (IMF) für die Lösung von Währungsproblemen nach Ende des Zweiten Weltkrieges
→ Ziele: Informationsaustausch über währungsrelevante Fakten und Vorhaben, Verzicht auf Beschränkung des Devisenhandels, Förderung einer zu anderen Staaten kompatiblen Wirtschaftspolitik
→ Methode: Einhaltung des IWF-Verhaltenskodex, Beratung der Schuldnerstaaten und Begleitung deren Schuldenmanagements, Überwachung der Geldpolitik der Schuldnerstaaten
→ Organisation: als Sonderorganisation der UNO agierend; Zentrale in Washington; bisher immer unter europäischem Direktorat

Quoten der Mitgliedstaaten:

Das Stimmgewicht der Gouverneure/Direktoren hängt – bei Basisstimmen aller Mitglieder – vom Kapitalanteil (der Quote) ihrer Länder am Fonds ab.

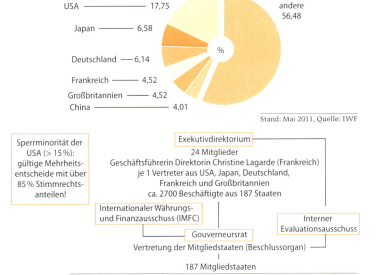

Stand: Mai 2011, Quelle: IWF

Weitere Infos unter: http://www.imf.org/external/german/pubs/ft/ar/2011/ar11_deu.pdf

Weltbank (Weltbank-Gruppe – World Bank Group)

→ Gründung in Bretton Woods/USA 1944 für Kreditierung des zivilwirtschaftlichen Wiederaufbaus nach Ende des Zweiten Weltkrieges
→ Die World Bank Group besteht aus fünf Organisationen: IBRD, IDA, IFC (The International Finance Corporation), MIGA (The Multilateral Investment Guarantee Agency), ICSID (The International Centre for Settlement of Investment Disputes)
→ heutiges Ziel: Befreiung der Welt von Armut
→ Methode: Vergabe von Krediten für Entwicklungshilfe-Projekte
→ Kreditvolumen: 360 Mrd. US-Dollar (bis 2002); für 2012: 53,5 Mrd. Dollar
→ Organisation: als Sonderorganisation der UNO selbstständig agierend; Zentrale in Washington/USA; 109 Länderbüros (2005) und über 10 000 Beschäftigte; unter US-amerikanischer Leitung.
→ Oberstes Organ: Gouverneursrat (je Mitglied ein Gouverneur)
→ Alltagsgeschäfte für das Exekutivdirektorium (8 Herausgehobene plus 16 weitere Mitglieder)
→ Präsident: Jim Yong Kim (USA; seit 07/2012)

IBRD (Internationale Bank für Wiederaufbau und Entwicklung)
gegründet 1944, 187 Mitglieder; vergibt günstige Kredite an Schwellen- und Entwicklungsländer (3/4 der Kredite)

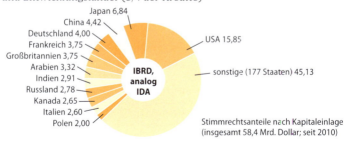

Japan 6,84
China 4,42
Deutschland 4,00
Frankreich 3,75
Großbritannien 3,75
Arabien 3,32
Indien 2,91
Russland 2,78
Kanada 2,65
Italien 2,60
Polen 2,00
USA 15,85
sonstige (177 Staaten) 45,13
IBRD, analog IDA
Stimmrechtsanteile nach Kapitaleinlage (insgesamt 58,4 Mrd. Dollar; seit 2010)

IDA (Internationale Entwicklungsorganisation)
gegründet 1959, 172 Mitglieder; vergibt zinsfreie Kredite an die ärmsten Entwicklungsländer (1/4 der Kredite der Weltbank-Gruppe),

World Trade Organisation = WTO = Welthandelsorganisation

→ Koordinationsagentur für den internationalen Handel (General Agreement on Trade and Tariffs = GATT, 1948 bis 1995; seit 1995: WTO = Welthandelsorganisation mit Sitz in Genf/Schweiz)
→ Ziel: globaler Handel nach dem Gebot der Nichtdiskriminierung und der gleichen Bedingungen für alle Staaten und Akteure; Organisation von Zollsenkungsrunden mit dem Ziel des weltweiten Freihandels

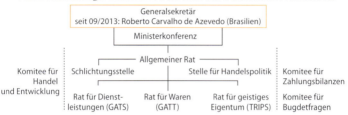

GATS: General Agreement on Trade and Services
GATT: General Agreement on Tariffs and Trade
TRIPS: Agreement on Trade Related Aspects of Intellectual Property Rights

Vom Gatt zur WTO – acht Verhandlungsrunden

Zeitraum	Ort/Name	teiln. Staaten	ø Zollsenkung für Ind.-güter
1947	Genf	23	26%
1949	Annecy	13	3%
1950–1951	Torquay	38	4%
1955–1956	Genf	26	3%
1961–1962	Dillon-Runde	26	4%
1964–1967	Kennedy-Runde	62	8%
1973–1979	Tokyo-Runde	102	3%
1986–1994	Uruguay-Runde	123	38%
1995	Umgründung: Das GATT wird Bestandteil der neuen WTO.		
2001–2005 2005–2009 2009–2013	Doha-Runde mit zahlreichen Verhandlungspausen; wiederholter Neubeginnn durch G 20-Weltgipfel	157	
12/2013	Erfolgreicher Abschluss der Doha-Runde mit dem ersten WTO-Abkommen, Bali (Indonesien)	159	

Doha-Runde der Welthandelsorganisation

Mit der Doha-Runde wollten die Mitgliedstaaten der Welthandelsorganisation (WTO) den globalen Handel auf eine neue Vertragsgrundlage stellen. Schon die Agenda der Verhandlungen war lange umstritten. Erst die WTO-Ministerkonferenz 2001 in Doha setzte als Verhandlungsziele erstens eine weitere Öffnung der Märkte, zweitens einen besseren Einbezug der Entwicklungsländer in den Welthandel und drittens den 1. Januar 2005 als Abschlusstermin fürs Verhandeln fest.

Schwerpunkte der Verhandlungen
- → Abbau von Agrarzöllen/Subventionen für landwirtschaftliche Produkte und niedrigere Zölle für Industrieprodukte
- → Liberalisierung im Dienstleistungssektor
- → neue Anti-Dumping-Regeln/Umweltfragen/Schutz des geistigen Eigentums bezüglich Generika in Entwicklungsländern
- → Verzicht auf bilaterale bzw. regionale Abmachungen und Rückkehr zum Konzept des Multilateralismus

Zentrale Streitthemen
- → Forderung der Entwicklungsländer an die USA, an die Europäische Union und an Japan: Abbau ihrer Agrarsubventionen; Ziel: bessere Exportchancen für Bauern aus Ländern der Dritten Welt
- → Forderung der entwickelten Länder an Entwicklungs- und Schwellenländer; Ziele: Absenkung ihrer Zölle für Industrieprodukte, einfacherer Marktzugang der eigenen Dienstleistungsunternehmen

Herausbildung von Entwicklungsländer-Interessengruppen
Im Laufe der Doha-Runde bildeten sich zahlreiche Ländergruppen. Besonders Entwicklungs- und Schwellenländer organisierten sich auf diese Weise, um ihre Interessen gegenüber den Industrienationen durchzusetzen. Vielfach einigt die Gruppen eine Position zu Einzelthemen. Einige Länder gehören daher mehreren Zusammenschlüssen mit je unterschiedlichen Partnern an, z.B. G20 und G90.

Bis 12/2013: erst Scheitern – dann doch Erfolg
Scheitern der WTO-Gespräche in Cancun 2003, in Hongkong 2005, in Genf 2008 usw. – trotz der Industriestaaten-Zusage der Beendigung von Subventionierung ihres Agrarexports; überraschender Erfolg in Bali/Indonesien im Dezember 2013.

5.7 Finanzkapitalismus

→ **Banken** sammeln Geld von vielen Sparern (Anlegern) ein und leiten es weiter an Kreditnehmer; sie verringern das Risiko für den Anleger: Einerseits vergeben sie riskante Kredite, andererseits ermöglichen sie es den Anlegern, ihre Ersparnisse risikofrei anzulegen – das nennt man „**Risikowandlung**". Banken verändern die Liquidität des angelegten Geldes: Sparer können ihre Einlagen jederzeit abheben, während die Banken ihren Kreditkunden das Geld langfristig zur Verfügung stellen – das ist die „**Fristenwandlung**". Banken bündeln viele kleine Einlagen (Lose) zu wenigen großen Darlehen, zum Beispiel zu Unternehmenskrediten, die „**Losgrößenwandlung**". Die „**Informationsbeschaffung**" der Banken klärt ab, ob Unternehmen kreditwürdig sind. Banken veröffentlichen ihre Informationen nicht, denn im Informationsvorsprung liegt ihre besondere Wertschöpfung.

→ An den **Börsen** sind nicht nur die Pläne der Unternehmen öffentlich, die Börse verarbeitet sie auch noch zu einem Marktwert – als Börsenkurs. Börsen sind solche Orte, an denen sich zum Handel Zugelassene („Börsianer") regelmäßig zum Abschluss von Handelsgeschäften treffen; gehandelt werden Wertpapiere, Waren, Devisen. „An der Börse" treffen Angebot und Nachfrage marktmäßig zusammen.

→ **Spekulation** meint ursprünglich „gewagte Geschäfte machen", „auf etwas rechnen", also Käufe und Verkäufe unter Ausnutzung von erwarteten Preisänderungen, besonders auf den Wertpapier-, Waren- und Grundstücksmärkten sowie im Börsenhandel. Ein Spekulant kauft Wertpapiere, weil er hofft, dass der Kurs schnell steigt und er sie mit Gewinn wieder verkaufen kann (Hausse-Spekulant); oder er verkauft Wertpapiere in der Annahme, die Kurse fallen weiter, und er kann sie günstig zurückkaufen (Baisse-Spekulant).

→ **Spekulationsblase:** Die Spekulation hat alle Banken und alle Börsen erfasst. Alle Werte und Waren werden zunehmend spekulativ gehandelt: Das Volumen dieses **Börsen- bzw. Finanzkapitalismus** liegt um ein Mehrfaches über dem Volumen der Realwirtschaft. Die Spekulation hat eine riesige „Spekulationsblase" geschaffen, deren Platzen (Lehman-Krise, 09/2008) eine globale Finanzmarkt-Krise und ihrem Gefolge eine Weltwirtschaftskrise sowie die Staatsschulden-, Banken- und Eurokrise ausgelöst hat.

> **Liquidität** meint, dass alle handelbaren Werte und Waren, ob Aktien und Wertpapiere aller Art, Rohstoffe, Devisen usw., zu Geld gemacht, also verflüssigt – „liquide" gemacht – werden können. Bei Banken und an Börsen wird heutzutage also letztlich Liquidität gehandelt; vor allem deren Kosten und deren Sicherheit sind heute das Movens der globalen Kapitalströme.

5.8 Zwischenstand der Globalisierung

Der Kapitalismus hat mit seiner marktwirtschaftlichen Ordnung Freiheit ermöglicht, individuellen Wohlstand geschaffen und mit beeindruckendem gesellschaftlichen Fortschritt die **Systemkonkurrenz** mit dem Kommunismus und dessen Zentralplanwirtschaft gewonnen. Die mittlerweile über die ganze Welt **als Globalisierung sich ausbreitende Marktwirtschaft** hat vielfältig **positive Wirkungen für hunderte Millionen Menschen** in den Schwellen- und in den Entwicklungsländern gehabt – Not und Elend konnten verringert werden.

Wahrnehmung der Globalisierung als Kasino-Kapitalismus

Nicht erst angesichts negativer Entwicklungen in Weltwirtschaft und Welthandel, eher wegen uneingelöster Hoffnungen und zu langsamem Entwicklungsfortschritt in der sogenannten Dritten Welt wird aus einer globalisierungskritischen Position heraus die deregulierte Marktwirtschaft als **Turbo-**, als **Raubtier-** oder als **Kasino-Kapitalismus** gekennzeichnet. Insbesondere die explosionsartige Zunahme des **spekulativen Börsenhandels mit Aktien, Derivaten, Rohstoffen, Devisen** – z. T. mithilfe geliehenen, „gepumpten" Geldes (**Pump-Kapitalismus**) – hat warnende Gegenreaktionen und Veränderungsvorschläge hervorgerufen. Zum Beispiel möchten Kritiker und Ordnungspolitiker als Gegenmittel zum überbordenden Profitstreben an den Börsen einen von dem amerikanischen Wirtschaftswissenschaftler und Nobelpreisträger (1981) James Tobin vorgeschlagenen Aufschlag von ca. ein Prozent der an den Börsen gehandelten Werte als **Tobin-Steuer** erheben und dieses Geld in Entwicklungsprojekte umleiten.

Kritik an der Globalisierung

Etliche NGO, z. B. ATTAC, haben sich zu **globalisierungskritischen und weltweit agierenden Bündnissen** entwickelt. Die NGO-Programme und die weltweiten NGO-Aktionen anlässlich von IWF- und Weltbank-Treffen begleiten fordernd die Versuche der supranationalen „Globalisierungsagenturen" IWF, Weltbank, WTO, G8 bzw. G20, die politische Ausgestaltung der Globalisierung und damit den Primat der Politik gegenüber der immer weiter deregulierten globalen Wirtschaft zu sichern. **Anti-Globalisierungsproteste** anlässlich von WTO-Treffen gehören mittlerweile zum Gipfel-Ritual.

5.9 Politik als Krisenmanagement

G8-Weltwirtschaftsgipfel – Gipfeldiplomatie

Die Gruppe der „Großen Acht" (USA, J, D, F, GB, I, CAN, RUS) ist weder eine Organisation noch eine Institution, sondern ein Forum für den Gedankenaustausch in Fragen der Weltwirtschaftspolitik. Auch wenn die jährlichen Treffen der beteiligten Staats- und Regierungschefs die Bezeichnung **„Weltwirtschaftsgipfel"** tragen, bleiben diese Gespräche nur informell. Themen sind Probleme der Weltwirtschaft und der Währungspolitik, aber je nach aktueller Lage auch Sicherheitsfragen, internationaler Terrorismus, globale Herausforderungen (z. B. Entschuldungs- und Aktionsplan für Afrika, globaler Gesundheitsfonds zur Bekämpfung von AIDS, Tuberkulose und Malaria).

G20 – ein neues Globalisierungsmanagement?

An seine Grenzen kam diese **Gipfeldiplomatie** am Ende des Jahres 2008, als die fast völlig deregulierten Weltfinanzmärkte unüberschaubar komplex geworden waren und – für fast alle Beobachter überraschend – wegen der amerikanischen Hypothekenkrise kollabierten. Die dadurch und mit der Pleite der Bank Lehmann Brothers am 15. September 2008 in Gang gekommene Kettenreaktion löste **2008 eine Weltfinanz- und Weltwirtschaftskrise** aus, die allein mit der Krise 1929 und der folgenden „Großen Depression" der Weltwirtschaft zu vergleichen ist. Die Erweiterung der G8-Gipfelgespräche zum G20-„Weltgipfel" in London im April 2009 war der Versuch, die internationale Finanzarchitektur zu stabilisieren und durch antizyklisches Staatenhandeln koordiniert gegen die Gefahr des Zusammenbruchs der globalen Marktwirtschaft und der drohenden Insolvenz einzelner Staaten vorzugehen; dieser Versuch dauert bis heute (2014) an.

Insbesondere die Euro-Zone ist gefordert, sich als geschlossene Währungseinheit zu präsentieren. Dazu ist eine Stabilisierung ihres mit faulen Krediten belasteten Bankensektors mittels einer **Bankenunion** und eine nachhaltig-regelgerechte Haushaltswirtschaft ihrer hoch verschuldeten Krisenstaaten mittels Fiskalunion erforderlich. Das von Deutschland (CDU/CSU-FDP-Regierung 2009; CDU/CSU-SPD-Regierung seit 2013) den anderen Euro-Staaten aufgedrängte **EU-Sanierungskonzept** (ausgeglichene Staatshaushalte durch Ausgabenkürzungen, Schuldenbremse, liberale Wirtschaftreformen) scheint 2013 einerseits erfolgreich umgesetzt (Irland, Portugal, Spanien), andererseits nur zögerlich betrieben (Italien, Frankreich) oder sogar zu spät begonnen (Griechenland).

> **Abi-Tipp**
>
> Vor allem in mündlichen Prüfungen kann es passieren, dass Sie Fragen zu tagesaktuellen politischen Ereignissen beantworten müssen.
>
> Bereiten Sie sich darauf vor, indem Sie aktuelle Geschehnisse in der Presse (Tageszeitungen, politische Magazine, Fernsehen, Internet) verfolgen, und verdeutlichen Sie sich die Hintergründe.
>
> Auch eine (gut begründete) „eigene Meinung" schadet gerade im mündlichen Prüfungsgespräch sicherlich nicht!

QUELLENTEXT: Zur Entstehung der globalen Finanzmarktkrise

„Die globale Finanzmarktkrise (2008/09) trifft auf eine wachsende Weltwirtschaft. Realwirtschaftlich, von Produktion und Bedarf her, spricht wenig gegen weiteres Wachstum. Nur die Kapriolen der Vermögensmärkte gefährden den Wohlstand. Hier muss die Politik eingreifen, um eine Rezession zu vermeiden. Es geht also um mehr als Regulierung. **Fundamentale Einkommensungleichgewichte** und ordnungspolitische Fehler liegen an der Wurzel der Krise und müssen korrigiert werden. […]

(Das erste) Ungleichgewicht bestand in der globalen Realwirtschaft zwischen Produktion und Konsum. Länder mit großen Exportüberschüssen (China, Südostasien, Deutschland, Ölexporteure, Russland) verbrauchen weniger als sie herstellen. Ihnen stehen andere Volkswirtschaften wie die USA oder Spanien gegenüber, die mehr konsumieren oder investieren als sie produzieren und daher Leistungsbilanzdefizite aufweisen. [...]

Das zweite Ungleichgewicht entwickelte sich zwischen Realwirtschaft und Finanzsphäre. Die Vermögensmärkte blähten sich in gewaltigem Maße auf. Trotz der Korrektur durch das Platzen der dot.com-Blase Anfang des Jahrzehnts stiegen der Bestand und das Transaktionsvolumen auf den Finanzmärkten erheblich stärker als das Wachstum der Realwirtschaft. [...]

Zwischen beiden Ungleichgewichten besteht eine enge Beziehung. Wer mehr konsumiert oder investiert als er produziert, muss die Differenz über Kredite finanzieren. Umgekehrt sammeln sich bei denen, die weniger verbrauchen als sie produzieren, Überschüsse an, für die sie Anlagemöglichkeiten suchen.

Es ist die vornehmste Aufgabe des Finanzsystems, durch Organisation des Kapitalflusses von den einen zu den anderen die Realwirtschaft am Laufen zu halten. Gäbe es diese Finanzierungsströme nicht, wäre das Produktions- und Konsumniveau insgesamt niedriger. Allerdings dürfen sich die Ungleichgewichte nicht allzu stark entwickeln, da irgendwann das Vertrauen der Gläubiger zusammenbricht. Wenn aber zuviel (gespartes) Geld Anlagen sucht, treibt das die Vermögenspreise in unrealistische Höhen und die Anleger bzw. die vermittelnden Finanzinstitutionen in immer riskantere Anlagen."

Michael Dauderstädt, Friedrich-Ebert-Stiftung, 10/2008

Geldmarkt-Steuerung durch die großen Notenbanken

Grafik: www.leitzinsen.info, Quelle: EZB/FED

5.10 Krise des Weltfinanzsystems

Vorgeschichte, Ursachen, Ereignisse

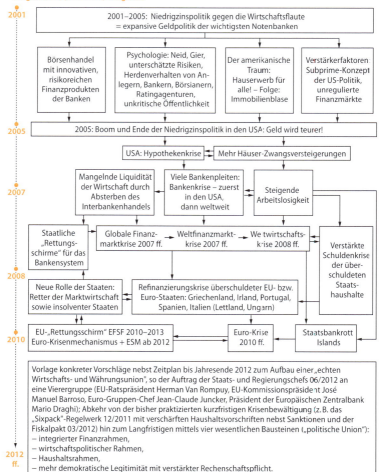

Teufelskreis der Banken-, Schulden- und Währungskrisen

nach: Sachverständigenrat, Jahresgutachten 2011/12, S.11

5 Globalisierung Checkliste

Sie sollten den Gesamtkomplex „Globalisierung" in Ihrer Analyse in seine kennzeichnenden Einzelbestandteile zerlegen können und folgende Aspekte herausarbeiten können:
→ erstens die Funktionen der weltumspannenden Einrichtungen: UNO, Gipfeltreffen, bilaterale Beziehungen und Diplomatie;
→ zweitens die Möglichkeiten der sogenannten Globalisierungsagenturen: IWF, Weltbank, WTO;
→ drittens die Konferenz-, Gipfeltreffen- und Verhandlungsbemühungen dieser Welt-Organe, Welt-Agenturen, Staaten und NGOs;
→ viertens die Vorgeschichte, den bisherigen Verlauf und den derzeitigen Stand der Weltwirtschaftskrise, die sich in jetzt benennbaren Etappen seit der Jahrtausendwende entwickelt hat.

Sind Sie, was aktuelle Ereignisse und Entwicklungen betrifft, auf dem Laufenden, z. B. bzgl. des Urteils des BVerfG vom 12. September 2012 anlässlich der Klage gegen den Fiskalpakt und den dauerhaften Euro-Rettungsfonds ESM?

Internationale Konflikte: Krieg, Frieden und Sicherheit

Jenseits der Krisen und der alltäglichen weltweiten Wirtschafts- und Finanzschwierigkeiten strukturieren etliche langwierige Kriege und zahlreiche ungelöste Konflikte das internationale politische Geschehen. Sicherheitspolitische und militärpolitische Fakten durchwirken die wirtschaftspolitischen und die finanzpolitischen Entwicklungen. Daraus entsteht eine internationale Konfliktlage, die zu bessern sich – neben den Vereinten Nationen – auch die US-Regierung unter Präsident Barack Obama ab 2008 vorgenommen hat.

6.1 Krieg, Frieden, Sicherheit im 21. Jahrhundert

Das 21. Jahrhundert beschert den Menschen in der nicht mehr bipolaren „Einen Welt" neben einer beachtlichen Wohlstandsmehrung im erschlossenen „Norden" und „Westen" und in den Schwellenländern gleichzeitig davon erheblich abweichende Lebensverhältnisse im „Süden" und damit also letztlich eine deutliche Auseinanderentwicklung in der Einen Welt:

→ „Jasmin"-Revolution in Tunesien; Umbrüche und Militärputsch in Ägypten; Bürgerkrieg und Umsturz in Libyen; Bürgerkrieg im Jemen, Bürgerkrieg und Massenflucht in Syrien, usw.

→ Aufflackern von Konflikten und Kriegen, z.B. Nahost-Konflikt, Irak, Afghanistan, Sudan vs. Südsudan, Mali, Pakistans Nordwesten (US-Drohnenkrieg), Ost-Kongo, Zentralafrikanische Republik, Thailand;

→ begrenzte Befriedung in alten Kriegs- und Bürgerkriegsgebieten, z.B. Irak, Tschetschenien, Kaschmir, Westsahara, Ost-Kongo, usw.

→ Entstaatlichung von Kriegen und Privatisierung militärischer Gewalt, z.B. Al-Quaida-Attentate, Dschihadisten-Einsätze in Syrien, ständige Clan-Kriege in Somalia, Drogen-Krieg in Mexiko;

→ Häufung ethnischer Konflikte und Kriege, z. B. in Darfur, Nigeria;
→ Implosion von Staaten *(failed states)* und Staaten-Regionen, z. B. Somalia, Kongo-Region, Nordwest-Pakistan usw.;
→ Zunahme des internationalen Terrorismus, z. B. Al-Quaida-Anschläge nach dem 11. September 2001: Madrid, London, Bali, Mumbai usw.;
→ begrenzte Reichweite bei der Kontrolle von Massenvernichtungswaffen, z. B. Irans Atompolitik, Fortbestand von Atom- und Biowaffenarsenalen, kontrollierte Vernichtung syrischer Bio-Waffen;

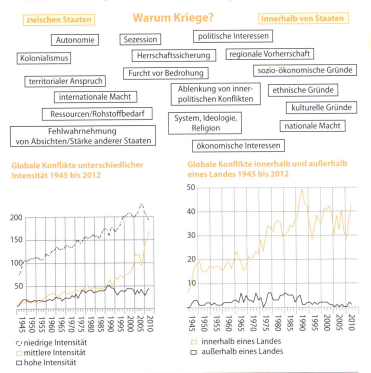

aus: CONFLICT BAROMETER 2012, Heidelberg Institute for International Conflict Research

- → Vergrößerung des Abstandes zwischen Arm und Reich, z. B. dargestellt im UN-Milleniumsbericht;
- → Verschärfung des Wettlaufs um die Ressourcen-Kontrolle, z. B. bei Wasser, Erdöl, Gas, Tropenholz, Seltene Erden, usw.;
- → Verschlechterung der Umwelt- und Lebensbedingungen, z. B. Kampf um Trinkwasser, Bildung, medizinische Versorgung;
- → Häufung von Seuchen und von Epidemien, z. B. AIDS und Malaria, Tuberkulose, Kinderlähmung;
- → Befürchtung des Auftauchens von Pandemien, z. B. Vogelgrippe;
- → Stillstand im Kampf gegen Drogenhandel und den Anbau von Mohn (Afghanistan) und Koka (Kolumbien, Ecuador, Peru, Bolivien);
- → Beseitigung der Folgen gigantischer Natur- und Technikkatastrophen, z. B. Tsunami-Welle am Indischen Ozean 12/2004; Erdbeben in Nord-Pakistan 9/2005, Mittelchina 8/2008, Haiti 12/2009; Tsunami-Welle und Atomkatastrophe in Fukushima/Japan 03/2011; Taifun Haiyan auf den Philippinen 11/2013;
- → Zunahme der Migration, z. B. an der Wohlstandsgrenze USA/Mexiko, an den Grenzen der EU-Mittelmeerstaaten: Lampedusa, Melilla, Evros, griechische Inseln usw.

6.2 Vom „Recht zum Krieg" zum „gerechten Krieg"?

Carl von Clausewitz (1780–1831) verlieh der Meinung seiner Zeit Ausdruck, als er in seiner Theorie der Kriegsführung vom **Krieg als einem letzten Mittel der Politik** sprach: Souveräne Staaten dürften Kriege führen, sie hätten ein Recht darauf. So wurden Staatskriege als Kriege an der Öffentlichkeit vorbei vorbereitet; sie waren Kabinettskriege und wurden mit begrenzten politischen Zielen geführt. Clausewitz' Warnung vor den nach 1789 sich entwickelnden Volkskriegen war der Erwartung geschuldet, große Leidenschaften von Nationen und die Vernichtung des Gegners als Feind könnten den Krieg als Mittel zum Zweck untauglich werden lassen. Genau dieses Szenario erfüllte sich dann 1914–1918 und 1939–1945. Sozialdarwinistische und rassistische Ideologien stilisierten den Krieg als „höchste Äußerung des Lebenswillens", interpretierten ihn als „Helden- und Überlebenskampf" und entfesselten ihn im „totalen Krieg" bis zur massenhaften Menschenvernichtung.

Der Radikalisierung des Krieges traten Völkerrechtler entgegen; sie versuchten, das Ausmaß der bis dahin zulässigen Gewalt einzugrenzen und zu verringern. Der Gedanke der Unterscheidung von Soldaten, Kombattanten und Zivilisten sowie der zu beachtenden Neutralität von Staaten setzte sich durch. Die **Haager Landkriegsordnung** von 1907 nahm sich auch der Kriegsgefangenen an – ein Fortschritt in der Re-Zivilisierung von kriegerischer Gewalt.

Der Briand-Kellogg-Pakt von 1929 beschränkte die **Zulässigkeit des Krieges auf den Verteidigungsfall**. Die Charta der UN erkannte das Verteidigungsrecht an, formulierte im Noch-Kriegsjahr 1945 aber ein generelles Gewaltverbot in den Beziehungen zwischen Staaten und ergänzte dieses um eine allgemeine **Friedenspflicht**.

Die Idee vom „**gerechten Krieg**" gewann mit dem Terroristen-Attentat am 11. September 2001 und dem ohne ein Mandat der UN von den USA begonnenen Krieg im Irak (seit 12/2003) wieder an Bedeutung. Der heutige Rückgriff auf den Begriff geht auf Aurelius Augustinus (354–430), auf Thomas von Aquin (1225–1274) und auf deren Sicht von der gerechtfertigten Verteidigung des christlichen Römischen Reiches gegen die heidnischen Barbaren zurück. Aber der **Selbstermächtigung** der sich überlegen wähnenden Zivilisation stand auch der Gedanke der **Selbstbindung** und der **Selbstbeschränkung** im Krieg zur Seite. **Gerechte Kriege** zeichnen sich nach Thomas von Aquin durch drei Kriterien aus: die fürstliche Vollmacht (ein legitimierendes Mandat); den gerechten Grund (die Ahndung eines Unrechts); die rechte Absicht (Krieg um des Friedens willen und bei Vermeidung von Grausamkeiten).

6.3 Die Vereinten Nationen

Heute zählen die UN 193 Mitglieder. Wünschten sich die 51 Gründungsmitglieder bei der Unterzeichnung der UN-Charta am 26. Juni 1945 die UNO als zukünftige **Weltordnungsmacht**, so haben die nachfolgenden 60 Jahre für eine bescheidenere Rolle mit auch ganz anderen Tätigkeitsfeldern gesorgt: Vielerlei **UN-Hilfsorganisationen** und die ständigen **UN-Sonderorganisationen** sind weltweit aktiv. Im Kriegsendejahr 1945 aber galt diese Frage als zentral: Mit welchen militärischen Mitteln soll die Völkergemeinschaft den Erhalt bzw. die Wiederherstellung des Friedens erzwingen können?

Der Kalte Krieg zwischen Ost und West machte das Konzept der kollektiven Sicherheit undurchführbar.
Stattdessen entwickelten die UN auf viel bescheidenerer Stufe ein Instrumentarium von **Frieden erhaltenden Maßnahmen** *(peacekeeping operations)*, das in der UN-Charta eigentlich nicht vorgesehen ist. Diese teilweise sehr erfolgreich verlaufenen „**Blauhelm-Aktionen**" reichen von der Untersuchung bei Grenzverletzungen über die Kontrolle von Waffenstillständen bis zur Überwachung von Wahlen oder der Übernahme von Verwaltungsaufgaben. Voraussetzung für die Entsendung der „Blauhelme" ist die Zustimmung des UN-Sicherheitsrates und aller Konfliktbeteiligten. Das Personal wird von Mitgliedstaaten freiwillig bereitgestellt.

Frieden schaffende Maßnahmen *(peacemaking operations)* sind Operationen, die einen akut bedrohten oder bereits gebrochenen Frieden sichern oder wiederherstellen sollen. Da es keine eigenen Friedenstruppen der UN gibt, beschließt der UN-Sicherheitsrat zwar den Einsatz, überlässt das Kommando jedoch einzelnen Mitgliedstaaten.

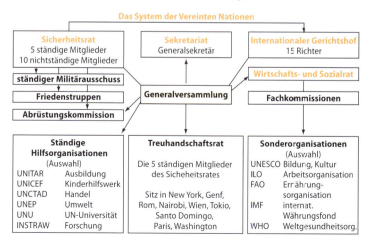

Als der Kalte Krieg im **Umbruch der Jahre 1989/91** endete, wurde wieder neu über die **Rolle der UN** diskutiert. Wie sollten sich die UN der Zukunft darstellen – als neutraler Vermittler oder als entschiedener Parteigänger, als Moderator oder als Gestalter, als Mithelfer oder als Chef?

Die Neunzigerjahre hinterließen einen zwiespältigen Eindruck: Zahlreiche innerstaatliche Konflikte mit ethnischem, nationalistischem oder religiösem Hintergrund waren aufgebrochen. Die UN konnten darauf oftmals nur spät (Jugoslawien-Kriege 1992–1995; Kosovo-Krieg 1998) und schwach reagieren (nach dem Völkermord in Ruanda 1994); die Mittel der UN reichten oft nicht aus (Somalia, seit 1991). Oder es fehlte am politischen Willen der Mitgliedstaaten, den UN-Einsatz politisch, finanziell und/oder militärisch zu unterstützen. Durch das Vetorecht der fünf ständigen Mitglieder im **UN-Sicherheitsrat** wurde so manche Entscheidung verhindert, so z. B. gelang eine Syrien-Resolution 2013 erst, nachdem im syrischen Bürgerkrieg schon über 100 000 Tote zu beklagen waren. Außerdem können die „Blauhelme" der UN nur tätig werden, wenn die betroffenen Länder den Einsatz billigen.

Seit der Beendigung des Kalten Krieges beginnt sich die **Selbstblockade** des UN-Sicherheitsrates aber doch aufzulösen. Dies wurde während des zweiten Golfkrieges 1991 ebenso sichtbar wie die neue Gefahr, dass die UN zum Instrument der fünf ständigen Mitglieder des UN-Sicherheitsrates werden.

QUELLENTEXT: Das Gewaltmonopol der UN-Charta

Art. 41: Der Sicherheitsrat kann beschließen, welche Maßnahmen – unter Ausschluss von Waffengewalt – zu ergreifen sind, um seinen Beschlüssen Wirksamkeit zu verleihen; er kann die Mitglieder der Vereinten Nationen auffordern, diese Maßnahmen durchzuführen. Sie können die vollständige oder teilweise Unterbrechung der Wirtschaftsbeziehungen, des Eisenbahn-, See- und Luftverkehrs, der Post-, Telegraphen- und Funkverbindungen und den Abbruch der diplomatischen Beziehungen einschließen.

Art. 42: Ist der Sicherheitsrat der Auffassung, dass die in Artikel 41 vorgesehenen Maßnahmen unzulänglich sein würden oder sich als unzulänglich erwiesen haben, so kann er mit Luft-, See- oder Landstreitkräften die zur Wahrung oder Wiederherstellung des Weltfriedens und der internationalen Sicherheit erforderlichen Maßnahmen durchführen. Sie können Demonstrationen, Blockaden und sonstige Einsätze der Luft-, See- und Landstreitkräfte von Mitgliedern der Vereinten Nationen einschließen.

aus: Detjen, Joachim: Demokratie in Deutschland, Hannover 2000

Abi-Tipp

Stellen Sie den Sicherheitsrat – und nicht die Vollversammlung der UN – in den Mittelpunkt aller Analysen von Außen- und von Sicherheitspolitik. Die zentrale Bedeutung der UN-Möglichkeiten nach UN-Charta-Artikel 41 und 42 sowie – einerseits ergänzend bzw. andererseits kontrastierend – die komplex strukturierte „UN-Agenda für den Frieden" stehen dabei im Mittelpunkt Ihrer Analyse weltpolitischer Konflikte.

Seit dem 11. September 2001 sehen die UN nicht nur die USA, sondern die gesamte Völkergemeinschaft durch den **internationalen Terrorismus** bedroht. Deshalb haben die UN auf diesen Anschlag mit einer Resolution gegen den Terrorismus reagiert. Sie haben dabei auf Möglichkeiten der UN-Charta zur Intervention der UN in solchen Staaten hingewiesen, die vom Terrorismus beherrscht werden. Da solche Interventionen jedoch einen massiven Eingriff in die Souveränitätsrechte des betreffenden Staates bedeuten, sind sie politisch umstritten. Politische Eliten – nicht nur in den Entwicklungsländern – sehen darin das Wiederaufleben von Großmachtpolitik unter dem Deckmantel der UN, ein Wiederaufleben des Kolonialismus mithilfe der UN oder eine Hegemonialpolitik der Supermacht USA, die die UN dazu benutzen, ein neues Imperium zu errichten.

Spätestens seit US-Präsident George W. Bush den **„Krieg gegen den Terrorismus"** ausgerufen und mit der nach ihm benannten **Bush-Doktrin** den Kampf gegen die Unterstützerstaaten auf der **„Achse des Bösen"** organisiert hatte, gab es eine offene Rivalität zwischen den USA und den UN. Die globale Finanzmarkt- und Wirtschaftskrise (seit 2007), der Amtsantritt von US-Präsident Barack Obama (01/2009) und der Aufstieg Chinas und die Gründung der G 20 als probates Koordinationsforum von Politik- und Wirtschafts- und Finanzentscheidungen schufen ab 2009 eine **neue, multipolare Weltlage**.

Bereits anlässlich des dritten Golf-Krieges, des Irak-Krieges von 2003, stellten sich aber folgende Fragen als grundsätzlich abzuklären heraus:

→ Wer beherrscht die Welt im 21. Jahrhundert? Ist es der freiwillige Zusammenschluss souveräner Staaten in der Organisation der UN oder ist es die aktuelle militärische Supermacht USA kraft eigener Macht und dank wirtschaftlicher, militärischer, politischer und kultureller Kraft?
→ Wer ist wem untergeordnet?
→ Wer ist der Hegemon dieser Welt: Die unilateral handelnden USA oder die multilateral angelegten UN?
→ Welche Rolle spielt China, die wahrscheinlich größte wirtschaftliche Welt- und politische Supermacht des 21. Jahrhunderts?

Afghanistan-Krieg und der beginnende Rückzug aus Afghanistan

Sofort nach den Terroranschlägen des 11. September 2001 verabschiedete der UN-Sicherheitsrat Resolutionen, die sich mit der Gefahr des internationalen Terrorismus befassten und die Staatengemeinschaft zu mehr gemeinsamen Anstrengungen im Kampf gegen den Terror aufriefen. Die **Resolution 1368** und die **Resolution 1373** dienten als Rechtfertigung für den am 7. Oktober 2001 von den USA, Großbritannien und anderen Staaten begonnenen Afghanistan-Krieg gegen al Quaida und gegen die Taliban als deren Förderer. Diese Resolutionen des UN-Sicherheitsrats und vorausgegangene UN-Anti-Terror-Resolutionen und -Konventionen legen nahe, dass der Kampf gegen den Terror zuvörderst nicht mit militärischen Mitteln – mit Krieg also – geführt werden sollte, sondern dass zivile Mittel und Maßnahmen zum Einsatz kommen sollten. Die **Reso-**

lutionen **1566** (8.10.2004), 1624 (14.9.2005), 1817 (11.6.2008) betonten die Notwendigkeit zivilgesellschaftlicher Fortschritte im Kampf gegen Drogenanbau und Drogenschmuggel, Korruption und Geldwäsche, Bandenwesen und Terrorismus sowie Angriffe der islamistischen Taliban. Indem der afghanische Präsident Hamid Karsai mehr Eigenverantwortung für die Zentralregierung in Kabul reklamierte und Präsident Barack Obama den Rückzugsbeginn der US-Kampftruppen für 2014 ankündigte, schlossen sich die Nato – auch Deutschland – und andere Truppensteller diesem Endtermin für den Kampftruppen-Einsatz an. Die seit 2001 unbeantwortete Frage lautet also nach wie vor: Wird aus dem vormaligen Rückzugsort für Terroristen ein stabiles Afghanistan?

DIE ZEIT ONLINE ÜBER DEN BÜRGERKRIEG IN SYRIEN

„Es beginnt als friedlicher Protest: Ab März 2011 gehen in Syrien Menschen für politische Reformen auf die Straßen. Anfangs sind es nicht viele, doch durch das harte Vorgehen der Sicherheitskräfte und mehrere hundert Tote wächst die Protestbewegung rasant. Gleichzeitig beginnen Soldaten der regulären Armee zu desertieren und gegen das Assad-Regime zu kämpfen. Ende Juli 2011 wird die Rebellenarmee FSA (Freie syrische Armee) gegründet. Die anfangs noch recht klaren Bürgerkriegsfronten zersplittern zusehends. Syrische Kurden und Al-Kaida-nahe Dschihadisten kämpfen auf eigene Rechnung – teilweise gegen die Rebellen der FSA.

Im Februar 2012 zählen die Vereinten Nationen 5000 Bürgerkriegstote, ein Jahr später 55 000, im September 2013 100 000. Mindestens 4,2 Millionen Menschen sind innerhalb Syriens auf der Flucht, 2,6 Millionen haben das Land verlassen. Versuche, Assad im UN-Sicherheitsrat zu verurteilen, scheitern an den Veto-Mächten Russland und China. Dies ändert sich auch nicht, als im Sommer 2013 mutmaßlich Soldaten Assads Chemiewaffen einsetzen. Die USA kündigen daraufhin eine militärische Kurzintervention an, woraufhin sich Assad überraschend bereiterklärt, auf seine Chemiewaffen zu verzichten.

Syrien tritt der Chemiewaffenkonvention bei und lässt Inspekteure der Organisation für das Verbot von Chemiewaffen (OPCW) ins Land, die die C-Waffen sichern und zur Zerstörung vorbereiten sollen – während der Bürgerkrieg weitergeht; [auch die Genfer Syrien-Konferenz im Januar 2014 bringt kein Ende]."

Quelle: http://www.zeit.de/themen/politik/syrien/
Autor: Markus Horeld, eigene Aktualisierung, Stand: 15.02.2014

Agenda für den Frieden   *Merke*

Vorschläge des UN-Generalsekretärs **Boutros Boutros-Ghali** zur Friedens- und Sicherheitspolitik der Vereinten Nationen UN, (vorgelegt 1992)

1. Vorbeugende Diplomatie

Ziel: das Entstehen von Streitigkeiten verhüten, den Ausbruch offener Konflikte verhindern oder Konflikte wieder eingrenzen

Mittel: unter anderem diplomatische Gespräche; Frühwarnsysteme, die rechtzeitig auf Spannungen hinweisen; formale Tatsachenermittlung; vorbeugender Einsatz von UN-Truppen

2. Friedensschaffung

Ziel: nach Ausbruch eines Konfliktes die feindlichen Parteien zu einer Einigung bringen

Mittel: friedliche Mittel (z. B. Vermittlung, Schiedsspruch); gewaltlose Sanktionen (Wirtschafts- und Verkehrsblockade); Friedensdurchsetzung durch ständig abrufbereite bewaffnete UN-Truppen; militärische Gewalt, wenn alle friedlichen Mittel versagen

3. Friedenssicherung

Ziel: die Lage in einer Konfliktzone entschärfen oder stabilisieren; die Einhaltung der Vereinbarungen zwischen den Konfliktparteien überwachen und durchsetzen

Mittel: unter anderem Entsendung von Beobachtermissionen; Einsatz von UN-Friedenstruppen zur Untersuchung von Grenzverletzungen, zur Grenzkontrolle, zur Beobachtung von Wahlen, Überwachung von Waffenstillstands- und Friedensvereinbarungen, Wahrnehmung von Polizeiaufgaben, Sicherung humanitärer Maßnahmen usw.

4. Friedenskonsolidierung

Ziel: den Frieden nach Beendigung eines Konfliktes konsolidieren; die Konfliktparteien zum friedlichen Wiederaufbau anhalten

Mittel: nach einem Konflikt innerhalb eines Landes z. B. Entwaffnung der verfeindeten Parteien, Wiederherstellung der öffentlichen Ordnung, Wahlüberwachung, Schutz der Menschenrechte, Reform oder Neuaufbau staatlicher Institutionen

nach: Mensch und Politik SII, Schroedel, Hannover 1999

6.4 Alter Dualismus – neue Multipolarität

Mit dem Auftauchen von al Quaida (1998 Attentate auf US-Botschaften in Nairobi und Daressalam; 11.9.2001: Anschläge aufs New Yorker World-Trade-Center und aufs Washingtoner Pentagon) und der Operation „Enduring Freedom" gegen die Taliban in Afghanistan (ab 09/2001; Fortführung als NATO- bzw. ISAF-Einsatz) hat sich das Verhältnis zwischen den UN und den USA verändert. Der Wandel in der Auslegung des Völkerrechts hat dem umstrittenen Handeln der USA (Bush-Doktrin: Recht auf Selbstverteidigung durch Angriff; Recht auf Präventivkrieg; Krieg gegen den Terror) zuerst mehr Legitimität verschafft. Dennoch erhielt der Einmarsch in den Irak 2003 nicht das notwendige Mandat des UN-Sicherheitsrates und wurde von den USA mit der US-geführten „Koalition der Willigen" durchgeführt. Der macht- und weltpolitische Gegensatz zwischen der einzig legitimierten Weltmacht UN und der einzig militärischen Weltmacht USA entwickelte sich damit in der Amtszeit von George W. Bush (2001–2009) noch deutlicher als zuvor als unentschiedener Dualismus – machtpolitisch oft zugunsten der USA, moralisch eher zugunsten der UN. Wirtschaftlich und politisch mächtig wurde als kommende Weltmacht das ambitionierte China, aber auch Brasilien, Indien, Indonesien, Südafrika boomten. Die erste Amtszeit von US-Präsident Barack Obama (2009–2013) war von übergroßen Erwartungen („Change") befrachtet, wurde aber geprägt von militärischen Rückzügen (Beendigung des Irak-Krieges, Rückzug-Ankündigung für Afghanistan), von gescheiterten Friedensinitiativen (Nahost-Konflikt, Iran-Politik), vom Tod Osama bin Ladens (Abbotabad/Pakistan, 2.5.2011) anlässlich einer US-Aktion, von nicht immer gelungener Krisenbewältigung (Immobilien-, Finanz-, Banken-, Konjunktur-, Arbeitsmarkt-, Haushaltskrise) bei innenpolitischer Polarisierung (fundamentalistische Tea-Party-Bewegung, Verfassungsstreit um Obamas Gesundheitsreform, Politik- und Kompromiss-Verweigerung seitens der Republikaner nicht nur in der Innenpolitik, z.B. beim Versuch einer Legalisierung der ca. 12 Mio. illegalen Einwanderer; beim Versuch einer langfristigen Haushaltspolitik bei zuletzt drastisch vergrößerter Verschuldung des US-Staates); bei den sozialen Verwerfungen (steigende Einkommens- und Vermögensspreizung, Schul- und Bildungssystem, Sanierungsbedarf bei der öffentlichen Infrastruktur).

Abi-Tipp

Sie sollten die Intensität des Dualismus in den Welt-Gestaltungskonzepten von UN-Charta und USA-Politik erkennen und am Beispiel darstellen können. Und Sie sollten die neue Multipolarität registrieren; achten Sie auch hier auf aktuelle tagespolitische Entwicklungen!

Die Friedensmissionen der UNO

Zu den UN-Missionen zählen Frieden schaffende militärische Maßnahmen sowie Frieden erhaltende Maßnahmen wie z. B. die Überwachung von Waffenstillständen. Derzeitige UN-Missionen:

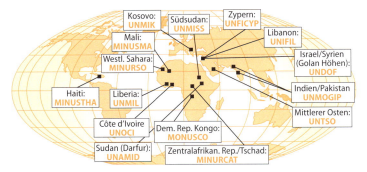

 Abi-Tipp

Die wichtigsten Friedensmissionen der UN und regionale Bündnisse sollten Sie kennen, auch die Neuorientierung der USA hin zum Pazifik.

www.un.org/eu/peacekeeping/operations/current.shtml

Denken Sie auch hier daran, dass (vor allem in mündlichen Prüfungen) gerne auch aktuelle Geschehnisse bewertet, kommentiert oder in einen größeren Zusammenhang gestellt werden sollen.

6.5 Regionale Bündnisse und neue Blockbildung

Gerade im Rahmen der Doha-Runde der WTO 2001–2009 und der Weltfinanz- und Weltwirtschaftskrise 2009 hat sich eine vorher so nicht gesehene neue Ordnung herausgebildet. Auch eine neue Staaten-Rangfolge bezüglich ökonomischer bzw. wirtschaftspolitischer Macht scheint entstanden zu sein. Es gibt etablierte Bündnisse und neue Gestaltungs- und Bündnisversuche.

- **NATO** North Atlantic Treaty Organization (Nordatlantikvertrag); militärisches Bündnis europäischer und nordamerikanischer Staaten
- **OPEC** Organisation of Petrol Exporting Countries (Algerien, Indonesien, Irak, Iran, Katar, Kuwait, Libyen, Nigeria, Saudi-Arabien, Venezuela, Vereinigte Arabische Emirate); Kartell der erdölexportierenden Staaten
- **Europäische Union = EU**
- **GUS** Gemeinschaft unabhängiger Staaten (Armenien, Aserbaidschan, Georgien, Kasachstan, Kirgisistan, Moldavien, Russland, Tadschikistan, Ukraine, Usbekistan, Weißrussland)
- **OSZE** Organisation für Sicherheit und Zusammenarbeit in Europa (55 Mitgliedstaaten: alle europäischen Staaten, Nachfolgestaaten der Sowjetunion, USA und Kanada)
- **NAFTA** North American Free Trade Agreement (Kanada, USA, Mexiko)
- **Anden-Pakt** (Kolumbien, Bolivien, Ecuador, Peru, Venezuela)
- **MERCOSUR** Mercado Común del Cono Sur (Argentinien, Brasilien, Paraguay, Uruguay, Chile, Bolivien)
- **Afrikanische Union = AU** (alle afrikanischen Staaten außer Marokko)
- **APEC + TPP** Asean Pacific Economic Conference + Trans Pacific Partnership = Die USA wollen aus der APEC-Gruppe (Australien, Brunei, Kanada, Indonesien, Japan, Südkorea, Malaysia, Neuseeland, Philippinen, Singapur, Thailand, Vereinigte Staaten, Republik China, Hongkong, Volksrepublik China, Mexiko, Papua-Neuguinea, Chile, Peru, Russland, Vietnam) ein US-geführtes Bündnis schmieden, das Japan, Südkorea u. a. m. an die USA binden soll und – de facto gegen China gerichtet – größer ist als die EU.

6.6 Neue Unübersichtlichkeit

Die Auflösung der Ost-West-Bipolarität hat keineswegs automatisch zu einer globalen Multipolarität und zu einer neuen internationalen Ordnung als Staatenordnung geführt. Zwei miteinander verbundene Entwicklungen sind bemerkenswert:

→ Im Zuge der sich herausbildenden **Multipolarität** – bei verblassendem Dualismus von universal wirken wollender UNO und global agierenden USA – sind zahlreiche Staaten wirtschaftlich, militärisch und sicherheitspolitisch ganz anders als vorher platziert; es haben sich zudem komplexere internationale Beziehungen entwickelt. Der Aufstieg Chinas, der Bedeutungsgewinn der BRICS-Staaten (Brasilien, Russland, Indien, China, Südafrika) und die Verbreitung hochtechnologischer Waffentechnik haben zu einer Angleichung der Potenziale geführt. Unruhen, Aufstände und kulturelle Umbrüche in den arabischen Staaten (z.B. Syrien 2012f., Ägypten 2013) und die ständigen Drohungen islamistisch-fanatischer Gruppen entziehen sich weitgehend der Steuerung durch den Westen. Die **wechselseitigen Abhängigkeiten** beschränken die Handlungsfähigkeit von Staaten und mindern deren politisches Steuerungsvermögen.

→ Der **Begriff der Sicherheit** hat einen qualitativen Wandel erfahren; bezog er sich in bipolarer Zeit auf Territorien und Grenzen, ist er nunmehr auf Individuen in staatlich verfassten und garantierten Grenzen erweitert: Privatisierung der Sicherheit bei vergrößerter Zahl von Akteuren, keine klare Trennung zwischen politischen, militärischen, ökonomischen und kulturellen Sachverhalten. Bedrohungen werden nicht mehr nur aus militärischer Perspektive gesehen, sondern entstehen z.B. als Umweltkatastrophe, Bevölkerungswachstum, Flüchtlingsstrom.

Damit ist Sicherheit für das 21. Jahrhundert neu definiert, und der Begriff **Sicherheitspolitik** hat eine neue Qualität erlangt: Fast jedes Ereignis, fast jeder neue Sachverhalt erfordert in dieser grenzenlosen Unübersichtlichkeit auch eine Deutung im globalen oder im regionalen Rahmen. Zunehmend bilden sich dabei quasi-pluralistische Muster internationaler Beziehungen heraus. Solche Ordnungen können auf mehrere Weisen betrachtet werden:

→ **Staatenzentrierte Sichtweisen** betonen die internationale Ordnung der Welt als von den machtvollsten Akteuren bestimmt.
→ **Gesellschaftsorientierte Sichtweisen** betonen die Gestaltungsmacht von nichtstaatlichen Akteuren, NGOs, Experten-, Wissenschafts- und Lobbygruppen, von Öffentlichkeit und von Informations- und Kommunikationstechnologien.

6.7 Wo steht die Bundeswehr?

Auslandseinsätze der Bundeswehr; Stand: Februar 2014

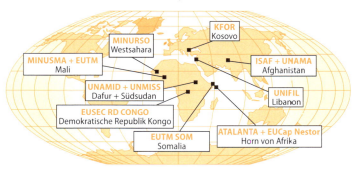

Mit dem Urteil des Bundesverfassungsgerichts von 1994, das den Auslandseinsatz der Bundeswehr unter dem Mandat der UN erlaubte, und mit der Beteiligung an der NATO-Intervention im Kosovo 1998 hat sich der Charakter der Bundeswehr gewandelt. Bei veränderter Bedrohungslage wird ihr Aufgabenfeld weg von der Landesverteidigung und hin zu dem einer modernen und mobilen **Interventionsarmee** verlagert („Deutschland wird am Hindukusch verteidigt", so 2004 der damalige Verteidigungsminister Struck).

Als Parlamentsarmee unterliegen dabei alle Bundeswehr-Auslandseinsätze einzeln der Genehmigung durch den Bundestag. Die Aussetzung der Wehrpflicht zum 1.3.2011 dokumentiert die **langwierige Strukturreform** der Bundeswehr, die in zahlreichen Auslandseinsätzen gebunden ist. Dabei liefern entweder die UN (Afghanistan) oder mittlerweile auch die EU (Kosovo) die politische Legitimation und den institutionell-organisatorischen Rahmen; der Teilnahme der Bundeswehr am ohne Mandat des UN-Sicherheitsrates geführten Irak-Krieg hatte Deutschland sich im Jahr 2002 aber verweigert. Der Afghanistan-Kampfeinsatz (ab 2001) soll ab 2014 als Ausbildungs- und Beratungseinsatz fortgeführt werden; Bundesverteidigungsministerin von der Leyen organisiert die Bundeswehr als erste Frau im Amt neu (seit 12/2013).

> **Abi-Tipp**
>
> Sie sollten die Rolle der Bundeswehr als Parlamentsarmee, als NATO-gebunden und als Truppensteller „bis zum Hindukusch" beschreiben können. Verfolgen Sie aktuelle Diskussionen um Auslandseinsätze. Beobachten Sie genau, welche Weiterungen sich durch die zurzeit stattfindende Bundeswehrreform ergeben.
> www.einsatz.bundeswehr.de

6.8 Internationale Zivilisierung

Die Zivilisierung der Staatenwelt ist ein bisher uneingelöster Menschheitstraum. Zwei Ordnungsprinzipien stehen sich dafür in unterschiedlicher Ausprägung gegenüber – Anarchie und Hierarchie.

- **Anarchische Staatenwelt:** Staaten sind egoistisch, streben mit Selbsthilfe nach Macht und nach Verbesserung ihrer Position – das Sicherheitsdilemma bestimmt das Handeln der Staaten.
- **Horizontal selbst organisierte Staatenwelt:** Staaten agieren mittels Abkommen und Verträgen bi- bzw. multilateral – die Nicht-Einhaltung von Abkommen kann kaum sanktioniert werden.
- **Hegemoniale Staatenwelt:** Individuelles, ungeteiltes und unkontrolliertes Gewalt- und Machtmonopol bei einem einzigen Hegemonialstaat – Erzwingung von Gehorsam und Gefolgschaft.
- **Weltstaat-Ordnung:** Abgegebene Souveränität aller Staaten an eine überstaatliche, demokratisch-parlamentarisch kontrollierte Autorität mit Sanktionskraft durch Gerichte, Polizei, Militär.

Zivilisierung als Prozess

Internationale Zivilisierung:

Das zivilisatorische Hexagon von Dieter Senghaas als Zielkonzept der Zivilisierung

nach: Mensch und Politik SII, Schroedel, Hannover 1999

Trotz aller Veränderungen in der internationalen Politik, trotz neuer Akteure im internationalen System, trotz aller Enteignungen und Ohnmachten der Nationalstaaten und trotz ihrer „geteilten Souveränitäten" ist nicht absehbar, dass diese immer durchlässiger werdenden Nationalstaaten (Permeabilität) ihre Rolle als unverzichtbare **Hauptakteure in der Weltpolitik** verlieren.

6.9 Global Governance als Weltordnungspolitik

Die Globalisierung politischer Probleme hat unausweichlich zu einer **Globalisierung der Politik** geführt. Aus dem Versuch, globale Herausforderungen mit globalen politischen Antworten zu versehen, hat sich das Konzept der Global Governance entwickelt. Eine solche **Weltordnungspolitik**, die nicht als Global Government ein nur theoretisch überzeugendes Modell einer Weltregierung in einem hierarchisch aufgebauten Weltstaat meint, setzt in der Gesellschaftswelt an und knüpft an Kants Vorschlag einer „Föderation freier Republiken" an. Die Architektur eines Systems der Global Governance fragt nach den Akteuren, den Handlungsebenen und den Regelungsformen in diesem System.

Das Global-Governance-Konzept gründet sich auf ein elementares Interesse an der Lösung solcher Probleme, die erstens alle Grenzen überschreiten und zweitens nicht mehr marktwirtschaftlich oder einzelstaatlich gelöst werden. Als kultureller Grundwert und als zivilisatorische Grundlage steht dahinter ein **Weltethos** mit Achtung und Betonung der Menschenwürde, mit dem Ziel der Bewahrung einer **kulturellen Vielfalt** und mit der Praxis des **interkulturellen Dialogs**.

Das Zieldreieck nachhaltiger Entwicklung

Als Akteure sieht das Global-Governance-Konzept alle **Nationalstaaten** und die **IGO**, die **BINGO** und die **INGO** vor. Dabei ist die Arbeitsebene entweder national, übernational-regional oder global. Neben den IGO und den INGO (Kongresse, Initiativen, „Think Tanks") arbeiten zahlreiche BINGO an Konzepten für politische Führung, nicht nur um Frieden herzustellen und zu sichern, sondern auch um Entwicklung zu generieren, das Existenzminimum der Menschen zu sichern, die Wohlfahrt zu organisieren und den Wohlstand weltweit gerechter zu entwickeln. Bei ungleicher Zielstellung und wegen unterschiedlicher Interessen geraten Akteure und Handlungsebenen der internationalen Politik aber häufig in Konflikt miteinander.

> **Merke** **IGO – INGO – BINGO**
> → **IGO** – International Governmental Organizations: Eine durch multilateralen völkerrechtlichen Vertrag geschaffene Staatenverbindung mit eigenen Organen und Kompetenzen, die sich als Ziel die Zusammenarbeit von mindestens zwei Staaten auf politischem und/oder ökonomischem, militärischem, kulturellem Gebiet gesetzt hat.
> → **INGO** – International Non-Governmental Organizations: Zusammenschluss von mindestens drei gesellschaftlichen Akteuren (Parteien, Verbände, Vereine) aus mindestens drei Staaten, der zur Ausübung seiner grenzüberschreitenden Zusammenarbeit Regelungen aufstellt.
> → **BINGO** – Business International Non-Governmental Organizations: Eine auf Erzielung ökonomischer Gewinne abzielende Organisation (transnationaler Konzern, **TNC;** transnationales Unternehmen, **TNU**).

6.10 Internationales Recht als Völkerrecht

Das Völkerrecht erfasst als Sammlung festgelegter Rechte und Pflichten alle Akteure im Rahmen zwischenstaatlicher Beziehungen. Rechtssubjekte sind Staaten, Kirchen, internationale Organisationen sowie in Ausnahmefällen auch Einzelpersonen und nationale Minderheiten.

> **Völkerrecht** `Merke`
>
> Das Völkerrecht regelt
> → den zwischenstaatlichen Verkehr als Diplomatie,
> → das Vertragsrecht und die Streitschlichtung
> → sowie die Gerichtsbarkeit.

Es besteht die Tendenz, die **Menschenrechte** in das Völkerrecht einzubeziehen und ihnen auch Geltung zu verschaffen, siehe die Europäische Menschenrechtskonvention (EMRK) und den 1959 eingerichtetem Europäischen Gerichtshof für Menschenrechte (EGMR) mit Sitz in Straßburg. Sonstige Regelungen beziehen sich auf diese Sachverhalte:

→ Abgrenzungen von Staatsgebieten,
→ Rechtsverhältnisse auf hoher See und in der Luft,
→ Bestimmungen über Entstehung oder Auflösung von Staaten,
→ Verbot von Angriffskriegen,
→ Mittel zur Kriegsverhütung,
→ rechtliche Beschränkungen für die Kriegsführung.

Völkerrecht ist sowohl Vertrags- wie auch unkodifiziertes Gewohnheitsrecht. Umstritten ist, ob das Völkerrecht Vorrecht vor dem nationalstaatlichen Recht genießt oder diesem untergeordnet ist. Die Ursprünge des Völkerrechts liegen in der Antike. Bei Hugo Grotius (1583–1645) ist mit „De Iure Belli ac Pacis" ein erster Ansatz zu einer Systematik des Völkerrechts zu finden. Bereits 1899 und 1907 wurden in Den Haag Konventionen zur Kriegsführung unterzeichnet, unter anderem zu den Regeln für einen Landkrieg.

Als heutige Grundlage gilt die **Genfer Konvention** von 1949, insbesondere die darin geregelte Behandlung von Kriegsgefangenen. Die Nürnberger Prozesse von 1945 waren das erste **internationale Strafgericht**; neuere sind die Sondergerichtshöfe zur Entscheidung über die Kriegsverbrechen im ehemaligen Jugoslawien (in Den Haag, NL) und in Ruanda (in Arusha/Tansania). Am 1. Juli 2002 hat der Internationale Strafgerichtshof (IStGH) als erstes ständiges Völkerrechtsgericht seine Arbeit in Den Haag aufgenommen.

1. Internationaler Strafgerichtshof = IstGH = ICC

Gründung: Der **Internationale Strafgerichtshof** (IstGH; International Criminal Court, ICC; Sitz: Den Haag/Niederlande) ist am 11. März 2003 mit der Vereidigung von 18 Richtern feierlich eröffnet worden; er hat am 1. Juli 2002 seine Arbeit aufgenommen, nachdem die ersten 60 Staaten das zugrunde liegende **Römische Statut** von 1998 ratifiziert hatten; bis Juli 2012 waren es 121 Staaten. Der Internationale Strafgerichtshof ist *kein* Organ der Vereinten Nationen, sondern ein **eigenständiger Gerichtshof**, der die nationalen Gerichte ergänzt. Er fungiert nicht als letzte Instanz und kann nur tätig werden, wenn Staaten nicht gewillt oder nicht in der Lage sind, bestimmte Straftaten ernsthaft zu verfolgen.

Zuständigkeit: Sie ist auf vier besonders schwere Verbrechen beschränkt: Völkermord, Verbrechen gegen die Menschlichkeit, Kriegsverbrechen, Verbrechen der Aggression.

Weltgericht: Während die Kriegsverbrechertribunale für das ehemalige Jugoslawien (ICTY) und für Ruanda (ICTR), die direkt vom UN-Sicherheitsrat eingesetzt wurden (bis 2014) und dann in den Internationalen Residualmechanismus für die Ad-hoc-Strafgerichtshöfe (IRMCT = International Residual Mechanism for Criminal Tribunals) überführt werden sollen, zeitbegrenzt sind, ist der IstGH ein dauerhafter internationaler Gerichtshof, der auf der Basis eines multilateralen Vertrags arbeitet:

- → IStGH-Aufbau: Präsidium, Kanzlei, Vorverfahrensabteilung, Anklagebehörde, Hauptverfahrensabteilung, Berufungsabteilung;
- → 18 Richter mit einer Amtszeit von neun Jahren, ein Richter je Staat;
- → 20 Prozent der Kosten des Gerichts finanziert und einen großen Teil der etwa 100 Stellen besetzt Deutschland;
- → keine eigenen Polizei-Einheiten, aber IStGH kann Haftbefehle ausstellen;
- → Einleitung eines Verfahrens durch einzelne Staaten, den UN-Sicherheitsrat oder den IStGH mit Zustimmung von mindestens drei Richtern; Voraussetzung: Lage des Verbrechens bzw. Tatorts in einem der Ratifikationsstaaten;
- → Strafmaß: max. lebenslange Freiheitsstrafe, Todesstrafe ausgeschlossen.

Probleme: Ablehnung des IStGH durch etliche Staaten, z. B. durch die USA, Russland, China. Etliche Sonderabkommen der USA mit einzelnen Ländern bezüglich der Gewährung von Immunität für US-Soldaten, zur sofortigen Auslieferung von US-Angeklagten an die USA und zu deren gerichtlicher Verfolgung in den USA, nicht jedoch vor dem IStGH, unterlaufen das IStGH-Konzept.

2. Internationaler Gerichtshof = IGH = ICJ

Der **Internationale Gerichtshof** IGH (International Court of Justice = ICJ) mit Sitz in Den Haag wurde 1945 gegründet und ist ein Organ der Vereinten Nationen (UN). Der IGH hat 15 von der UN-Generalversammlung und vom UN-Sicherheitsrat gemeinsam gewählte Richter. Nur **Staaten** können als Parteien vor dem IGH auftreten. Es gibt keinen Rechtssatz im Völkerrecht, der eine Unterwerfung eines Staates unter diese Gerichtsbarkeit der UN erzwingt. Allein der „**genossenschaftliche Charakter**" des Völkerrechts legt nahe, einer Anrufung dieses Gerichts die Vereinbarung voranzustellen, das Urteil zu akzeptieren. Fehlt diese Bereitschaft, so kann der IGH nicht tätig werden. Mit 152 Urteilen (bis 17. Juli 2012) und 24 Rechtsgutachten (bis 2003) hat der IGH bisher keine sehr aktive Rolle spielen können, war aber wesentlich an der Weiterentwicklung des Völkerrechts beteiligt.

3. UN-Sondertribunale

Jugoslawien-Tribunal = ICTY

Das Internationale Tribunal für das frühere Jugoslawien (International Criminal Tribunal for the Former Yugoslavia ICTY) ist als **UN-Sondertribunal** laut Resolution 827 des UN-Sicherheitsrates vom 25. Mai 1993 zuständig für die strafrechtliche Ahndung von Genozid, Verbrechen gegen die Menschlichkeit und Kriegsverbrechen, welche auf dem Gebiet des früheren Jugoslawiens begangen wurden. Das Wirken des Jugoslawien-Tribunals wird als erfolgreich eingestuft, *erstens* wegen des im Februar 2002 begonnenen Prozesses gegen Slobodan Milošević, Jugoslawiens sowie Serbiens ehemaligen Präsidenten, der im März 2006 kurz vor Ende seines Prozesses in Untersuchungshaft verstarb; er war in der Rechtsgeschichte das erste noch amtierende Staatsoberhaupt, das vor einem internationalen Strafgericht angeklagt wurde; *zweitens* wegen seiner erstaunlichen Bilanz, seit das Tribunal im Dezember 1994 seine Tätigkeit voll aufnahm: Auf der Basis von 184 richterlich bestätigten Anklageschriften gegen über 200 Verdächtige wurde gegen 157 zwangsweise oder freiwillig beim Tribunal erschienene Angeklagte verhandelt; wenige Angeklagte sind noch flüchtig. In 36 Fällen wurde die Anklage zurückgezogen. In den rechtsgültigen Urteilen des Strafgerichtshofes kam es bis Februar 2011 zu 51 Schuld- und zu 5 Freisprüchen.

Internationaler Strafgerichtshof für Ruanda = ICTR

In drei Monaten hatten 1994 in Ruanda Hutu-Extremisten mehr als 800 000 Angehörige der Tutsi-Minderheit und politisch missliebige Hutu ermordet. Noch laufen etliche Strafverfahren gegen mutmaßliche Drahtzieher des Völkermords. Dem Gericht (ICTR = International Criminal Tribunal for Ruanda ICTR) läuft die Zeit davon: Es gibt weit mehr Verdächtige, als der ICTR in Arusha jemals aburteilen könnte. Das Tribunal in Arusha erhob 92 Anklagen und fällte 53 Urteile: 45 Angeklagte wurden zu Haftstrafen verurteilt, acht freigesprochen. Unter Zeitnot versuchen die Richter, Verfahren an mehrere Länder zu übertragen. (Quelle: Domradio Köln, 31.12.2010). Im Jahr 2014 wird – auf Beschluss der UN – der Internationale Residualmechanismus für die Adhoc-Strafgerichtshöfe (IRMCT = International Residual Mechanism for Criminal Tribunals) auch die Funktionen des Arusha-Tribunals übernehmen.

UN-Sondertribunal für Sierra Leone in Den Haag/Niederlande

Charles Taylor, Guerillaführer in Liberia 1989–1997 und Liberias Präsident 1997–2003, steht seit Juni 2007 vor dem UN-Sondertribunal (SSCSL = Special Court for Sierra Leone) für Sierra Leone, das in den Räumen des Internationalen Strafgerichtshofs in Den Haag tagt. Ihm wurde in elf separaten Anklagepunkten vorgeworfen, während der gesamten Neunzigerjahre die Rebellenbewegung Revolutionary United Front im Nachbarland Sierra Leone militärisch, finanziell und logistisch unterstützt zu haben und damit für deren Kriegsverbrechen verantwortlich zu sein. Die Zeugenanhörungen begannen im Januar 2008; am 26. April 2012 erklärten ihn die Richter für schuldig. Taylor ist das erste afrikanische Staatsoberhaupt, das von einem internationalen Tribunal wegen Kriegsverbrechen zur Verantwortung gezogen und verurteilt wurde (50 Jahre Haft).

UN-Sondertribunal wegen Völkermordes und Verbrechen gegen die Menschlichkeit in Kambodscha/Phnom Penh

Knapp 30 Jahre nach der Schreckensherrschaft der Roten Khmer in Kambodscha (1975 – 1978, Bürgerkrieg bis 1998) werden am 2. Juli 2006 die Richter für ein UN-Tribunal gegen die Anführer des Regimes vereidigt. Auch wenn es sich um eine symbolische Geste handele, sei es ein „bedeutendes Ereignis", sagte der kambodschanische Sprecher des Tribunals. Nach jahrelangen Verhandlungen hatten sich die UNO und Kambodscha im vergangenen Jahr auf das Tribunal in Kambodschas Hauptstadt Phnom Penh geeinigt; 17 kambodschanische und 13 ausländische Richter gehören diesem Gericht an. Den systematischen Morden der maoistischen Khmer waren zwischen 1975 und 1979 rund zwei Millionen Menschen zum Opfer gefallen, etwa ein Viertel der damaligen Bevölkerung. Der Führer der Roten Khmer, Pol Pot, starb 1998. Angesichts des fortgeschrittenen Alters der Verantwortlichen handelt es sich bei dem Prozess um einen Wettlauf gegen die Uhr. Erste Urteile ergingen im Juni 2010; die Verfahren dauern in der Berufungsinstanz an (Februar 2012).

Hariri-UN-Sondertribunal in Den Haag/Niederlande

Das UN-Sondertribunal zur Aufklärung des Mordes an dem westlich orientierten libanesischen Regierungschef Rafik al-Hariri (Special Tribunal for Lebanon = STL; Den Haag) und 21 weiteren Todesopfern tagt – nach libanesischem Recht – seit 01/2014 in den Niederlanden. Die Regierung in Den Haag entsprach damit der Bitte der Vereinten Nationen.

Mit dem Verfahren erhofft sich die Öffentlichkeit Aufklärung vor allem über die Hintermänner des Anschlags. Und Angehörige der Opfer erwarten Gerechtigkeit. 2005 waren vier Verdächtige in Untersuchungsgehaft genommen worden. Diese wurden aber 2009 wieder entlassen, sodass das Gericht unter Anwesenheiten der Angeklagten tagt, die als Mitglieder der prosyrischen Hisbollah gelten. Die Hisbollah und die Regierung Assad in Damaskus allerdings bestreiten an der Tat beteiligt zu sein.

Immer wieder wird Syrien mit dem Mordanschlag in Verbindung gebracht, während der im Frühjahr 2011 veröffentlichte Untersuchungsbericht Mitglieder der israelfeindlichen Schiiten-Miliz Hizbollah als Drahtzieher bezeichnet. Die innerlibanesischen Auseinandersetzungen um die Zusammenarbeit des Staates Libanon mit dem Hariri-Sondertribunal haben 2011 zum Sturz der westlich orientierten und zu einer Iran-freundlichen und Hisbollah-Miliz-gestützten neuen libanesischen Regierung geführt.

> **Checkliste** **6 Internationale Konflikte: Krieg, Frieden und Sicherheit**
> → Verfügen Sie über Grundlagen-Kenntnisse zur **Analyse und zur Bewertung internationaler Konflikte** sowie der Außen- und Sicherheitspolitik? Kennen Sie Organisationen und Institutionen?
> → Ist Ihnen die zunehmend stärkere Rolle des Völkerrechts als einem Zentrum allen internationalen Politikgeschehens bewusst?
> → Kennen Sie die „Weltgerichte" und alle Ad-hoc-Gerichte bzw. Sondertribunale hinsichtlich ihrer Funktionen, ihres Arbeitsstandes und ihrer Wirksamkeit? Achten Sie hier auf Aktualität Ihrer Kenntnisse!
> → Können Sie wesentliche Setzungen des Völkerrechts darstellen? Kennen Sie vor Gericht verhandelte und entschiedene Fälle?
>
> Sie sollten um die **Unübersichtlichkeit der Weltlage** Bescheid wissen – aber dabei versuchen, deren Unübersichtlichkeit zu erfassen. Fachsprachliche Genauigkeit ist dabei wichtig. Nutzen Sie Senghaas' „zivilisatorisches Hexagon" sowie die realistische und die idealistische Theorie von internationaler Politik.

Volkswirtschaftslehre
Soziale Marktwirtschaft

7

Soziale Marktwirtschaft bezeichnet eine Wirtschaftsordnung, die auf der Basis kapitalistischen Wettbewerbs dem Staat die Aufgabe zuweist, sozialpolitische Korrekturen vorzunehmen und auf sozialen Ausgleich hinzuwirken. Das wirtschaftspolitische Modell der Sozialen Marktwirtschaft [...] gilt als Grundlage der deutschen Wirtschafts- und Sozialordnung.

Bundeszentrale für politische Bildung/bpb.de –
http://www.bpb.de/nachschlagen/lexika/politiklexikon/18224/soziale-marktwirtschaft

7.1 Definition und historische Entwicklung

Das Wirtschaftsgeschehen prägt den Alltag und das Zusammenleben der Menschen. Ständig müssen Entscheidungen getroffen werden, angefangen beim täglichen Einkauf bis hin zur Berufswahl oder dem Kauf eines Hauses, um nur einige wenige davon zu nennen. Durch das Wirtschaftsgeschehen werden die verschiedenen Interessen so gut es geht ausgeglichen. Dabei sind folgende Fragen zu klären:

→ Was, wie viel, wie und wo wird hergestellt? (**Koordination**)
→ Wer entscheidet? (**Entscheidung**)
→ Für wen soll produziert werden? (**Verteilung**)

Es gibt zwei idealtypische Grundformen, um eine Volkswirtschaft zu organisieren:

→ zentral ⇒ Zentralverwaltungswirtschaft
→ dezentral ⇒ Marktwirtschaft

Situation in Deutschland nach dem Zweiten Weltkrieg

→ Deutschland war stark zerstört
→ Kriegstote, Flüchtlinge und Vertriebene

→ Währung ohne realen Gegenwert
→ Unzureichende Nahrungsversorgung ⇒ Ernährungskrise; Rationierung der Nahrungsmittel („Lebensmittelkarten") ⇒ Schwarzmarkt

Vor diesem Hintergrund musste sich die neugeborene Bundesrepublik Deutschland für eine Wirtschaftsordnung entscheiden. Weder die Zentralverwaltungswirtschaft noch die Marktwirtschaft sind in dieser reinen, modellhaften Form zu finden, sie stellen ideale Wirtschaftssysteme dar. Die tatsächliche Verwirklichung in einer Gesellschaft wird als **Wirtschaftsordnung** bezeichnet und liegt irgendwo zwischen diesen beiden Idealen. Die Bundesrepublik Deutschland hat sich für die Wirtschaftsordnung der **Sozialen Marktwirtschaft** entschieden, die DDR hingegen seinerzeit für eine sozialistisch geprägte **Planwirtschaft**, die sich an dem Modell der **Zentralverwaltungswirtschaft** orientierte.

7.2 Menschenbild und Soziale Marktwirtschaft

Das Menschenbild der Marktwirtschaft basiert auf der Idee des **Liberalismus** (lat.: *liber* – frei). Hiernach ist der Mensch ein rationales, denkendes Wesen und muss deshalb über gewisse Freiheiten und Rechte wie z. B. das Recht auf Privateigentum, Gewerbefreiheit oder Vertragsfreiheit verfügen. Dadurch ist jeder für sich selbst verantwortlich, kann sich frei entfalten und wird eine individuelle Persönlichkeit.

Adam Smith (1723–1790), einer der bedeutendsten Vertreter des Liberalismus, geht davon aus, dass es einer Gesellschaft und damit der Wirtschaft eines Landes gut geht, wenn jeder Mensch versucht, seine Ziele bestmöglich zu erreichen. Damit würde der Idealzustand erreicht.

Da aber der Mensch nicht alleine lebt, sondern in Gemeinschaft mit anderen Individuen, übernimmt er nicht nur für sich selbst, sondern auch für andere Verantwortung. Deshalb wurde in Deutschland die Idee der Sozialen Marktwirtschaft verwirklicht. Ihre **Geburtsstunde** wird meist mit der Währungsreform von **1948** gleichgesetzt. Diese Wirtschaftsordnung soll einen sozialen Ausgleich und Sicherheit für alle Menschen, die in dieser Wirtschaftsordnung leben, bewirken. Vor allem leistungsschwächere Menschen sollen durch die Hilfe anderer unterstützt werden, etwa durch Einkommensumverteilung oder soziale Sicherungssysteme. Entwickelt wurde dieses Konzept von der „**Freiburger Schule**", und es ist untrennbar mit dem Namen **Alfred Müller-Armack** verbunden. In Deutschland wurde es von **Ludwig Erhard** ab 1949 umgesetzt.

> **Merke**
> **Individualprinzip:** Recht auf Selbstbestimmung und Selbstentfaltung
> **Sozialprinzip:** Mitverantwortung für andere
> **Soziale Marktwirtschaft:** verbindet Individual- und Sozialprinzip

7.3 Kennzeichnende Merkmale der Wirtschaftsordnungen

Ordnungsmerkmal	freie Marktwirtschaft	Zentralverwaltungswirtschaft
geistige Grundlagen	Liberalismus	Sozialismus, Marxismus
Grundprinzip	Individualismus	Kollektivismus
Planung und Koordination	dezentrale Planung	zentrale Planung
Eigentum an Produktionsmitteln	Privateigentum	Kollektiveigentum
Ziele	individuelle Nutzenmaximierung (Gewinn)	Planerfüllung
Preisbildung und Lohnfestsetzung	durch den Markt	durch die Behörde
Rolle des Staates	kaum staatliche Eingriffe „Nachtwächterstaat"	Staat hat entscheidende Rolle
Investitionsentscheidungen	Betrieb/Unternehmer	Plan
Produktionssteuerung	Marktgegebenheiten	Plan (Sollziffern)
Güter	freie Güterwahl	vorgegebenes Angebot
Außenhandel	Ex- und Importe nach freier Entscheidung	staatliches Außenhandelsmonopol

Welche Merkmale weist die Soziale Marktwirtschaft auf?

Die Soziale Marktwirtschaft ist ein **Mischtyp**, sie weist überwiegend Merkmale der freien Marktwirtschaft auf und wird in einigen Teilbereichen durch Merkmale der Zentralverwaltungswirtschaft ergänzt. So versucht sie, ihrer sozialen Verantwortung nachzukommen, z. B.:

→ Planung und Koordination: Hier kann der Staat versuchen, durch Eingriffe die Wirtschaftsstruktur zu ändern (z. B. durch Subventionen).
→ Eigentum an Produktionsmitteln: Überwiegend privat (Trend zur Privatisierung, z. B. Deutsche Bahn, Deutsche Post).
→ Ziele: Der Staat achtet auf wirtschafts- und sozialpolitische Ziele →Seite 152 ff.

> **Abi-Tipp**
>
> Machen Sie sich Gedanken über die Vor- und Nachteile, sowie die Auswirkungen dieser Merkmale z. B. auf die individuelle Freiheit, auf die wirtschaftliche Stabilität, die Leistungsfähigkeit etc.

Was sagt das Grundgesetz?

1949 trat das Grundgesetz der Bundesrepublik Deutschland in Kraft. Damit wurde nicht ausdrücklich eine bestimmte Wirtschaftsordnung festgelegt. Die Gesetze lassen eine Ausgestaltung als Soziale Marktwirtschaft zu, schreiben diese aber keineswegs zwingend vor. Folgende Tabelle zeigt einige Artikel des Grundgesetzes auf, die marktwirtschaftliche und/oder soziale Elemente beinhalten:

Art.	freiheitliche Elemente (mit einer Zentralverwaltungswirtschaft schwer zu vereinbarende Grundrechte)	Art.	soziale Elemente (mit einer freien Marktwirtschaft schwer zu vereinbarende Verpflichtungen und Rechte)
2 (1)	Jeder hat das Recht auf die freie Entfaltung seiner Persönlichkeit.	20 (1), 28 (1)	Sozialstaatsprinzip (Schwächere unterstützen)

Art.	freiheitliche Elemente (mit einer Zentralverwaltungswirtschaft schwer zu vereinbarende Grundrechte)
8 (1)	Versammlungsfreiheit
9 (3)	Koalitionsfreiheit und Tarifautonomie
11 (1)	Aufenthalts-, Niederlassungsfreiheit (Freizügigkeit)
12 (1)	Freiheit der Berufswahl (Beruf, Arbeitsplatz und Ausbildungsstätte frei wählbar)
14 (1)	Privateigentum und Erbrecht werden gewährleistet.
1 (1)	Unantastbarkeit der Menschenwürde
5 (1)	Recht der freien Meinungsäußerung und Information

Art.	soziale Elemente (mit einer freien Marktwirtschaft schwer zu vereinbarende Verpflichtungen und Rechte)
109 (2)	gesamtwirtschaftliches Gleichgewicht muss beachtet werden
15	Sozialisierung: Grund und Boden, Naturschätze und Produktionsmittel können zum Zwecke der Vergesellschaftung ... in Gemeineigentum ... überführt werden.
14 (2)	Sozialpflichtigkeit des Eigentums: sein Gebrauch soll zugleich dem Wohl der Allgemeinheit dienen.
14 (3)	Enteignung zugunsten des Allgemeinwohls

Welche Aufgaben übernimmt der Staat?

Grundsätzlich soll sich der Staat so weit wie möglich im Hintergrund halten, die Rahmenbedingungen für den Wirtschaftsprozess bereitstellen und nur dort eingreifen, wo der Markt ganz oder teilweise versagt.

7.4 Ziele der Sozialen Marktwirtschaft

Eine Wirtschaftsordnung soll stets einen „Idealzustand" für die Menschen, die in ihr leben, herbeiführen. Deswegen werden Ziele formuliert. Wenn diese erreicht sind, dann herrscht „der Idealzustand". Neben gesellschaftlichen Zielen wie Frieden, Freiheit, Gerechtigkeit, Wohlstand usw. ist aus wirtschaftlicher Sicht Stabilität von großer Bedeutung. Im §1 des **Stabilitätsgesetzes** (eigentlich: Gesetz zur Förderung der Stabilität und des Wachstums der Wirtschaft, 1967) wird es dem Staat ermöglicht, in das Wirtschaftsgeschehen einzugreifen. Es nennt vier vorrangige Ziele, die im **magischen Viereck** aufgezeigt werden. „Magisch" deshalb, weil es kaum möglich ist, alle vier Ziele gleichzeitig zu erreichen:

→ **Hoher Beschäftigungsstand** herrscht, wenn die Zahl der Arbeitslosen möglichst gering ist. Arbeitslos im Sinne der amtlichen Statistik ist eine Erwerbsperson, die vorübergehend nicht in einem Beschäftigungsverhältnis steht oder nur geringfügig beschäftigt ist und sich persönlich bei der Agentur für Arbeit als arbeitsuchend gemeldet hat. Eine Arbeitslosenquote unter 4% gilt als Vollbeschäftigung. Man unterscheidet friktionelle, saisonale, konjunkturelle und strukturelle Arbeitslosigkeit. In Deutschland ist ein wesentlicher Teil der Arbeitslosen auf strukturelle Probleme zurückzuführen.

→ **Preisniveaustabilität** herrscht, wenn der Durchschnitt der Preise bei schwankenden Einzelpreisen konstant ist. Dabei ist eine Preissteigerungsrate nahe bei aber unter 2% das erklärte Ziel der EZB. Gemessen wird dies anhand eines fiktiven Warenkorbs, der ca. 750 repräsentative Waren enthält, die je nach Bedeutung unterschiedlich gewichtet sind. Der Veränderung im Verbraucherverhalten wird Rechnung getragen, indem der Warenkorb alle fünf Jahre aktualisiert wird.

7.4 Ziele der Sozialen Marktwirtschaft

→ **Außenwirtschaftliches Gleichgewicht** herrscht, wenn mittelfristig die Gold- und Devisenzuflüssen den Abflüssen entsprechen. Erfasst wird das außenwirtschaftliche Gleichgewicht in der Zahlungsbilanz.

→ **Angemessenes und stetiges Wirtschaftswachstum** meint, dass das Wachstum ohne große Sprünge kontinuierlich anwachsen soll, ohne dass die Zuwachsraten zu groß sind.

Um diese Ziele zu erreichen, kann der Staat – innerhalb der Ordnungselemente der Wirtschaftsordnung – Anreize wie z.B. Subventionen schaffen oder andererseits das Wirtschaftsgeschehen in bestimmten Bereichen z.B. durch Steuern erschweren. Dabei haben sich im Laufe der Jahre die Vorstellungen darüber, wann die Ziele erreicht sind, immer wieder geändert.

Diese Ziele sind rein wirtschaftlicher Natur. Im Rahmen der Sozialen Marktwirtschaft jedoch gehen die Idealvorstellungen darüber hinaus. Zum einen sollen Einkommen und Vermögen so umverteilt werden, dass den Gerechtigkeitsvorstellungen des sozialen Gedankens Rechnung getragen wird. Dies bedeutet aber auch, dass die Arbeitsbedingungen menschlicher werden, z.B. durch entsprechende Arbeitszeitregelungen, Sicherheitsmaßnahmen usw. Zum anderen ist gerade in den letzten Jahrzehnten der Umweltaspekt verstärkt ins Bewusstsein der Bevölkerung gerückt. Denn wenn der Wohlstand zunimmt und die Wirtschaft wächst, steigen auch der Energieverbrauch und der Bedarf an Produktionsfaktoren. Deswegen ist es eine wichtige Aufgabe geworden, die Umwelt und die Ressourcen auch für die kommenden Generationen zu erhalten. Aus diesem Grund wird das magische Viereck erweitert und es entsteht das **magische Achteck**, in dem ökologische und soziale Vorstellungen definiert werden:

In welcher Beziehung stehen die Ziele zueinander?

Es gibt drei Arten, diese Zielvorstellungen zu klassifizieren:
- → **Komplementäre Ziele:** Darunter versteht man die Ziele, die sich gegenseitig ergänzen. Beispielsweise hat ein hohes Wirtschaftswachstum oft auch zur Folge, dass die Arbeitslosenzahlen sinken (allerdings nur dann, wenn es tatsächlich zu Neueinstellungen kommt und nicht etwa zu Rationalisierungsinvestitionen).
- → **Konkurrierende Ziele:** Darunter versteht man die Ziele, die nicht gleichzeitig angestrebt werden können. Wenn z.B. versucht wird, durch eine erhöhte Nachfrage ein hohes Wirtschaftswachstum und einen hohen Beschäftigungsstand zu erreichen, kann dadurch das Ziel Preisniveaustabilität in Gefahr geraten, da möglicherweise das Angebot knapp wird und die Preise steigen. Versucht man dann, über vermehrte Importe das Problem zu lösen, kann auch das außenwirtschaftliche Gleichgewicht gestört werden.
- → **Indifferente Ziele:** Darunter versteht man die Ziele, die sich gegenseitig weder positiv noch negativ beeinflussen. Beispielsweise beeinflusst das Ziel Umweltschutz nicht zwangsläufig die Arbeitsbedingungen für den Einzelnen.

Checkliste 7 Soziale Marktwirtschaft
- → Welche Prinzipen stehen hinter der **Sozialen Marktwirtschaft**?
- → Was unterscheidet die freie Marktwirtschaft von der **Zentralverwaltungswirtschaft**?
- → Was ist das Besondere der Sozialen Marktwirtschaft?
- → Wie ist die Wirtschaftsordnung im Grundgesetz verankert?
- → Welche Ziele verfolgt die Soziale Marktwirtschaft?
- → Welche Beziehungen bestehen zwischen diesen Zielen?

Modell des Wirtschaftskreislaufs 8

Modelle sind vereinfachte Abbilder der Wirklichkeit.
In der Wirtschaft werden Modelle herangezogen, um komplizierte wirtschaftliche Zusammenhänge zu veranschaulichen und die Möglichkeit zu eröffnen, Wirkungsketten nachvollziehen zu können. Dafür muss man aber in Kauf nehmen, dass im Zuge der Vereinfachung Informationen verloren gehen. Das Modell bildet die Wirklichkeit also immer nur in Auszügen ab.

8.1 Das Kreislaufmodell einer offenen Volkswirtschaft mit staatlicher Aktivität

Das Modell des Wirtschaftskreislaufs fasst gleichartige Wirtschaftssubjekte jeweils zu einem Sektor zusammen. Der Sektor Haushalt umfasst alle Haushalte einer Volkswirtschaft. Haushalte sind im Sinne dieses Modells alle Wirtschaftssubjekte, die als Endverbraucher von Konsumgütern auftreten. Der Sektor Unternehmen entsteht durch Zusammenfassung aller Unternehmen, d.h. aller Einheiten einer Volkswirtschaft, die zur Güterbereitstellung beitragen. Der Sektor Staat entsteht durch Zusammenfassung aller Gebietskörperschaften, also Bund, Länder und Gemeinden sowie die Sozialversicherungen. Der Sektor Ausland umfasst alle ausländischen Volkswirtschaften. Der 5. Sektor des Modells heißt Vermögensveränderung. Im Gegensatz zu den anderen Sektoren entsteht dieser nicht durch Zusammenfassung gleichartiger Wirtschaftssubjekte, sondern zeigt nur, wie und an welcher Stelle im Laufe einer Wirtschaftsperiode Vermögen gebildet wird.

Im Modell des Wirtschaftskreislaufs werden alle Beziehungen, die die Sektoren untereinander haben, als Ströme dargestellt. Da aber den Güterströmen üblicherweise ein gleich großer Geldstrom gegenübersteht beschränkt man sich im Modell auf die Darstellung der Geldströme. Zum Beispiel beliefern die Unternehmen die Haushalte mit Konsumgütern. Im Gegenzug dazu bezahlen die Haushalte die Konsumgüter.

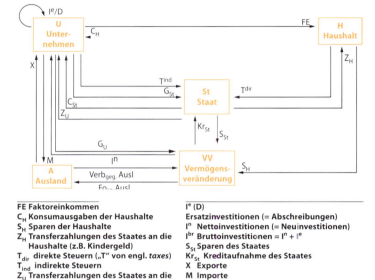

FE Faktoreinkommen
C_H Konsumausgaben der Haushalte
S_H Sparen der Haushalte
Z_H Transferzahlungen des Staates an die Haushalte (z.B. Kindergeld)
T_{dir} direkte Steuern („T" von engl. taxes)
T_{ind} indirekte Steuern
Z_U Transferzahlungen des Staates an die Unternehmen (z.B. Subventionen)
G_{St} Gewinne des Staates (aus staatl. U)
C_{St} Konsumausgaben des Staates
G_U Gewinne, die in den Unternehmen bleiben

I^e (D) Ersatzinvestitionen (= Abschreibungen)
I^n Nettoinvestitionen (= Neuinvestitionen)
I^{br} Bruttoinvestitionen = $I^n + I^e$
S_{St} Sparen des Staates
Kr_{St} Kreditaufnahme des Staates
X Exporte
M Importe
$Verb_{geg.\ Ausl}$ Verbindlichkeiten gegenüber dem Ausland
$Fo_{an\ Ausl}$ Forderungen ans Ausland

Da die dargestellten Ströme alle gleichartigen Transaktionen erfassen, schließen sich die Geldströme Kr_{St} und S_{St} gegenseitig aus, da der Staat entweder mehr spart oder mehr Kredite aufnimmt. Das Modell könnte auch noch erweitert werden. So kann man auch einen Strom Kr_H ergänzen, der von VV zu H laufen würde, für den Fall, dass die Kreditaufnahme der Haushalte die Ersparnis übersteigen würde. In der wirtschaftlichen Realität ist dieses Szenario jedoch eher unwahrscheinlich.

8.2 Gesamtwirtschaftliches Gleich-/Ungleichgewicht

Gleichungen im Drei-Sektoren-Modell

Wie entsteht das Einkommen? Wofür wird es verwendet?

Voraussetzungen

- geschlossener Kreislauf: Die Summe der Zuströme in einem Sektor ist so groß wie die Summe der Abströme.
- Drei-Sektoren-Wirtschaft mit den Sektoren U, H und VV

Betrachtet man den U-Sektor, so lassen sich die anfangs gestellten Fragen beantworten. Im Idealfall herrscht **Gleichgewicht**. Daraus ergeben sich folgende Gleichungen:

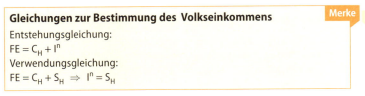

> **Gleichungen zur Bestimmung des Volkseinkommens** Merke
> Entstehungsgleichung:
> $FE = C_H + I^n$
> Verwendungsgleichung:
> $FE = C_H + S_H \Rightarrow I^n = S_H$

Eine modellhafte Volkswirtschaft könnte wie folgt aussehen: Die Haushalte sparen freiwillig (S_{fr}) genau in der Höhe (in Geldeinheiten, GE), in der die Unternehmen Nettoinvestitionen planen (I_n^{gepl}).

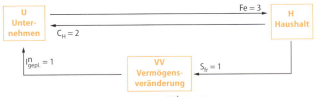

Ex-ante-Betrachtung: S_{fr} (1 GE) = I_n^{gepl} (1 GE)
Ex-post-Betrachtung: S_{real} (1 GE) = I_n^{real} (1 GE)
$\Rightarrow$ Es herrscht Gleichgewicht.

In der Realität jedoch ist es äußerst unwahrscheinlich, dass das geplante Sparen der Haushalte und die Nettoinvestitionen gleich groß sind.

Was passiert im Ungleichgewicht?

Die Haushalte planen, für 2 GE zu konsumieren, die Unternehmen stellen jedoch nur Konsumgüter für 1 GE zur Verfügung (sie planen Nettoinvestitionen in Höhe von 2 GE). Folge: Es müssen Güter für 1 GE aus dem Lager entnommen werden.

Ex-ante-Betrachtung: $S_{fr}\,(1\,GE) < I_n^{gepl}\,(2\,GE)$
Ausgleich: **Lagerabbau: Realausgleich** (nur kurzfristig möglich)
Ex-post-Betrachtung: $S_{real}\,(1\,GE) = I_n^{gepl}\,(2\,GE) + \mathbf{I_n^{ungepl}\,(-1\,GE)}$

Ausgangssituation wie oben, allerdings erfolgt der Ausgleich nicht über einen Lagerabbau, sondern die U verkaufen die gleiche Menge an Gütern teurer, nämlich für 2 GE. Folge: Die Preise steigen, die U sparen ungeplant in Höhe von 1 GE.

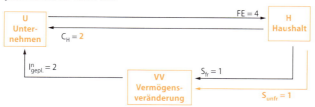

Ex-ante-Betrachtung: $S_{fr}\,(1\,GE) < I_n^{gepl}\,(2\,GE)$
Ausgleich: Preise steigen ⇒ Gewinne steigen ⇒ Einkommen der Unternehmerhaushalte steigen ⇒ unfreiwilliges Sparen steigt usw. (langfristig möglich) ⇒ **Wachstumsmodell**
Ex-post-Betrachtung: $S_{fr}\,(1\,GE) + S_{unfr}\,(1\,GE) = I_n^{real}\,(2\,GE)$

Aus diesem Zusammenhang lässt sich eine **mögliche Folgekette** aufbauen, die nicht zwingend so ablaufen muss:

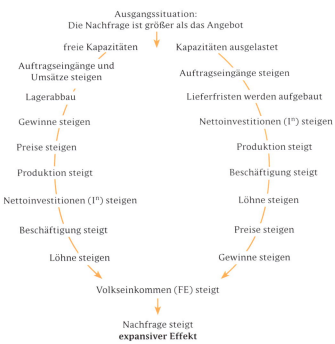

Es entsteht ein expansiver Kreislauf, die Wirtschaft befindet sich im Aufschwung. Allerdings ist auch genau die gegenläufige Entwicklung möglich: Die Nachfrage sinkt, die Lager werden gefüllt, die Preise sinken ... man spricht dann von einem **kontraktiven Effekt**.

Wird eine der oben genannten Größen verändert, so hat dies eine verstärkende Wirkung auf alle folgenden Einheiten. Man spricht von einer **Verstärkerwirkung**. Es gibt zwei Arten der Verstärkung:

Multiplikatorprinzip

Ein Multiplikator (m) gibt an, wie sich beispielsweise das Faktoreinkommen verändert (ΔFe), wenn sich eine andere Größe [z.B. Investitionen (ΔI^n) oder Konsum (ΔC)] ändert. Daraus ergeben sich folgende Formeln:

$\Delta FE = \Delta I^n \cdot m$ mit $m = \frac{1}{1-c}$ $\left(\text{Konsumquote } c = \frac{C_H}{Fe_{verf}}\right)$

Folge: Eine einmalige Nachfrageveränderung bewirkt in der nächsten Periode eine m-fache Veränderung von FE.
Begründung: Die Ausgaben sind bei anderen Wirtschaftssubjekten Einnahmen. Diese erhöhen dann ihrerseits ihren Konsum, da ihnen mehr Geld zur Verfügung steht.
Multiplikatoreffekte wesentlich größer Eins sind jedoch eher unrealistisch, und damit geht von ihnen nicht die Wirkung aus, die man vielleicht erwarten könnte. Wenn etwa der Staatsausgabenmultiplikator bei 1,1 liegt, und der Staat gibt 1 Mrd. € für Beschäftigungsprogramme aus, so hat dies lediglich einen Gesamteffekt von 1,1 Mrd. € auf die Nachfrage. Dabei wurde noch gar nicht bedacht, wie der Staat die Ausgaben finanziert.

Akzeleratorprinzip

Ein Akzelerator (a) gibt an, wie sich die Stromgrößen, vor allem die Investitionen (ΔI^n), verändern, wenn sich die Nachfrage verändert (z. B. ΔC).
$\Delta I^n = \Delta C \cdot a$ mit a als konstantem Koeffizienten (das heißt, die Produktivität bleibt gleich)
Folge: Eine einmalige Nachfrageveränderung bewirkt in der nächsten Periode eine vielfache Veränderung von I^n.
Beispiel: Unternehmen investieren einen bestimmten Betrag, dieser ist umso größer, je stärker die Nachfrage gestiegen ist. ⇒ Investitionsnachfrage steigt ⇒ Gesamtnachfrage steigt ⇒ Investitionen steigen.

Multiplikator-Akzelerator-Modelle versuchen, Konjunkturschwankungen durch das Zusammenwirken von Multiplikator und Akzelerator zu erklären.

> **Abi-Tipp**
>
> Selten wird ein kompletter Wirtschaftskreislauf abgefragt. Wichtig ist vor allem die zu- und abfließenden Ströme des Sektors Unternehmen zu kennen. Daraus kann der restliche Kreislauf gut abgeleitet werden.

8.3 Konsum-, Spar- und Investitionsfunktion

Für die Lieferung des Produktionsfaktors Arbeit, aber auch Boden und Kapital an die Unternehmen erzielen die Haushalte ein (Produktions-) Faktoreinkommen, für Arbeit ein Gehalt, für Boden z. B. Pacht und für Kapital z. B. Zinsen. Zusätzlich zu diesem Faktoreinkommen erhalten Haushalte Transferzahlungen des Staates, wie z. B. Kindergeld, müssen aber auch Abgaben in Form von Steuern leisten. Das verfügbare Einkommen, also der Teil des Einkommens, über den Haushalte eigenverantwortlich bestimmen können, ergibt sich also durch:

$FE + Z_U - T_{dir} = Fe_{verf.}$

$Fe_{verf.}$ kann entweder konsumiert oder gespart werden.

Achtung: Faktoreinkommen und verfügbares Einkommen sind nicht gleichbedeutend, da beim Faktoreinkommen Transferzahlungen addiert und direkte Steuern wie z. B. Lohnsteuer subtrahiert werden müssen, um zum verfügbaren Einkommen der Haushalte zu gelangen.

→ **Sparquote:** Der Anteil des verfügbaren Einkommens, den die Haushalte sparen $s = \frac{S_H}{FE_{verf}}$.

→ **Konsumquote:** Der Anteil des verfügbaren Einkommens, den die Haushalte konsumieren $c = \frac{C_H}{FE_{verf}}$.

→ Spar- und Konsumquote **ergänzen sich zu Eins**.

→ **Sparfunktion:** Sie stellt die Beziehung zwischen Ersparnis und den ersparnisbeeinflussenden Faktoren wie Einkommen, Preise etc. dar.
$S = -C_0 + (1 - c) \cdot FE$
C_0 = einkommensunabhängiger Basiskonsum

→ **Konsumfunktion:** Sie stellt die Beziehung zwischen Konsum und den konsumbeeinflussenden Faktoren wie Einkommen, Preise etc. dar.
$C = C_0 + c \cdot FE$

→ **Investitionsquote:** Der Anteil der Bruttoinvestitionen am Bruttoinlandsprodukt zu Marktpreisen.

→ **Investitionsfunktion:** Sie stellt die Beziehung zwischen der Höhe der Investitionsausgaben und den investitionsbeeinflussenden Größen dar (→ Multiplikator- und Akzeleratorprinzip).

8.4 Die Volkswirtschaftliche Gesamtrechnung (VGR)

Aufgabe der VGR ist es, die gesamtwirtschaftlichen Kreislaufströme einer Volkswirtschaft für eine abgelaufene Periode zu erfassen. Sie liefert somit im Nachhinein (ex post) einen quantitativen Überblick über das wirtschaftliche Geschehen in einer Volkswirtschaft. Durchgeführt wird sie vom Statistischen Bundesamt anhand des **Europäischen Systems Volkswirtschaftlicher Gesamtrechnungen** (ESVG). Sie ermittelt unter anderem folgende Größen:

→ **Bruttoinlandsprodukt zu Marktpreisen** – Es umfasst alle Güter und Dienstleistungen, die pro Jahr in einer Volkswirtschaft hergestellt werden. Da hier der Arbeitsplatz nicht jedoch zwingend der Wohnort im Inland ist, spricht man hier vom **Inlandskonzept.**

$BIP_m = C_H + C_{St} + I^{br} + X - M$

→ **Bruttonationaleinkommen** – Die Summe der Güter und Dienstleistungen, die von den ständigen Bewohnern einer Volkswirtschaft in einem bestimmten Zeitraum (meist ein Jahr) hergestellt werden. Da sie ihren Wohnsitz, nicht jedoch zwingend ihren Arbeitsplatz im Inland haben, spricht man hier vom **Inländerkonzept**. Dies entspricht den **Primäreinkommen**, also dem Entgelt für den Leistungsbeitrag der Produktionsfaktoren (deshalb Nationaleinkommen).

$BNE_m = BIP_m$ + **Primäreinkommen der Inländer aus dem Ausland**
– **Einkommen der Ausländer im Inland**
+ **Produktions- und Importabgaben an EU/Ausland**
– **empfangene Subventionen aus EU/Ausland**

Der Saldo aus dem BIP und dem BNE wird als Saldo der Primäreinkommen zwischen Inländern und der übrigen Welt bezeichnet.

→ **Nettonationaleinkommen zu Marktpreisen (Primäreinkommen)** – Zieht man vom Bruttonationaleinkommen die Abschreibungen ab, erhält man den tatsächlichen Neuzuwachs.

$NNE_m = BNE_m - I^e$

→ **Nettonationaleinkommen zu Faktorkosten (Faktoreinkommen)** – Betrachtet man nun das Nettonationaleinkommen zu Marktpreisen ohne staatlichen Einfluss, so muss man die Steuern, die die Unternehmen bezahlen, abziehen und die Subventionen hinzufügen.

$NNE = NNE_m - T^{ind} + Z_U$ (= FE)

→ **Nettoproduktionswert/Bruttowertschöpfung** – Die Summe aller inländischen Güter und Dienstleistungen, die auf den Märkten einer Volkswirtschaft als Endprodukt angeboten werden (ohne die Vorleistungen V, um Mehrfachzählung zu vermeiden).
$NPW/BWS = BIP_m - T^{ind} + Z_U$

→ **Bruttoproduktionswert/Produktionswert** – Die Summe aller inländischen Güter und Dienstleistungen, die auf den Märkten einer Volkswirtschaft angeboten werden. $BPW/PW = NPW + V$

→ **Gesamtwirtschaftliches Angebot** – Die Summe aller Güter und Dienstleistungen, die auf den Märkten einer Volkswirtschaft in einer Periode angeboten werden. $A = BPW + M$

→ **Gesamtwirtschaftliche Nachfrage** – Die Summe aller Güter und Dienstleistungen, die auf den Märkten einer Volkswirtschaft in einer Periode nachgefragt werden. $N = C_H + C_{St} + I^{br} + X$

→ **Wirtschaftsleistung einer Volkswirtschaft** – Es gibt drei Ansatzpunkte, die Wirtschaftsleistung einer Volkswirtschaft zu berechnen:
  1. Die **Entstehungsrechnung** fasst die Leistungen der einzelnen Wirtschaftsbereiche zusammen: $BIP_m = BPW - V + T^{ind} - Z_U$
  2. Die **Verwendungsrechnung** informiert darüber, wofür die Leistungen verwendet werden: $BIP_m = C_H + C_{St} + I^{br} + X - M$
  3. Die **Verteilungsrechnung** verteilt das BIP auf die einzelnen Produktionsfaktoren: $BIP_m = L + G + D + T^{ind} - Z_U$
  $FE = L + G$
  L: Löhne, G: Gewinne

---

8 Modell des Wirtschaftskreislaufs — *Checkliste*

→ Können Sie erklären, wozu ein Modell verwendet wird?
→ Welche Sektoren bilden einen offenen Kreislauf mit staatl. Aktivität?
→ Können Sie eine Folgekette zu einem vorgegebenen Szenario entwickeln?
→ Was versteht man unter den Begriffen Multiplikatorprinzip, Akzeleratorprinzip?
→ Was sagen Ihnen die Größen Sparquote, Konsumquote und Investitionsquote?
→ Können Sie BIP, BNE, NG in Gleichungsform darstellen?

9 Konjunkturelle Grundtatsachen

> Konjunktur (lat. *conjungere* = verbinden): „Mehr oder weniger regelmäßige Schwankungen aller wichtigen ökonomischen Größen wie z. B. Produktion, Beschäftigung, Preise, Zinssatz etc. Hieraus können zyklische Schwankungen der gesamtwirtschaftlichen Aktivität [...] hergeleitet werden."
>
> (Gabler Wirtschaftslexikon, [14]1997, Band 5)

9.1 Schwankungen des Wirtschaftsablaufs

Konjunkturschwankungen sind mittelfristige Schwankungen der Wirtschaftstätigkeit, d. h. Schwankungen in einem Zeitraum von 3 – 8 Jahren. Die Schwankungen werden an der Veränderung der realen Bruttoinlandsprodukts (BIP) gegenüber dem Vorjahr gemessen

Modellhafter Konjunkturzyklus

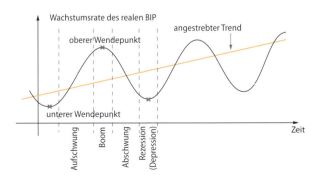

Der Konjunkturzyklus läuft in vier Phasen ab, Aufschwung, Hochkonjunktur (Boom), Abschwung (Rezession), Depression.

Phase	Kennzeichen
Aufschwung	Kapazitätsauslastung; C_H steigt; I^n steigt; FE steigt; Arbeitslosigkeit sinkt
Hochkonjunktur	Hohe Beschäftigung, ggf. Überbeschäftigung; Engpässe in der Produktion; Preise steigen; I^n steigt
Rezession	I^n sinkt; C_H stagniert oder sinkt; Arbeitslosigkeit steigt
Depression	hohe Arbeitslosigkeit; geringe Kapazitätsauslastung

Neben den mittelfristigen Schwankungen können auch saisonale Schwankungen der Wirtschaftstätigkeit gemessen werden, die im Laufe eines Jahres aufgrund jahreszeitlich schwankender Gegebenheiten auftreten (z.B. wirtschaftlicher Rückgang in der Frostperiode in der Baubranche). Ferner werden langfristige Wirtschaftszyklen, die durch revolutionäre Erfindungen ausgelöst werden, beschrieben. Diese sind nach dem russischen Volkswirt Nikolai Kondratieff (1892–1938), der sie erstmals beschrieben hat, benannt.

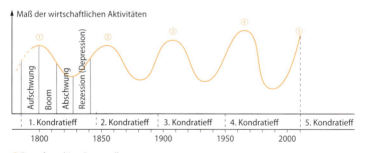

① Dampfmaschine, Baumwolle
② Eisenbahn, Stahl, Dampfschiffe
③ Elektrotechnik; Chemie
④ Petrochemie, Automobil
⑤ Informationstechnik, Gentechnologie

9.2 Konjunkturindikatoren

Konjunkturindikatoren (lat. *indicare* = anzeigen) sind Messgrößen, mit denen man Aussagen zur Konjunkturlage einer Volkswirtschaft tätigen kann.

Man unterscheidet nach dem Faktor Zeit:
- → **Frühindikatoren:** Sie eilen dem Zyklus voraus, z. B. Auftragseingänge, Baugenehmigungen, Geschäftsklimaindex.
- → **Präsensindikatoren:** Sie fallen mit dem Zyklus zusammen, z. B. Lagerhaltung, Industrieproduktion, Kapazitätsauslastungen, Umsätze.
- → **Spätindikatoren:** Sie hinken dem Zyklus hinterher, z. B. Preise, Arbeitslosenquote, Löhne, Wirtschaftswachstum.

Daneben gibt es die Unterscheidung:
- → **Mengenindikatoren** geben die Veränderung von Mengen an, z. B. Auftragseingänge, Kapazitätsauslastung.
- → **Preisindikatoren** geben die Veränderung von Preisen an, z. B. Preis-, Steuer-, Zinsentwicklung.

Einzelne Indikatoren können ein falsches Bild vermitteln, da sie sich ungewöhnlich verhalten können, weil nicht nur die Konjunktur auf das Wirtschaftsgeschehen wirkt. Deshalb muss man stets mehrere Indikatoren verwenden, um zu einem realistischen Ergebnis zu gelangen.

9.3 Ursachen für Konjunkturschwankungen

Die Wirtschaftspolitik hält eine Vielzahl von Erklärungsversuchen für Konjunkturschwankungen, sogenannte Konjunkturtheorien, bereit. Es wird versucht, diese zu gruppieren. Einige dieser Theorien werden hier knapp dargestellt:

Endogene Theorien

Bei diesen Theorien wird angenommen, dass alle Ursachen innerhalb des Systems der Marktwirtschaft liegen.

→ **Monetäre Theorien:** Zyklen aufgrund von Geldmengenveränderungen: z. B. niedrige Zinssätze ⇒ es wird ein größeres Kreditvolumen zur Verfügung gestellt ⇒ Geldmenge nimmt zu ⇒ I^n steigt ⇒ Produktionsausweitung ⇒ Aufschwung/Boom ⇒ Zinsen steigen ⇒ Kreditvolumen wird reduziert ⇒ Geldmenge nimmt ab ⇒ Produktion geht zurück ⇒ Abschwung

→ **Reale Theorien:** Zyklen aufgrund von Gütermengenveränderungen; hierbei Trennung in Investitions- und Konsumgüterindustrie:
  - Überinvestitionstheorien (vor allem Investitionsgüterindustrie); Aufschwung/Boom: I^n steigt ⇒ dauerhafte Kapazitätserweiterung größer als die dauerhafte Nachfrage nach diesen Gütern (Sättigung) ⇒ I^n sinkt ⇒ Produktionsmöglichkeiten sinken ⇒ Absatz sinkt ⇒ Gewinne sinken ⇒ FE sinkt ⇒ Zinsen sinken ⇒ Abschwung; Gründe für Aufschwung z. B. monetär
  - Unterkonsumtionstheorien; z. B. Aufschwung: I^n steigt ⇒ Boom: Nachfrage ist geringer als Konsumgüterproduktion, da Preise schneller steigen als Löhne und Gehälter ⇒ Nachfrage sinkt ⇒ Abschwung; Verstärkung z. B. durch ungleiche Einkommensverteilung; Ungleichgewicht entsteht auch dadurch, dass zu wenig des verfügbaren Einkommens konsumiert und zu viel gespart wird.

Exogene Theorien

Diese Theorien nehmen an, dass alle Ursachen außerhalb des Systems der Marktwirtschaft liegen, z. B. Kriege, Naturkatastrophen, aber auch neue Erfindungen und Entdeckungen, ebenso wie psychologische Gründe. Diese Theorien sind jedoch unter Wirtschaftswissenschaftlern umstritten, da die Erklärungsansätze nicht ausreichend sind.

Grundsätzlich jedoch stellen alle Konjunkturtheorien nur Versuche dar, die Schwankungen zu erklären. Keine davon konnte bis heute die Ursachen für Schwankungen tatsächlich erläutern, denn sonst wäre es wahrscheinlich möglich, diese Schwankungen zu vermeiden oder stark zu reduzieren. In der Realität hat jede dieser Theorien ihre Schwachstelle. Zudem ist es kaum möglich, alle Einflussfaktoren zu berücksichtigen.
Neben diesen klassischen Konjunkturtheorien gibt es heute die modernen Theorien. Während die klassischen Theorien vorwiegend verbale

Aussagen treffen, werden nun überwiegend formale mathematische Modelle auf der Basis von Differenzialgleichungssystemen verwendet. Man unterscheidet z. B.:
- → **deskriptive Konjunkturmodelle**: Schwankungen aufgrund von Zeitverzögerungen *(lags)*;
- → **lineare Konjunkturmodelle**: die dynamischen Gleichungen verlaufen linear, z. B. Multiplikator- und Akzeleratormodelle;
- → **nicht-lineare Konjunkturmodelle**: die dynamischen Gleichungen verlaufen nicht-linear.

9.4 Konjunkturverlauf in Deutschland

Bruttoinlandsprodukt

verkettet, preisbereinigt

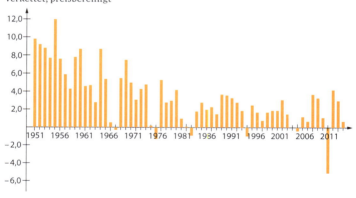

In der Geschichte der Bundesrepublik Deutschland bis 2013 werden die Ausschläge in den Konjunkturzyklen geringer. Insgesamt gab es fünf starke Rezessionsphasen:

1966/67	zurückgehende Inlandsnachfrage, steigende öffentl. Ausgaben (⇒ erstes Minuswachstum der BRD, Folge: Stabilitätsgesetz für schnellere Staatseingriffe)
1974/75	Ölkrise mit stark steigenden Ölpreisen (⇒ Konsum und Investitionen sinken wegen hoher Kosten)

1981/82	2. Ölkrise, weltweit schwache Wirtschaftslage, hohe Arbeitslosigkeit
1993/94	Impulse der Wiedervereinigung abgeebbt; Investitionen gehen stark zurück, C_H geht zurück
2008/09	Weltwirtschaftskrise ausgelöst durch die Finanzkrise in den USA und dem Zusammenbruch der Investmentbank Lehmann Brothers und der damit ausgelösten weltweiten Bankenkrise.

9.5 Konjunkturanalyse und -prognose

Der Staat und die Europäische Zentralbank versuchen fortwährend, die Konjunkturschwankungen zu glätten und die gesamtwirtschaftlichen Ziele zu erreichen. Dies bezeichnet man als **Konjunkturpolitik** oder auch als **Stabilisierungspolitik**. Dazu müssen fortwährend Daten gesammelt und ausgewertet werden. Die Konjunkturanalyse bezieht sich dabei auf die momentane wirtschaftliche Lage, die Konjunkturprognose versucht, zukünftige Entwicklungen vorauszusagen. Dies ist jedoch nur bedingt möglich. Ausgangspunkt sind dabei die Daten der VGR (Seite 162 f.).

> **9 Konjunkturelle Grundtatsachen** — Checkliste
> → Wie verläuft der modellhafte Konjunkturzyklus?
>   (Es wird oft eine Skizze mit Erläuterung abgefragt.)
> → Wie verhalten sie die einzelnen Indikatoren innerhalb der einzelnen Phasen im Konjunkturzyklus?
> → Welche Ursachen gibt es für Konjunkturschwankungen?
> → Welchen groben Verlauf haben die Konjunkturzyklen in der Bundesrepublik Deutschland?

10 Geld- und Fiskalpolitik

Geldpolitik bezeichnet alle wirtschaftspolitischen Maßnahmen, die die Europäische Zentralbank mit dem Ziel ergreift, das Geldwesen zu gestalten und den Geldwert zu stabilisieren.

Fiskalpolitik bezeichnet einen Teilbereich der Finanzpolitik und umfasst alle finanzpolitischen Maßnahmen, die der Staat ergreift, um Konjunkturpolitik zu betreiben. (Fiskus: Staat als Träger vermögenswerter Berechtigungen)

10.1 Beschlussorgane der Geldpolitik

Am 1. Januar 1999 übernahm die Europäische Zentralbank (EZB) die Geldpolitik der EU. Geleitet wird sie vom Direktorium, welches aus einem Präsidenten, einem Vizepräsidenten und vier weiteren Mitgliedern besteht. Jedes Land, das dem Eurowährungsgebiet angehört, verfügt über eine Nationale Zentralbank. Die Nationalen Zentralbanken und die EZB bilden zusammen das Europäische System der Zentralbanken (ESZB). Die Präsidenten der nationalen Zentralbanken bilden mit dem Direktorium der EZB den EZB-Rat, das wesentliche Entscheidungsorgan über die Geldpolitik im Eurowährungsraum.

Stellung der EZB und der Nationalen Zentralbanken

Die EZB ist in vierfacher Hinsicht unabhängig:

Funktionell	Verpflichtung zur Preisstabilität: den Weg bestimmt nur die EZB
Institutionell	EZB und nationale Zentralbanken sind frei von politischen Weisungen
Finanziell	EZB kann uneingeschränkt über ihre finanziellen Mittel verfügen
Personell	Mitglieder sind für 8 Jahre gewählt, eine Wiederwahl ist nicht möglich

10.2 Ziele der Geldpolitik

Ziel der Geldpolitik ist die Herstellung und Wahrung der Preisstabilität im Euro-Währungsraum. Unter Preisstabilität versteht man den Anstieg des harmonisierten Verbraucherpreisindex von knapp unter 2%. Weitere Aufgaben sind Versorgung mit Bargeld, Währungsreserven der EU-Länder verwalten, einen reibungslosen Zahlungsverkehr gewährleisten, Devisengeschäfte durchführen und Kreditinstitute beaufsichtigen. Nachrangig unterstützt die EZB die Wirtschaftspolitik der EU.

Geldpolitische Strategie

Um eine angemessene Geldpolitik betreiben zu können, müssen wirtschaftliche Daten zugrunde liegen. Die Entscheidungen der EZB basieren auf der Analyse wirtschaftlicher und monetärer Daten.

Für die monetäre Analyse ist die Beobachtung der Geldmenge von besonderer Bedeutung. Der Begriff **Geldmenge** bezeichnet alle in einer Volkswirtschaft vorhandenen Zahlungsmittel M *(money)*. M wird weiter unterteilt in verschiedene Geldmengen, gekennzeichnet durch eine Zahl. Für M1 und die folgenden Geldmengen M2 und M3 gilt, dass die Geldmenge mit einer höheren Zahl diejenige mit einer niedrigeren Zahl einschließt.

Geldmengen-Definitionen des Eurosystems

M 1 = Bargeld + täglich fällige Einlagen

M 2 M1 + Einlagen mitvereinbarter Kündigungsfrist von bis zu drei Monaten, Termineinlagen (Laufzeit bis zu zwei Jahren)

M 3 M2 + Geldmarktfondsanteile und Geldmarktpapiere, Repogeschäfte, Bankschuldverschreibungen (Laufzeit bis zu zwei Jahren)

Merke: Berechnung des Geldmengenwachstums

Inflationsrate in der Eurozone	0 – 2 %
+ Trendwachstum des Bruttoinlandprodukts der Eurozone	2 – 2,5 %
+ Abnahme der Umlaufgeschwindigkeit der Eurogeldmenge	0,5 – 1 %
= Intervall für das Geldmengenwachstum (Euro)	2,5 – 5,5 %

Gesteuert wird M3 über die **Leitzinsen** (→Seite 176). Wenn die Zinsen steigen, geht die Nachfrage nach Geld zurück, M3 sinkt. Fallen die Zinsen, steigt die Geldnachfrage.

10.3 Instrumente der Geldpolitik

Um Geldpolitik zu betreiben, stehen der EZB verschiedene Instrumente zur Verfügung.

Mindestreservepolitik

Mindestreserve ist das minimale Guthaben, das Kreditinstitute der EZB auf Girokonten einstellen müssen.

Ein vereinfachtes Beispiel: Wenn ein Kunde bei seiner Bank 100 € auf sein Konto einbezahlt, dann hat die Bank Verbindlichkeiten in Höhe von

100 € gegenüber dem Kunden. Die Bank jedoch behält die 100 € nicht, bis sie der Kunde wieder holt, sondern arbeitet mit dem Geld, spekuliert damit z. B. an der Börse, um Gewinne zu erzielen. Um den Kunden zu schützen, sind die Banken verpflichtet, einen gewissen Teil der Einlagen verzinslich bei der EZB zu hinterlegen. Angenommen, die EZB legt, wie momentan, einen Mindestreservesatz von 1 % fest, so muss 1 € hinterlegt werden, die Bank kann dann mit den verbleibenden 99 € (= Überschussreserve) arbeiten, also Kredite vergeben oder z. B. Aktien kaufen. Da nicht alle Kunden gleichzeitig ihr Geld zurückfordern, ist so sichergestellt, dass die Bank stets über ausreichend liquide Mittel verfügt.

Inzwischen ist der Gläubigerschutz nicht mehr das Hauptziel der Mindestreservepolitik. Sie dient nun vor allem als Instrument, um die Geldmenge zu steuern. Erhöht die EZB den Mindestreservesatz, so sinkt die Liquidität der Banken und damit ihr Kreditspielraum. Bleibt die Nachfrage nach Krediten konstant, steigen die Zinssätze. Dies wiederum hat Einfluss auf Nachfrage, Investitionen usw. Schließlich verlangsamt sich der Preisanstieg. Das Gegenteil geschieht, wenn die EZB den Reservesatz senkt.

Bedeutung: Die Mindestreservepolitik wird hauptsächlich zur Grobsteuerung in der Geldpolitik eingesetzt. Sie soll stabile Rahmenbedingungen für eine effektive Wirkungsweise der anderen geldpolitischen Instrumente schaffen.

> **Abi-Tipp**
>
> Prüfer gehen oft von der aktuellen wirtschaftlichen Situation aus und fragen nach dem diesbezüglichen EZB-Verhalten.
>
> Informieren Sie sich auf www.ecb.int

Offenmarktpolitik

Als offener Markt wird hier der Geld- und Kapitalmarkt bezeichnet. Unter **Offenmarktpolitik** versteht man den An- oder Verkauf von bestimmten Wertpapieren (Offenmarktpapiere) durch die Zentralbank.

Damit kann die Zentralbank die Geldmenge steuern. Kauft die Zentralbank Offenmarktpapiere von den Geschäftsbanken, so erhalten diese dafür liquide Mittel, die sie für die Kreditvergabe verwenden können. Die Geldmenge steigt.

Im umgekehrten Fall verkauft die Zentralbank Offenmarktpapiere und erhält im Gegenzug liquide Mittel von den Geschäftsbanken. Diesen steht dann das bei der Zentralbank angelegte Geld nicht mehr für die Kreditvergabe zur Verfügung. Die Geldmenge sinkt.

Ein Großteil dieser Geschäfte sind Wertpapierpensionsgeschäfte: Die Wertpapiere werden bei der Zentralbank in „Pension" gegeben, also als eine Art Pfand hinterlegt mit der Bedingung, dass diese verzinst werden und zu einem bestimmten Termin zurückgekauft werden.

Die EZB hat zur Abwicklung der Offenmarktgeschäfte zwei Verfahren:
→ **Mengentender:** Menge, die die EZB insgesamt als Kredit vergeben möchte, die Kreditlaufzeit und der Zinssatz der Kredite, die die Geschäftsbanken bei der EZB nehmen, sind von der EZB vorgegeben. Die Geschäftsbanken geben an, in welcher Höhe sie einen Kredit nehmen wollen. Ist die Gesamtsumme der Kreditanfragen geringer oder gleich der Kreditsumme, die von der EZB ausgegeben werden soll, bekommt jede Bank den gewünschten Betrag. Verlangen die Geschäftsbanken einen höheren Betrag, so wird das Gesamtvolumen der Kredite, die die EZB vergeben will, prozentual auf die Geschäftsbanken aufgeteilt.
→ **Zinstender:** Hier nennen die Geschäftsbanken zusätzlich zur gewünschten Höhe des Kredits auch den Zinssatz, den sie für den Kredit bereit sind zu bezahlen. Die EZB kann aber einen Mindestsatz vorgeben. Zugeteilt wird nach der Höhe des gebotenen Zinssatzes, bis der Tender aufgebraucht ist. Bieten zu viele Banken den gleichen Zinssatz, wird, wenn das Gesamtvolumen der Kredite, die vergeben werden sollen, nicht ausreicht, wieder per Zuteilquote verteilt.

Es gibt verschiedene Arten von Offenmarktgeschäften. Die zwei wichtigsten sind das **Hauptrefinanzierungsgeschäft** und das **längerfristige Refinanzierungsgeschäft**. Beide Geschäfte dienen dazu, den Banken Liquidität bereitzustellen.

Darüber hinaus gibt es noch Feinsteuerungsoperationen und strukturelle Operationen. Feinsteuerungsoperationen eignen sich, um unerwarteten Liquiditätsschwankungen kurzfristig begegnen zu können. Mithilfe von Feinsteuerungsoperationen kann man dem Markt sowohl Liquidität zuführen, als auch abschöpfen. Sie werden üblicherweise im sogenannten Schnelltender zugeteilt, d. h. von der Ankündigung des Geschäfts bis zur Geldzuteilung vergeht eine Stunde. Strukturelle Operationen spielen im Rahmen der Geldpolitik bisher keine Rolle.

	Laufzeit	Vergabe	Verfahren
Hauptrefinanzierungsgeschäft (auch Haupttender)	eine Woche	wöchentlich	Standardtender
längerfristige Refinanzierungsgeschäfte (auch Basistender)	drei Monate	monatlich	Standardtender
Feinsteuerungsoperationen	unregelmäßig	unregelmäßig	Schnelltender

Bedeutung: Über das Hauptrefinanzierungsgeschäft stellt die EZB den Geschäftsbanken den größten Teil des Geldes aus Refinanzierungsgeschäften zur Verfügung. Es ist ein wichtiges Instrument der Geldpolitik, da die Zentralbank über die Zinsen und die Menge des zur Verfügung gestellten Geldes den Konsum und die Investitionen beeinflussen kann. Von Vorteil ist die kurze Laufzeit und damit die Möglichkeit, schnell zu reagieren, da jede Woche neue Tender mit neuen Bedingungen vergeben werden.

Des Weiteren haben die Zinssätze Signalwirkung für alle Kredite, die die Geschäftsbanken vergeben, denn wenn sie einen hohen Zinssatz bezahlen mussten, werden sie diesen an ihre Kunden weitergeben.

Ständige Fazilitäten

Fazilität bezeichnet alle Kreditmöglichkeiten, die einem Kunden zur Deckung seines Kreditbedarfs zur Verfügung stehen.

Ständige Fazilitäten: Die EZB bietet den Geschäftsbanken die Möglichkeit, mithilfe von Ständigen Fazilitäten über Nacht Liquiditätsengpässe oder -überschüsse auszugleichen.

- → **Einlagefazilität**: Geschäftsbanken können überschüssige liquide Mittel über Nacht bei der Zentralbank anlegen. Hierfür erhalten sie Zinsen (relativ niedrige, denn sonst wäre dies als längere Anlageform geeignet).
- → **Spitzenrefinanzierungsfazilität**: Die Geschäftsbanken können fehlende liquide Mittel über Nacht gegen refinanzierungsfähige Sicherheiten bei der Zentralbank ausleihen. Hierfür bezahlen sie Zinsen (oft relativ hohe).

Bedeutung: Der Zinssatz für die Einlagefazilität bildet im Allgemeinen die Untergrenze für den Tagesgeldsatz am Geldmarkt. Der Zinssatz für die Spitzenrefinanzierungsfazilität bildet im Allgemeinen die Obergrenze für den Tagesgeldsatz. Diese beiden Zinssätze bestimmen maßgeblich die Zinsen am Geldmarkt, weshalb sie auch als **Leitzinsen** bezeichnet werden. Zudem sind die Leitzinsen ein wichtiges Indiz für die Wirtschaft über die weiteren geldpolitischen Entwicklungen. Darüber hinaus wird hier ein geldpolitisches Instrument bereitgestellt, das nicht die Geldmenge und damit indirekt die Zinsen beeinflusst, sondern eines, das die Zinsen direkt steuert.

Expansive/kontraktive Geldpolitik

Das ESZB hat zwei Möglichkeiten: Es kann expansive oder kontraktive Geldpolitik betreiben. Das heißt, es kann je nach Konjunkturlage und Absichten die Leitzinsen senken und damit die Geldmenge ausweiten; oder es kann die Leitzinsen erhöhen und damit die Geldmenge eindämmen, je nachdem, welche Ziele es verfolgt. Im Folgenden soll die expansive Geldpolitik näher dargestellt werden. Die Merkmale der kontraktiven Geldpolitik kann man sich gut selbst erarbeiten.

Expansive Geldpolitik

Wirtschaftliche Lage:
- → Abschwung, Rezession

Mögliche geldpolitische Maßnahmen:
- → Leitzinsen senken
- → Geldmenge erhöhen

Mögliche Folgen:
- → Kreditzinsen sinken, Bankenliquidität steigt
- → Investitionen und Konsum steigen
- → staatlicher Kreditbedarf besser finanzierbar
- → Sparen weniger rentabel

Grenzen:
- → „Verpuffen": Wenn Zinsen bereits niedrig sind, hat eine Ausweitung der Geldmenge durch eine erneute Zinssenkung kaum positive Impulse.
- → Werden nur Rationalisierungsinvestitionen durchgeführt, hat dies keine positiven Impulse zur Wiederbelebung auf dem Arbeitsmarkt.
- → Der Bankensektor kann sein Geld in Nicht-Euro-Länder exportieren, wenn er dort bessere Zinskonditionen erhält oder wenn diese Länder im Euroraum zu günstigen Konditionen Kredite aufnehmen.
- → Wirkungsverzögerung *(time lags)* auf das eigentliche Ziel Preisniveaustabilität *(outside lags)*; durch *lags* besteht sogar die Gefahr, dass Konjunkturschwankungen verstärkt statt abgedämpft werden (prozyklische Wirkung).

Fazit:
Geldpolitik ist zur Feinsteuerung kaum möglich, weshalb Monetaristen eine antizyklische Geldpolitik sogar ablehnen. Nach ihrer Meinung sollte sich die Geldpolitik nicht an der Nachfrage, sondern an der trendmäßigen Entwicklung des Produktionspotenzials orientieren.

10.4 Grenzen der Geldpolitik

Die EZB hat also verschiedene Möglichkeiten, Geldpolitik zu betreiben. Doch der Geldpolitik sind auch Grenzen gesetzt. Nachfolgend werden dazu einige Beispiele dargestellt:
- → Alle Maßnahmen zielen auf den Bankensektor ab. Zumindest kurzfristig hat die EZB jedoch keinen Einfluss darauf, ob die Kreditinstitute etwa eine Leitzinsänderung auch an die Kunden weitergeben. Die Maßnahmen können also zunächst **wirkungslos** bleiben.
- → Selbst wenn der Bankensektor die Maßnahmen weitergibt, kann es auch vorkommen, dass die **Kreditnehmer unempfindlich** auf steigende Kreditzinsen reagieren. Denn eine Investition hängt nicht nur

von den Zinsen, sondern z. B. auch von Gewinnerwartungen ab. Deshalb können trotz gestiegener Zinsen die Kreditsumme und damit der Geldmengenzuwachs unverändert bleiben.
→ Es können **Zielkonflikte** entstehen. Wenn etwa versucht wird, mit einer Geldmengenausweitung den Preisniveauanstieg einzugrenzen, hat dies gleichzeitig steigende Zinsen zur Folge. Dies wiederum kann negative Auswirkungen auf die Investitionen und auch auf den Arbeitsmarkt usw. haben.
→ Zielkonflikte können auch entstehen, wenn ein Staat durch *deficit spending* versucht, die Konjunktur in Schwung zu bringen und die EZB gleichzeitig Inflationsbekämpfung betreibt. So können die Maßnahmen einen Teil ihrer Wirkung verlieren.
→ Die Maßnahmen der EZB **gelten für den gesamten Euroraum**. Das heißt, es ist eine Vielzahl von Ländern mit unterschiedlichen Wirtschaftslagen von der gleichen Geldpolitik betroffen. So kann es im Extremfall passieren, dass sich ein Land in der Rezession befindet, und die EZB erhöht die Leitzinsen.

> **Abi-Tipp**
>
> Die Seite www.info-wr.de bietet aktuelle Informationen zum Thema Geld- und Fiskalpolitik, sowie theoretischen Hintergrund, der über das hier im Buch Behandelte hinausgeht.

10.5 Maßnahmenträger der Fiskalpolitik

Träger der Fiskalpolitik ist der Staat: ein Aggregat aus Bund, Ländern und Gemeinden.

Mit seinen Einnahmen und Ausgaben kann der Staat versuchen, die gesamtwirtschaftliche Nachfrage und damit den Konjunkturverlauf zu beeinflussen und so Wirtschaftspolitik zu betreiben, um die Ziele des magischen Achtecks (→Seite 153) anzustreben. Dies kann er einmal direkt über seine eigenen Ausgaben, aber auch indirekt z. B. über die Höhe der Steuern.

Der **Staatshaushalt** ist eine Gegenüberstellung der geplanten Einnahmen und Ausgaben des Staates für einen bestimmten Zeitraum.

Im Wirtschaftskreislauf sieht man die Einnahmen als zufließende und die Ausgaben als abfließende Geldströme: Einnahmen und Ausgaben müssen also gleich groß sein.

Einnahmen	Ausgaben
direkte und indirekte Steuern	Transferzahlungen
Nettokreditaufnahme	Zins- und Tilgungszahlungen für Bundesschuld
Sonstiges (Beiträge, Gebühren, staatliche Erwerbseinkünfte)	Konsumausgaben Sonstiges

→ **Steuern** sind öffentliche Abgaben, die ein Gemeinwesen mit Zwangsgewalt in einseitig festgesetzter Höhe und ohne Gewährung einer direkten Gegenleistung in seinem Gebiet erhebt.

→ **Direkte Steuern** werden direkt beim Steuerpflichtigen erhoben, z. B. Lohn- und Einkommensteuer.

→ **Indirekte Steuern** werden von den Unternehmen abgeführt, die die Steuerlast an den Endverbraucher weitergeben, z. B. Umsatzsteuer.

→ **Beiträge** bezahlt ein Mitglied einer Gruppe, wenn für dieses die Möglichkeit besteht, eine staatliche Leistung in Anspruch zu nehmen, z. B. Sozialversicherungen.

→ **Gebühren** bezahlt der Einzelne, der eine staatliche Leistung tatsächlich in Anspruch nimmt (z. B. Müllabfuhr, Behörde).

→ **Staatliche Erwerbseinkünfte** sind Einnahmen, die der Staat als Unternehmer, als Teilhaber an Unternehmen oder aus Vermietung und Verpachtung staatlicher Gebäude oder Grundstücke bezieht.

→ **Transferzahlungen** sind staatliche Zahlungen ohne Gegenleistung der Zahlungsempfänger (Haushalte, Unternehmen)

→ **Konsumausgaben** sind staatliche Zahlungen mit Gegenleistung der Zahlungsempfänger (Haushalte: Lohn- und Gehaltszahlungen an Staatsbedienstete; Unternehmen: Staatskonsum, Investitionen).

→ Das **Stabilitätsgesetz** ermöglicht es dem Staat, in den Wirtschaftsprozess einzugreifen.

10.6 Gestaltungsmöglichkeiten in der Fiskalpolitik

Die Fiskalpolitik bietet dem Staat verschiedene Möglichkeiten, regulierend in den Markt einzugreifen. Es soll die gesamtwirtschaftliche Nachfrage gesteuert werden, um die gesamtwirtschaftlichen Ziele des Stabilitätsgesetzes zu erreichen (**Globalsteuerung**). Das Stabilitätsgesetz bietet zugleich die rechtliche Grundlage für staatliche Eingriffe in das Wirtschaftsgeschehen zu diesem Zweck.

Für den Staat bedeutet dies die Umsetzung der nachfrageorientierten Wirtschaftstheorie (nach J.M. Keynes) und beinhaltet vor allem eine antizyklische Wirtschaftspolitik.

Eine **antizyklische Wirtschaftspolitik** besagt, dass der Staat seine Maßnahmen entgegen dem momentanen Konjunkturzyklus ausrichtet. Ziel ist es, damit die Schwankungen im Zyklus abzufangen. Durch Multiplikatorprozesse soll auch hier die Wirkung von staatlichen Maßnahmen um ein Vielfaches verstärkt werden.

Es gibt im Wesentlichen zwei Möglichkeiten:

	Boom	Rezession
Staatsausgaben	senken; z.B. verstärkt Schulden tilgen, Investitionen verringern bzw. verschieben	erhöhen; z.B. Investitionen erhöhen bzw. beschleunigen, Subventionen bezahlen
Staatseinnahmen	erhöhen; z.B. Steuern erhöhen, Abschreibungsmöglichkeiten reduzieren oder Sonderabschreibungen aussetzen	senken; z.B. Steuern senken, Abschreibungsmöglichkeiten ausweiten oder Sonderabschreibungen einführen
Finanzierung	Konjunkturausgleichsrücklage bilden, Schulden tilgen	Konjunkturausgleichsrücklage auflösen, zusätzliche Kredite aufnehmen
angestrebtes Ziel	Nachfrage dämpfen	Nachfrage steigern

Nimmt der Staat Kredite auf, um seine Ausgaben zu finanzieren, so spricht man von *deficit spending*.

Zurzeit existiert in Deutschland keine Konjunkturausgleichsrücklage, deshalb ist dies nur ein theoretisches Instrument.

10.7 Grenzen der Fiskalpolitik

- Die Wirksamkeit der Globalsteuerung ist abhängig von einer **zuverlässigen Konjunkturdiagnose und -prognose**.
- **Maßnahmenkombination und -dosierung:** Welche Maßnahme soll der Staat ergreifen und in welchem Umfang? Soll er z. B. Steuern erhöhen? Wenn ja, welche? Und um wie viel?
- **Fehleinschätzungen** können bewirken, dass getroffene Maßnahmen ihre Wirkung verfehlen oder aber zu stark wirken und somit das Gegenteil bewirken.
- **Zielkonflikte** entstehen, wenn in der Hochkonjunktur Investitionen verschoben werden, die das Wachstumsziel verfolgen (z. B. Forschung und Entwicklung).
- **Zeitverzögerung** *(time lags):* Auch bei fiskalpolitischen Maßnahmen vergeht viel Zeit, bis sie ihre Wirkung zeigen, weshalb eine antizyklische Politik prozyklisch wirken kann.
- Eine nachfrageorientierte Fiskalpolitik kann nur erfolgreich sein, wenn die **Ursachen** für die Rezession auch tatsächlich durch eine zu geringe gesamtwirtschaftliche Nachfrage verursacht wurden.
- Staat nimmt Kredite auf ⇒ Nachfrage nach Geld steigt ⇒ Zinsen steigen ⇒ Kreditaufnahme der Haushalte geht zurück ⇒ die nachfragesteigernde Wirkung des *deficit spending* wird teilweise oder ganz kompensiert oder sogar überkompensiert: ***crowding-out***.
- In den letzten Jahrzehnten war es dem Staat nicht möglich, in Hochphasen die **Kredite** aus der Rezession zu **tilgen**.
- Bei Steuererhöhungen besteht die Gefahr, dass **Unternehmen abwandern**.
- **Koordination** der Gebietskörperschaften ist nötig, aber oft schwierig.
- **Wahltaktische Aspekte**: Vor Wahlen werden oft eigentlich notwendige Maßnahmen (z. B. Steuererhöhungen) nicht ergriffen.

10.8 Nachfrage- und angebotsorientierte Wirtschaftspolitik

In den 1920er-Jahren galt die klassische Hausvaterpolitik als Wirtschaftspolitischer Ansatz. Die Höhe der Staatsausgaben wurden durch die Staatseinnahmen bestimmt und auf das kleinst mögliche Maß begrenzt, so dass der Wirtschaftsablauf möglichst wenig beeinflusst wurde.
Mittlerweile gibt es in der Wirtschaftspolitik unterschiedliche Ansatzpunkte:
- → nachfrageorientierte Wirtschaftspolitik: Fiskalismus
- → angebotsorientierte Wirtschaftspolitik und Monetarismus

	Fiskalismus	angebotsorientierte Wirtschaftspolitik	Monetarismus
Idee	Gesamtwirtschaftliche Ziele (v.a. Beschäftigung und Wachstum) werden über die gesamtwirtschaftliche Nachfrage erreicht.	Gesamtwirtschaftliche Ziele (v.a. Inflationsbekämpfung und Wachstum) werden über die Angebotspolitik erreicht.	Staatliche Eingriffe zur Steuerung der Wirtschaft sind nicht vorgesehen.
Kernthese	Staatliche Eingriffe zur Steuerung der Wirtschaft sind nötig.	Angebot ist entscheidend für den wirtschaftlichen Erfolg.	Geldmenge ist entscheidend für den wirtschaftlichen Erfolg
Hauptvertreter	John M. Keynes	Milton Friedman	
Grundgedanke	Markt ist instabil, d.h. es kommt zu Ungleichgewichten, z.B. auf dem Arbeitsmarkt ⇒ Staatseingriffe	Markt ist stabil, d.h. er findet selbst zum Gleichgewicht ⇒ Staat schafft Rahmenbedingungen	
Maßnahmen	antizyklische Fiskalpolitik	Verbesserung der Rahmenbedingungen für Unternehmen	stetiges Geldmengenwachstum
Träger	Staat		Europäisches System der Zentralbanken

In der Bundesrepublik Deutschland wurde das **Gesetz zur Förderung der Stabilität und des Wachstums der Wirtschaft** (kurz Stabilitätsgesetz, 1967) verankert. Ende der 1970er-Jahre fand ein **Umdenken** statt, da es den Fiskalisten nicht gelang, Wirtschaftsschwankungen und die damit verbundenen Wachstums-, Beschäftigungs- und Inflationsprobleme zu vermeiden. Den zahlreichen staatlichen Eingriffen wurde die Schuld an den Wirtschaftskrisen der 1970er-Jahren gegeben. Diese hätten mit ihrem ständigen Wechsel antizyklischer Maßnahmen den Markt destabilisiert und eine Stop-and-go-Politik verursacht.

Es erfolgte ein Wechsel zur angebotsorientierten Wirtschaftpolitik mit monetaritischem Einfluss nach Milton Friedman. Der Staat sollte sich aus dem Wirtschaftsgeschehen zurückziehen, da der Markt in der Lage ist, selbst zum Gleichgewicht zurückzukehren. Denn jedes Angebot schafft sich nach dem **Say'schen Theorem** (ein wirtschaftstheoretischer Ansatz nach Jean-Baptiste Say und James Mill, 1803) seine Nachfrage. Wenn Waren und Dienstleistungen produziert werden, entstehen dadurch Einkommen, was wiederum zu vermehrter Nachfrage führt. Dies kann nur gelingen, wenn die Geldmenge verstetigt wird. Denn nach Friedman ändert sich der Geldwert nur durch Veränderungen der Geldmenge. Inflation entsteht, wenn die Geldmenge zu stark ausgeweitet wird, Deflation entsteht, wenn die Geldmenge zu wenig ausgeweitet wird. Durch geeignete geldpolitische Maßnahmen soll sich die Geldpolitik langfristig am Produktionspotenzial der Wirtschaft orientieren. Hierfür soll die Geldmenge um jährlich ca. drei bis fünf Prozent wachsen.

Aufgabe des Staates ist es nicht, wie bei den Keynesianern, die Nachfrage zu beeinflussen, sondern die Bedingungen für das Angebot an Gütern so optimal wie möglich zu gestalten. Somit ist der Staat in erster Linie dafür verantwortlich, die **Rahmenbedingungen des Wirtschaftsgeschehens** zu gestalten und so den **Wettbewerb zu sichern** (Ordnungspolitik). Die Unternehmen sollen z. B. durch geringere Steuerbelastungen und Zahlungen von Lohnnebenkosten entlastet werden. Aber auch **Subventionen** sollen abgebaut werden. Aufgabe des Staates ist es auch, **Monopole** zu beseitigen, Investitionshemmnisse, die sich z. B. durch Bürokratie ergeben, zu verringern und die öffentlichen Haushalte zu konsolidieren. Durch diese Sparmaßnahmen erhofft man sich eine zunehmende Investitionstätigkeit, die wiederum zu einer Verringerung der Arbeitslosigkeit führt.

In den letzten Jahren wurden wieder **vermehrt Eingriffe des Staates gefordert**, da auch eine angebotsorientierte Wirtschaftspolitik die hohe Arbeitslosigkeit nicht bekämpfen konnte. Aus diesem Grund wurden wieder mehr staatliche Eingriffe vorgenommen.

Insbesondere die Wirtschaftskrise im Jahr 2009 wurde weitgehend mit fiskalpolitischen Maßnahmen bekämpft (z. B. Abwrackprämie, hohe Investitonen des Staates, d. h. Konsum des Staates). Die Diskussion zwischen nachfrageorientierter oder angebotsorientierter Politik ist also noch immer nicht beseitigt und vielleicht stellt ein *policy-mix* aus beidem einen sinnvollen Weg dar.

Checkliste — 10 Geld- und Fiskalpolitik

→ Was können Sie zum Begriff der **Preisniveaustabilität** sagen?
→ Woraus besteht das geldpolitische Instrumentarium der **EZB** (Gestaltungsmöglichkeiten der Geldpolitik)?
→ Welche Grenzen sind der Geldpolitik der EZB gesetzt?
→ Welche Maßnahmenträger der **Fiskalpolitik** kann man unterscheiden?
→ Wie können diese die Fiskalpolitik gestalten?
→ Welche Grenzen sind der Fiskalpolitik gesetzt?
→ Unterscheiden Sie zwischen **Fiskalismus** und **Monetarismus**.
→ Zeigen Sie Vor- und Nachteile der unterschiedlichen **wirtschaftstheoretischen Ansätze** auf.

Außenwirtschaftspolitik 11

Die Außenwirtschaftspolitik befasst sich mit allen Fragen, die mit dem grenzüberschreitenden Verkehr von Waren, Personen, Dienstleistungen und Kapital zusammenhängen. Sie wendet dort die Aussagen und Theorien der Makroökonomie und Mikroökonomie an.

Die Außenwirtschaftstheorie gliedert sich heute in die reale (güterwirtschaftliche) Theorie, die monetäre Theorie und die Theorie wirtschaftlicher Integration. Die reale Außenwirtschaft ist das traditionelle Kernstück der Außenwirtschaftslehre. Sie befasst sich mit dem Außenhandelsmarkt und den dort relevanten Größen Ex- und Import.

Die monetäre Außenwirtschaftstheorie hat sich seit den 1960ern als zweites bedeutendes Standbein der Außenwirtschaftspolitik herausgebildet. Sie untersucht den Devisenmarkt (und dort insbesondere den Wechselkurs).

Als neuester Strang der Außenwirtschaftstheorie haben sich in den letzten Jahrzehnten, insbesondere aber in den 1990er-Jahren Theorien zu Fragen der wirtschaftlichen Integration herausgebildet. Sie verknüpfen reale und monetäre Außenwirtschaft und stellen heute das in der Öffentlichkeit am meisten beachtete Teilgebiet der Außenwirtschaft dar.

11.1 Zahlungsbilanz

> **Zahlungsbilanz** — Definition
>
> „Die Zahlungsbilanz der Bundesrepublik Deutschland ist eine systematische Darstellung aller wirtschaftlichen Transaktionen zwischen Inländern und Ausländern in einer Periode."
>
> (Frank, Volkswirtschaft, Lehre und Wirklichkeit, Winklers Verlag [55]1997, Bundesbank, Stat. Beiheft)

Aufgliederung

Die Zahlungsbilanz gliedert sich in
- → **Leistungsbilanz:** Die in einer Periode getätigten Exporte und Importe (diese stehen in der Handelsbilanz), die vom Ausland bezogenen bzw. geleisteten Dienstleistungen, Erwerbs- und Vermögenseinkommen und laufende Übertragungen werden gegenübergestellt.
- → **Vermögensübertragungen**
- → **Kapitalbilanz:** Alle Kapitalbewegungen einer Periode, die Forderungen oder Verbindlichkeiten des Inlands gegenüber dem Ausland darstellen.
- → **Veränderung der Währungsreserven**
- → **Saldo der statistisch nicht aufgliederbaren Transaktionen** (Korrekturposten)

Die Zahlungsbilanz der BRD

Position	2011	2012	2013
I. Leistungsbilanz (Saldo)	+ 161,2	+ 187,2	+ 201,0
1. Außenhandel	+ 158,7	+ 189,8	+ 198,9
2. Dienstleistungen	– 2,3	– 2,8	– 0,2
3. Erwerbs- und Vermögenseinkommen	+ 59,9	+ 64,3	+ 67,4
4. Laufende Übertragungen	+ 33,7	+ 36,8	+ 39,0
II. Vermögensübertragungen	+ 0,6	+ 0,04	+ 1,7
III. Kapitalbilanz (Saldo)	– 162,6	– 233,8	– 245,3
IV. Veränderung der Währungsreserven	– 2,8	– 1,3	– 0,8
V. Saldo der statistisch nicht aufgliederbaren Transaktionen	+ 0,7	+ 46,6	+ 42,5

Quelle: Monatsbericht der Deutschen Bundesbank, Feb 2014, S. 71*, Zahlungsbilanzstatistik

Betrachtet man den offenen Wirtschaftskreislauf, enthält die Zahlungsbilanz alle Transaktionen, die den Sektor Ausland betreffen. Zu beachten ist, dass die Zahlungsbilanz formal immer ausgeglichen ist. Im Unterschied zu den üblichen Unternehmensbilanzen ist die Zahlungsbilanz eine Zeitraumrechnung und stellt Umsätze (anstatt Werte von Beständen) gegenüber. Sie ist eine Saldenbilanz, die Veränderungen aufzeigt.

Die Bundesrepublik konkurriert mit China um den inoffiziellen Titel des **Exportweltmeisters**.

> **Abi-Tipp**
>
> Zur Zahlungsbilanz siehe auch: www.bundesbank.de/statistik/
> statistik_aussenwirtschaft_zahlungsbilanz.php

Unterbilanzen

→ Leistungsbilanz:
- Außenhandel: Ex- und Importe ⇒ Handelsbilanz
- Dienstleistungen: Touristik, Transport, Telekommunikation
- Erwerbs- und Vermögenseinkommen von Inländern aus dem Ausland oder Ausländern aus dem Inland
- laufende Übertragungen: Geld- oder Sachleistungen ohne direkte Gegenleistung
  Merke: Im Kreislaufmodell ist der Saldo aus Handels- und Dienstleistungsbilanz der Außenbeitrag (X – M).

→ Vermögensübertragungen: z. B. Erbschaften, Schuldenerlass, einmalige Zuschüsse der EU und Ähnliches

→ Kapitalbilanz:
- Kauf ausländischer Wertpapiere (Aktien, Zertifikate ...)
- Kredite und Darlehen
- Direktinvestitionen

→ Veränderung der Währungsreserven: Veränderungen bei den Devisenbeständen der Deutschen Bundesbank

→ Saldo der statistisch nicht aufgliederbaren Transaktionen: Gleicht sich die Zahlungsbilanz nicht „von selbst" aus, wird zum Ausgleich dieser Restposten eingesetzt.

11.2 Ungleichgewichte in der Leistungsbilanz

Wann immer man von Ungleichgewichten in der Zahlungsbilanz spricht, meint man, dass die Leistungsbilanz nicht ausgeglichen ist. Also spricht man von einem **Zahlungsbilanzüberschuss**, wenn die Volkswirtschaft mehr einnimmt als sie ausgibt; und umgekehrt spricht man von einem **Zahlungsbilanzdefizit**, wenn ein Staat mehr importiert als exportiert.

Ursachen und Folgen von Zahlungsbilanzungleichgewichten

Zahlungsbilanzüberschüsse

Verschiedene **Gründe** wie z. B. Kostenvorteile im Inland gegenüber dem Ausland, Verfügbarkeiten von Waren im Gegensatz zum Ausland (z. B. Rohstoffe), höheres Produktionsniveau oder besseres Know-how können Exportsteigerungen bewirken und damit ein Ungleichgewicht zwischen Export und Import hervorrufen. Es entsteht ein Devisenüberschuss.

Folgen eines Devisenüberschusses:
- → wirkt fördernd auf die Beschäftigung; bei Vollbeschäftigung Inflationsgefahr
- → mittelfristig brechen die ausländischen Märkte wegen Zahlungsunfähigkeit weg
- → bei freien Wechselkursen erfolgt ein Ausgleich der Zahlungsbilanz durch Aufwertung der Inlandswährung (siehe Kapitel 11.3)

Zahlungsbilanzdefizite

Verschiedene Gründe wie mangelndes Know-how, Rohstoffarmut, niedriges Produktionsniveau, politische Unsicherheiten können zu Exportschwäche führen und damit einen Importüberschuss bewirken. Es entsteht Devisenmangel.

Folgen des Devisenmangels:
- → sinkende Geldmenge im Inland
- → Abwertung der Inlandswährung
- → mittelfristige internationale Zahlungsunfähigkeit
- → gesamtwirtschaftliche Nachfrage sinkt
- → Beschäftigung sinkt

→ bei flexiblen Wechselkursen erfolgt ein automatischer Zahlungsbilanzausgleich (siehe Kapitel 11.3)

Maßnahmen zur Beseitigung von Zahlungsbilanzüberschüssen/defiziten

→ Einführung von Exportkontingenten/Aufhebung von Exportkontingenten
→ Beseitigung von Importzöllen/Erhebung von Importzöllen

11.3 Wechselkurse

Definition: Der Wechselkurs ist der Preis für die ausländische Währung.

Wechselkurse schwanken aus folgenden Gründen:
→ professionelle Kursspekulanten treiben die Kurse in die Höhe
→ Notenbanken greifen durch Stützungskäufe oder -verkäufe in den Kurs ein
→ Anlageentscheidungen von Investoren
→ Inflationsunterschiede zwischen den Ländern, d.h. das Vertrauen in Währungen mit hohen Inflationsraten ist geringer als in stabile Währungen. Folglich werden Anlagen in stabile Währungen getätigt.
→ Konjunkturunterschiede, d.h. Unterschiede in den Wachstumsraten der Länder
→ Strukturelle Unterschiede zwischen den Ländern (z.B. Rohstoffexportland, Rohstoffimportland)
→ politische Faktoren
→ psychologische Faktoren, d.h. in Erwartung steigender/fallender Kurse werden Devisen gekauft/verkauft

Flexible Wechselkurse

Dabei bilden sich die Kurse frei am Markt nach den Gesetzen des Marktes, das heißt, mit sinkendem Preis steigt die Nachfrage und umgekehrt. Die Devisennachfrage nimmt also zu, wenn Importe zunehmen, Spekulanten mit steigenden Kursen rechnen, Zinsen im Inland höher sind als im Ausland ...

Es gibt bei flexiblen Wechselkursen keine importierte Inflation, da bei einer teuren Auslandswährung automatisch der Import und damit die Nachfrage nach der betreffenden Währung abnimmt.

Kursbildung bei steigender Nachfrage und gleichbleibendem Angebot

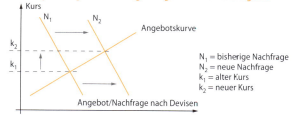

N_1 = bisherige Nachfrage
N_2 = neue Nachfrage
k_1 = alter Kurs
k_2 = neuer Kurs

Relativ starre Wechselkurse

Im System starrer Wechselkurse verändern sich die Wechselkurse der Währungen zweier Länder zueinander nicht. Die beteiligten Zentralbanken legen einen Preis fest, der als starres Austauschverhältnis der Währungen zueinander bestimmt wird, wie es z. B. bei der Einführung des Euro vollzogen wurde (1 € = 1,95583 DM). Da ganz starre Wechselkurse schwer zu realisieren sind, werden häufig nur relativ starre Wechselkurse eingeführt. Die Kurse der Währungen können dann innerhalb festgelegter Bandbreiten zueinander schwanken. Der festgelegte Wechselkurs heißt **Paritätskurs**, die Grenzen der Bandbreite heißen **Interventionspunkte**. Erreicht der Preis der Währung einen der Interventionspunkte, müssen die beteiligten Zentralbanken durch Käufe bzw. Verkäufe der Währungen eingreifen.

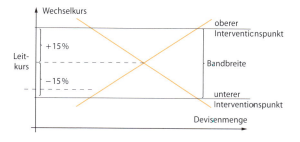

11.4 Währungspolitisches Instrumentarium

1944 wurde in **Bretton Woods** ein System von relativ festen Wechselkursen mit dem Dollar als Leitwährung etabliert. Dieses brach 1971 zusammen, als die Bindung des Dollars an die Goldreserven in den USA aufgehoben wurde. Man ging **1973** über zu **flexiblen Wechselkursen**. 1945 wurde der **Internationale Währungsfonds (IWF)** gegründet, der folgende Aufgaben wahrnehmen sollte:

→ Überwachung der Zahlungen im System der freien Wechselkurse
→ Unterstützung von Ländern mit Zahlungsbilanzdefiziten durch Vergabe von Sonderziehungsrechten. Dabei bekommen Mitglieder einen Kredit.

Ebenfalls 1945 wurde zusätzlich zum IWF die **Weltbank** ins Leben gerufen, bei der man nur Mitglied werden konnte, wenn man auch am IWF beteiligt war. Die Weltbank vergibt ihrerseits Kredite an Entwicklungsländer, um deren Wirtschaftskraft – und damit den internationalen Handel – zu stärken. **Währungspolitik** wird immer bezogen auf die Wechselkurse ausländischer Währungen, die mit verschiedenen Mitteln beeinflusst werden sollen:

→ **Kassa- und Termingeschäfte:** Kassageschäfte werden sofort abgewickelt, Termingeschäfte werden zu einem späteren Zeitpunkt durchgeführt.
→ **Interventionen:** Dabei kaufen/verkaufen Notenbanken Devisenreserven und verknappen/erhöhen dadurch deren Angebot am Markt, was wiederum zu einem Anstieg/Fall der Devisenkurse führt.
→ **Devisenzwangswirtschaft:** Hauptmerkmal ist ein Devisenmonopol des Staates (vor allem im früheren Ostblock), bei dem Exporteure ihre Deviseneinnahmen an den Staat verkaufen müssen. Dieser gibt dann, je nach seinen Vorstellungen, Devisen aus.

11.5 Außenhandelspolitische Instrumente

Außenhandelspolitik beinhaltet alle Maßnahmen, die von der öffentlichen Hand ergriffen werden, die den grenzüberschreitenden Sachgüter- und Dienstleistungsverkehr betreffen. Obwohl alle Volkswirtschaften für einen freien und fairen Handel untereinander eintreten, gibt es eine Reihe von Instrumenten, die gerade diesen freien Handel stark beschränken:

- tarifäre Handelshemmnisse, d. h. alle Maßnahmen der Außenhandelspolitik, die dazu geeignet sind, den Handel zu beschränken (z. B. Zölle, Mindestpreise, Steuern auf Verbrauchsgüter)
- nichttarifäre Handelshemmnisse, d. h. Handelshemmnisse, die indirekt wirken, ausländischen Handelspartnern aber den Zugang zum inländischen Markt erschweren (z. B. Importquoten, Kennzeichnungsvorschriften wie *made in* ..., Umweltauflagen, psychologische Beeinflussung)
- Produktionsquoten (z. B. Milch)
- Subventionen im Inland für Exportprodukte
- Steuern
- öffentliche Aufträge
- technische Normen (z. B. deutscher TÜV, deutsches Reinheitsgebot)
- Verbraucherschutzbestimmungen (z. B. Gen-Produkte)
- Ausfuhrgewährleistungen (Hermesbürgschaften: Bürgschaft des Staates, der Unternehmen den Einnahmenausfall ersetzen, wenn ausländische Partner nicht zahlen)

Dadurch wird erreicht, dass:

- Importgüter teurer verkauft werden müssen, was dazu führt, dass die Nachfrage nach diesen Gütern sinkt
- die Staatseinnahmen zunehmen,
- inländische Produzenten ihre Produktion erhöhen.

Allerdings bergen obige Maßnahmen immer die Gefahr von protektionistischen ausländischen Gegenmaßnahmen im gleichen Ausmaß. (Stichwort: Handelskrieg EU – China in der Solarbranche).

11.6 Weltwirtschaft und Globalisierung

Globalisierung ist die sich ausbreitende, weltweite Verknüpfung von Staaten in unterschiedlichen Bereichen, die sowohl auf der Ebene einzelner Individuen, Unternehmen oder Staaten stattfindet. Begünstigt wurde die Globalisierung besonders durch technische Fortschritte im Transportwesen und im Bereich der Kommunikation (Internet).

Aus volkswirtschaftlicher Sicht bedeutet Globalisierung, dass
- → Kommunikationsnetze aufgebaut, ausgebaut und unterhalten werden müssen.
- → Arbeitsteilung auf internationaler Ebene stattfindet. Das verlangt von Arbeitskräften steigende Mobilität, da sich Unternehmen zu Global Playern entwickeln, weil die Unternehmensstandorte nicht nur auf ein Land beschränkt sind. Bedeutende Global Player in der deutschen Wirtschaft sind u. a. VW, Siemens, Deutsche Bank)
- → Einkommensstrukturen sich angleichen. Besonders in arbeitsintensiven Bereichen wandert die Arbeit in Länder mit geringem Einkommensniveau. Das führt mittelfristig zu sich angleichenden Einkommen in wirtschaftlich vernetzen Staaten.
- → Umweltprobleme können nicht mehr auf nationaler Ebene gelöst werden.
- → Regionale oder nationale Identitäten werden oft als gefährdet empfunden. Aber stehen diese und die Globalisierung zwangsläufig zueinander im Widerspruch?

---

11 Außenwirtschaftspolitik — Checkliste

- → Merken Sie sich die Aufgliederung der **Zahlungsbilanz** und sprechen Sie nie von Zahlungsbilanzungleichgewichten.
  (Bilanzen sind immer ausgeglichen.)
- → Überlegen Sie welche Gründe es für **Ungleichgewichte** in der Leistungsbilanz geben kann.
- → Üben Sie verschiedene Szenarien zur **Wechselkursbildung**
  (Nachfrage steigt, Angebot steigt o. ä.).
- → Was können Sie zum **währungspolitischen Instrumentarium** sagen?
- → Welche **außenhandelspolitischen Instrumente** stehen zur Verfügung?

Einkommens- und Vermögenspolitik

Die Einkommenspolitik umfasst die wirtschaftspolitischen Maßnahmen des Staates zur Beeinflussung des Geldeinkommens der Konsumenten.

Das Hauptziel der Einkommenspolitik ist die Stabilisierung des Preisniveaus und der Inflation.

Die Vermögenspolitik hat dagegen zum Ziel, den Konsumenten Einkommen aus Vermögen zu ermöglichen.

12.1 Einkommens- und Vermögensverteilung in Deutschland

Was ist Einkommen?

Unter Einkommen versteht man den Vermögenszuwachs einer natürlichen Person oder eines Haushaltes im volkswirtschaftlichen Sinne innerhalb eines bestimmten Zeitraums. Einkommen entsteht durch Arbeit und Kapital (Faktoreinkommen).

Wie wird Einkommen verteilt?

→ **Funktional:** Ausgangspunkt ist hierbei die Entstehung des gesamtwirtschaftlichen Einkommens aufgrund der eingesetzten Produktionsfaktoren.
→ **Personell:** Hierbei wird das Volkseinkommen auf seine Bezieher verteilt. Man spricht von Arbeits-,

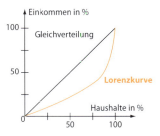

Besitz- und Sozialeinkommen, die auf die einzelnen Haushalte verteilt werden. Veranschaulicht werden kann diese Verteilung mithilfe der Lorenzkurve.

→ **Primär:** Das Volkseinkommen wird direkt durch den Prozess der Produktion verteilt, ohne dass der Staat Umverteilungen irgendwelcher Art vornimmt! Dabei unterscheidet das Statistische Bundesamt zwei Kategorien, nämlich Einkommen aus unselbstständiger Arbeit (Lohn und Gehalt = Lohneinkommen) und Einkommen aus Unternehmertätigkeit und Vermögen (Gewinneinkommen).
  - Lohneinkommen = Lohnquote · Volkseinkommen : 100
  - Gewinneinkommen = Gewinnquote · Volkseinkommen : 100

→ **Sekundär:** Bei dieser Art der Einkommensverteilung kommt es zu Umverteilungen durch den Staat und die Sozialversicherungen. Diese Art der Einkommensverteilung soll zu sozial gerechtem Einkommen führen.

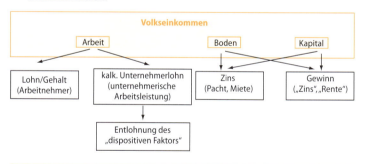

Abi-Tipp

Verfolgen Sie die aktuellen Entscheidungen der Politik, da diese sehr häufig in Prüfungsfragen vorkommen.

12.2 Einkommens- und Lohnpolitik

Einkommenspolitik

Begriff: Alle wirtschaftspolitischen Maßnahmen des Staates, um das Einkommen seiner Bürger zu beeinflussen, mit dem Ziel, das Preisniveau stabil und die Inflation auf niedrigem Niveau zu halten. Dies kann

→ indirekt durch die Geldpolitik der europäischen Zentralbank oder die Fiskalpolitik des Staates (der EU) geschehen.
→ direkt durch Eingriffe in den Markt wie z. B. Preisbeschränkungen, Mindestlöhne oder Subventionen vor sich gehen.
→ durch Verhaltensbeeinflussung aufgrund von Wahlversprechen oder zu erwartenden Zinssenkungen gelingen.

Lohnpolitik

Begriff: Alle Maßnahmen des Staates und der Tarifpartner, die der Beeinflussung der Löhne und Gehälter dienen.

Lohnpolitik des Staates: Der Staat gewährleistet Tarifautonomie, d.h., Arbeitnehmervertreter (Gewerkschaften) und Arbeitgebervertreter legen auf dem Wege der Verhandlung eigenverantwortlich Löhne, Gehälter und die sonstigen Arbeitsbedingungen fest. Der Staat kann deshalb nur unverbindliche Vorschläge unterbreiten, wie die Löhne sich entwickeln sollen. Sollten aber die gesamtwirtschaftlichen Ziele (→ Stabilitätsgesetz, Seite 152 f.) in Gefahr geraten, kann die Tarifautonomie faktisch außer Kraft gesetzt werden, indem Lohnstopps angeordnet und Mindestlöhne vorgegeben werden.

Lohnpolitik der Gewerkschaften: Die Gewerkschaften wollen für ihre Mitglieder real die Lohnquote, d.h. den Anteil der Löhne am Volkseinkommen steigern, um eine gerechtere Einkommensverteilung zugunsten des Faktors Arbeit zu gewährleisten. Gehen die Forderungen der Gewerkschaften allerdings über den Produktivitätsfortschritt hinaus, führt dies in der Regel zu Preiserhöhungen. Dadurch sinken die Reallöhne. Deshalb werden bei der dann folgenden Tarifrunde die Gewerkschaften erneut höhere Löhne fordern. Es kommt zu einer **Lohn-Preis-Spirale**: steigende Löhne ⇒ steigende Produktpreise ⇒ sinkende

Reallöhne ⇒ weiter steigende Löhne ⇒ Rationalisierungsmaßnahmen der Unternehmen ⇒ Entlassungen.

Fordern die Gewerkschaften allerdings zu geringe Lohnsteigerungen, unter dem Produktivitätsfortschritt, kann dies ebenfalls negative Auswirkungen haben, da dadurch die Binnennachfrage durch reale Einkommensverluste einbrechen könnte und wiederum zu geringe Einnahmen durch direkte und indirekte Steuern aufseiten des Staates anfallen würden. Dies würde ebenfalls die Ziele des Stabilitätsgesetzes gefährden.

Lohnpolitik der Arbeitgeber: Die Arbeitgeber wollen die an ihre Arbeitnehmer zu bezahlenden Löhne stets an die von diesen geleistete Arbeit koppeln. Die Höhe der Entlohnung soll sich am Produktivitätsfortschritt (Quotient aus produzierten Gütern und eingesetzten Produktionsfaktoren) orientieren. Die Gewinnquote (Anteil des Einkommens aus Unternehmertätigkeit und Vermögen) soll nicht beeinträchtigt werden. Diese defensive Lohnpolitik birgt die Gefahr eines Auseinanderklaffens der Einkommen von Unternehmern und Arbeitnehmern. Können sich Arbeitgeber und Arbeitnehmer nicht einigen, kommt es zwangsläufig zum **Arbeitskampf**, der folgendermaßen abläuft:

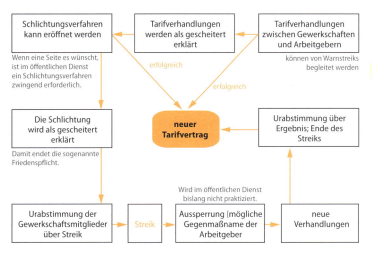

- → Der betreffende Tarifvertrag wird rechtzeitig gekündigt.
- → Die Friedenszeit (während dieser sind keine Streiks erlaubt) läuft aus.
- → Warnstreiks sind möglich (wilde, unautorisierte Streiks sind nicht erlaubt).
- → Die Verhandlungen zwischen den Tarifparteien beginnen.
- → Bei Scheitern der Verhandlungen wird ein neutraler Schlichter angerufen oder eine Urabstimmung durchgeführt. Sind 75 % der Gewerkschaftsmitglieder für einen Streik, kann dieser durchgeführt werden.
- → Arbeitgeber können (auch nicht gewerkschaftlich organisierte) Arbeitnehmer aussperren.
- → Die Verhandlungsergebnisse müssen von mindesten 25 % der Gewerkschaftsmitglieder angenommen werden.

 Abi-Tipp

Gerade in mündlichen Prüfungen ist es wichtig, Fachbegriffe zum richtigen Zeipunkt parat zu haben. Ein erster Schritt dazu wäre es, diese ganz sicher im passiven Wortschatz zu verankern.

Auch hierzu ist es wieder nützlich, Nachrichten zu verfolgen. Die Themen Gewerkschaften, Tarifverhandlungen und Streik sind immer wieder von hoher Aktualität.

Anfang 2014 fanden sich beispielsweise Berichte über die Tarifverhandlungen zwischen der Pilotengewerkschaft Cockpit und der Lufthansa in den Medien – und den Streik der Piloten von Lufhansa, Lufthansa Cargo und Germanwings. Da hier eine sehr kleine Gewerkschaft mit großen Folgen unter anderem für Reisende den Arbeitskampf bestreiten kann, führte dies zu ausführlichen Diskussionen über Änderungen im Streikrecht. – Nutzen Sie die Gelegenheit, an solchen Diskussionen teilzunehmen, etwa, indem Sie im Freundeskreis oder in der Familie ein Gespräch über vergleichbare tagesaktuelle Ereignisse anregen. Dann gelingt es auch, die Fachbegriffe in den aktiven Wortschatz zu überführen.

12.3 Vermögenspolitik

Begriff: Vermögen setzt sich zusammen aus Geldvermögen (= Forderungen minus Verbindlichkeiten) und Sachvermögen.

Ziele der Vermögenspolitik

→ Konsumenten sollen Einkommen aus Vermögen erzielen können.
→ Der Staat möchte das Vermögen als Grundlage für Einkommensumverteilungsmaßnahmen heranziehen (Auskunftspflicht für Banken).
→ Vermögen soll von staatlichen Transferleistungen unabhängig machen.
→ Vermögen aufgrund von Beteiligung an Unternehmen soll Arbeitnehmern mehr Mitbestimmungsrechte, aber auch mehr Mitverantwortung geben.

Maßnahmen im Rahmen der Vermögenspolitik

→ Setzen von Sparanreizen: Vermögenswirksame Leistungen, Steuerfreibeträge, Riesterrentenverträge
→ staatliche Zuschüsse: Investitionszulage, früher: Eigenheimzulage
→ Fahrtkostenpauschale, Sonderabschreibungen, Kindergeld, Steuerbefreiungen

---

12 Einkommens- und Vermögenspolitik — Checkliste

→ Machen Sie sich den Unterschied zwischen **Einkommen** und **Vermögen** klar.
→ Unterscheiden Sie die unterschiedlichen **Verteilungsmöglichkeiten** des Einkommens.
→ Was möchte der Staat mit seiner **Vermögenspolitik** erreichen?

13 Wachstums- und Strukturpolitik

Die Wachstumpolitik ist ein Zweig der Wirtschaftspolitik, der sich mit den Ursachen von Wirtschaftswachstum befasst. Wirtschaftliches Wachstum kann dabei entweder als Veränderung des Gesamtprodukts oder als Veränderung des Pro-Kopf-Gesamtprodukts definiert werden. Die Strukturpolitik ist ein Oberbegriff für die Gesamtpolitik der wirtschaftspolitischen Maßnahmen zur Gestaltung der Struktur der Volkswirtschaft eines Staates. Ziel der Strukturpolitik ist die Vermeidung bzw. Überwindung von Strukturkrisen, die das gesamtwirtschaftliche Gleichgewicht stören.

13.1 Begriffsdefinitionen

Reales und nominales Wachstum

Basisgröße für das Erfassen des Wirtschaftswachstums einer Volkswirtschaft kann das **Bruttoinlandsprodukt** (BIP) oder das Bruttonationaleinkommen (BNE) sein. Das Bruttoinlandsprodukt ist der Wert alle Sachgüter und Dienstleistungen, die im Laufe einer Wirtschaftsperiode innerhalb der Landesgrenzen einer Volkswirtschaft erbracht wird. Das BIP basiert also auf einer territorialen Abgrenzung, enthält also z. B. die gesamte Wertschöpfung, die innerhalb der Landesgrenzen der Bundesrepublik Deutschland erbracht wird.

Dem gegenüber erfasst das **Bruttonationaleinkommen** den Wert alle Sachgüter und Dienstleistungen, die von Inländern innerhalb einer bestimmten Wirtschaftsperiode erbracht wird. Das BIP abzüglich aller Einkommen, die an Ausländer in der übrigen Welt gezahlt werden, zuzüglich aller Einkommen, die an Inländer aus der übrigen Welt empfangen werden ergibt das BNE.

Das nominale Wirtschaftswachstum erfasst die Veränderung des BIP bzw. BNE gegenüber dem Vorperiode. Es enthält sowohl Preisänderungen als auch Mengenänderungen. Das reale Wirtschaftswachstum erfasst die mengenmäßige Veränderung des BIP bzw. BNE gegenüber dem Vorjahr. Veränderungen, die sich durch Preissteigerungen oder -senkungen ergeben werden nicht berücksichtigt.

Intensives und extensives Wirtschaftswachstum

Eine weitere Unterscheidungsmöglichkeit ist die nach intensivem und extensivem Wachstum. Intensives Wachstum liegt vor, wenn das Wirtschaftswachstum durch eine höhere Arbeitsproduktivität erreicht wird. Das Wirtschaftswachstum ist also größer als das Bevölkerungswachstum. Demgegenüber liegt extensives Wachstum vor, wenn das BIP steigt, ohne dass sich die Güterversorgung der Bevölkerung verbessert. Das Wachstum des BIP ist also so groß, wie das Bevölkerungswachstum.

Für **quantitatives Wachstum** ist es erforderlich, dass durch den vermehrten Einsatz der Leistungsfaktoren (Arbeit, Boden, Kapital, Knowhow) vermehrte Leistung erbracht wird. Damit soll ein höherer wirtschaftlicher Gesamtertrag erzielt werden. Dies kann erreicht werden, indem die landwirtschaftliche Nutzfläche erweitert oder neue Rohstoffvorkommen erschlossen werden. Im Gegensatz dazu ist in einer hoch technologisierten Volkswirtschaft das Wachstum überwiegend auf eine Verbesserung der Qualität von Produktivkräften zurückzuführen. Dazu müssen die Arbeiter höher qualifiziert werden und ihre Mobilität erhöht werden. Die Investitionen in Forschung und Entwicklung müssen dabei ausgebaut werden.

> **Definition**
>
> Als **externen Effekt** (auch **Externalität**) bezeichnet man in der Volkswirtschaftslehre die Auswirkung einer Aktivität (Produktion, Konsum) auf Dritte, die nicht kompensiert wird. Das heißt, dass ein Geschädigter keine Entschädigung erhält und ein Nutznießer für einen positiven externen Effekt keine Gegenleistung entrichten muss. Ein externer Effekt wird in der Regel vom Verursacher nicht ausdrücklich beabsichtigt.

13.2 Bedeutung des Wachstums

Wachstum und Beschäftigung

Gemäß §1 des Stabilitätsgesetzes wird ein angemessenes und stetiges Wachstum gefordert. Die Volkswirtschaft der BRD muss also in ihrem Produktionspotenzial ständig zunehmen. Diese Zunahme wird an der Veränderung des Bruttonationaleinkommens (BNE) bzw. BIP gemessen. Wachstum kann durch unterschiedliche Faktoren hervorgerufen werden. Wesentlich tragen hierzu Investitionen der Unternehmen bei. Handelt es sich um Rationalisierungsinvestitionen, werden Arbeitskräfte freigesetzt. Um diese wieder in den Produktionsprozess zu integrieren, ist ein entsprechendes Wirtschaftswachstum von Nöten. Die Bedeutung des Wirtschaftswachstums wird vor allem im Zusammenhang mit der sogenannten **Beschäftigungsschwelle** diskutiert. Diese gibt an, welches Wachstum für eine Volkswirtschaft erforderlich ist, damit eine positive Wirkung auf dem Arbeitsmarkt erreicht wird, d.h. die Beschäftigung steigt. Die Beschäftigungsschwelle liegt in Deutschland bei rund 2% Wirtschaftswachstum.

Chancen des Wachstums

Durch ein hohes Wirtschaftswachstum kann
- → Arbeitslosigkeit abgebaut werden,
- → der Lebensstandard jedes Einzelnen erhöht werden,
- → die Vermögensverteilung gerechter gestaltet werden,
- → der soziale Friede innerhalb der Volkswirtschaft gesichert werden,
- → Stabilität gegenüber dem Ausland erreicht werden.

Risiken des Wachstums

Der Möglichkeit eines ewigen Wachstums widersprach unter anderem der **Club of Rome**. Dabei wurden die Knappheit von Rohstoffen und natürlichen Ressourcen wie sauberer Luft und sauberem Wasser als Hindernisse für ewiges Wachstum genannt. In verschiedenen durchgerechneten Szenarien sind dramatische Entwicklungen für die Zeit um das Jahr 2030 vorhergesagt worden. Es handelte sich bei diesen Berechnungen nach eigenen Angaben nicht um Prognosen, sondern um den Versuch, die komplexen Voraussetzungen für menschliches Wirtschaften zu untersuchen und mögliche Entwicklungen in der Zukunft darzustellen. Die drastischsten Szenarien sind bislang nicht im befürchteten Ausmaß eingetreten. Am deutlichsten wahrnehmbar ist wohl die **globale Erwärmung**, die nach gegenwärtigem Stand des Wissens maßgeblich aufgrund des zunehmenden Kohlendioxidgehalts der Atmosphäre durch menschlichen Einfluss mitbestimmt wird. Die Erde befindet sich zurzeit in einem Zustand der **Überbeanspruchung**, der nicht lange aufrechterhalten werden kann und der auch bei konsequent eingeführten Umweltstandards je nach Szenario wahrscheinlich zwischen 2040 und spätestens 2100 zu nicht kontrollierbaren Rückgängen an Produktion, Lebenserwartung, Wohlstand und Bevölkerungszahl führen wird.

Kritiker des Club of Rome verweisen hingegen darauf, dass Wohlstand den Menschen die Möglichkeit gibt, sich

- → höhere Standards und Kontrollen in Bereichen wie Umweltschutz, Naturschutz leisten zu können und
- → besser auf Naturkatastrophen (natürlich verursachte Überschwemmungen, Dürren, Klimaänderungen, Missernten usw.) zu reagieren.

Durch ein hohes Wirtschaftswachstum kann

- → zunehmend Lebensraum zerstört werden,
- → Abfall, Lärm und ähnliche Belastungen zunehmen,
- → Arbeitslosigkeit durch den Zwang zu Rationalisierungen ansteigen,
- → der Unterschied zwischen Reich und Arm weiter auseinanderklaffen.

13.3 Wachstumsfaktoren

Was in einer Volkswirtschaft produziert werden kann (**Produktionspotenzial**) und wie gut dieses Produktionspotenzial genutzt werden kann (**Produktivität**), sowie die vom Staat gestellten Rahmenbedingungen bestimmen Umfang und Richtung des Wachstums einer Volkswirtschaft. Arbeit, Boden und Kapital beeinflussen das Produktionspotenzial. Ob eine Volkswirtschaft allerdings einen Wachstumsschub erhält oder nicht, hängt sehr stark von der Investitionsneigung der Unternehmen ab, die wiederum von folgenden Faktoren abhängt:

- → zukünftige zu erwartende Wettbewerbsstärke des Unternehmens

- → Erzielung eines Wettbewerbsvorsprungs durch Innovationen
- → in Aussicht stehende Gewinnerwartungen
- → steigende Konsumneigung
- → günstige Rahmenbedingungen durch den Staat

Das Wachstum ist um so höher, je besser die Faktorallokation funktioniert, also je freier der Markt agieren kann. Die optimale Faktorallokation liegt vor, wenn aus alternativen Produktionsverfahren die Beste gewählt wird. Rahmenbedingungen, die der Staat vorgibt, (Gesetze, „Spielregeln") sind zulässig, solange sie nicht auch sinnvollem Wirtschaften zu enge Grenzen auferlegen. Demokratie, Markt und Wettbewerb haben sich als die Rahmenbedingungen erwiesen, die Wirtschaftswachstum am meisten fördern.

13.4 Strukturwandel

Strukturwandel bezeichnet in der Volkswirtschaft die Veränderung der Wirtschaftsstruktur, also die Verschiebung der Gewichtung der einzelnen Wirtschaftssektoren. Seit der industriellen Revolution im 19. Jahrhundert nahm die Bedeutung des primären Sektors (Urerzeugung) stetig ab. Gleichzeitig stieg die Gewichtung des sekundären Sektors auf etwa 50% in den 1960er-Jahren. Seitdem ist auch dieser Sektor zugunsten des tertiären Sektors rückläufig. In der Bundesrepublik Deutschland beträgt die Wertschöpfung im Primären Sektor derzeit ca. 2% des BIP, der sekundäre Sektor erbringt ca. 28%, während der Tertiäre Sektor einen Anteil von ca. 70% ausmacht. Die Entwicklung innerhalb des tertiären Sektors führt zu Bestrebungen, eine weitere Differenzierung vorzunehmen und einen quartären Sektor einzuführen, der die Erstellung, Verarbeitung und Verteilung von Informationen umfasst.

Strukturwandel kann sich vielfältig zeigen, z.B. auf dem Arbeitsmarkt als auch in der Entwicklung neuer Technologien. In allen Fällen ist Strukturwandel jedoch ein Ergebnis volkswirtschaftlichen Wachstums. Strukturwandel vollzieht sich in Staat, Gesellschaft und Wirtschaft gleichermaßen.

13.5 Wachstums- und Strukturprobleme

Wachstums- und Strukturprobleme ergeben sich durch:

- → Überbelastung der Umwelt und Verknappung der Ressourcen
- → regionale Ungleichgewichte aufgrund
  - der sektoralen Wirtschaftsstruktur
  - politischer, gesellschaftlicher und sozialer Rahmenbedingungen
  - der Finanzkraft der Länder und Gemeinden
- → ungleiche Verteilung der Beschäftigten in den Wirtschaftsbereichen
- → Abwanderungen von Unternehmen und Arbeitskräften
- → überhöhte Miet- und Bodenpreise
- → Unternehmensschließungen

Die Probleme haben folgende Ursachen:
- → mangelnde Innovationsbereitschaft
- → ausländische Billigprodukte
- → Nachfragesättigung
- → Einkommensveränderungen
- → Kaufkraftverlust
- → veränderte Rahmenbedingungen durch die EU

Dies hat zur Folge:
- → Zunahme des Dienstleistungssektors
- → steigende Nachfrage nach hoch qualifizierten Arbeitnehmern
- → Vergrößerung der Produktvielfalt

Lösungsansätze

- → Erhaltung der Kräfte des Marktes durch Verhinderung wettbewerbsbeschränkender Maßnahmen
- → Subventionen, staatliche Nachfrage, Abbau von Bürokratie
- → Gesetze und Verbote zur Lenkung des Marktes
- → staatliche Preispolitik
- → Ausbau der Infrastruktur
- → Privatisierungen
- → Imagekampagnen: „Du bist Deutschland"

13.6 Maßnahmen zur Lösung der Umweltproblematik

Ständig steigendes Wirtschaftswachstum gefährdet die Umwelt, die immer noch als kollektives, freies Gut gesehen wird. Dies führt dazu, dass im Rahmen der Umweltpolitik Maßnahmen erforderlich werden, die dafür sorgen, dass auch zukünftige Generationen eine lebenswerte Umwelt vorfinden. Umweltpolitik muss die externen Effekte ausgleichen, da der Markt dazu nicht in der Lage oder nicht willens ist.

Im Rahmen der Umweltpolitik werden vier Prinzipien unterschieden:
- → **Verursacherprinzip**: Wer für Schäden an der Umwelt verantwortlich ist, muss auch die Kosten für deren Beseitigung übernehmen.
- → **Vorsorgeprinzip**: Schäden an der Umwelt sollen bereits vor ihrer Entstehung vermieden werden.
- → **Gemeinlastprinzip**: Die Kosten für die Beseitigung von Umweltschäden werden von den Steuerzahlern übernommen.
- → **Kooperationsprinzip**: Alle Beteiligten arbeiten zusammen, um Schäden zu beseitigen oder diese gar nicht erst entstehen zu lassen.

Die Umsetzung dieser vier Prinzipien erfolgt im Rahmen der **Umweltpolitik** mit folgenden Instrumenten:
- → nicht-fiskalische Instrumente:
  - Gebote, Verbote
  - Kontrollen
  - Haftungssummen, Bußgelder
- → fiskalische Instrumente
  - Umweltlizenzen
  - Umweltzertifikate
  - Umweltabgaben (z. B. Ökosteuer)
  - Subventionen
- → marktorientierte Instrumente
  - freiwillige Auflagenerfüllung durch die Unternehmen
  - Branchenvereinbarungen

13.7 Probleme der Staatsverschuldung

Die Staatsverschuldung in der Bundesrepublik Deutschland hat unterschiedliche Ursachen:

→ **antizyklische Fiskalpolitik**
  Mit Einführung des Stabilitätsgesetzes im Jahr 1967 war die Bundesrepublik Deutschland verpflichtet konjunkturelle Ungleichgewichte auszugleichen. Dies geschah durch eine der Konjunktur entgegenlaufende antizyklische Fiskalpolitik. Jedoch wurde versäumt, in Aufschwung und Hochkonjunkturphasen die in konjunkturellen Abschwungsphasen aufgenommenen Kredite zurückzuzahlen.

→ **Verschuldung durch Wiedervereinigung**
  Die Kosten der Wiedervereinigung im Jahr 1990 haben zu einer Verdopplung der Staatsschulden innerhalb von 5 Jahren geführt (von 539 Mrd. € im Jahr 1990 auf 1.019 Mrd. € im Jahr 1995).

→ **Sozialleistungen**
  Zahlreiche Sozialleistungen belasten den Staatshaushalt. Sozialleistungen dienen der Sicherung der Grundbedürfnisse der Bevölkerung einer Volkswirtschaft. Vor dem Hintergrund der Zielsetzung der gerechten Einkommens- und Vermögensverteilung sind sie daher schwer zu reduzieren. Die Entwicklung der Ausgaben des Staates sind mit steigenden Sozialleistungen im Laufe der Geschichte der Bundesrepublik Deutschland stetig angestiegen. Im Bundeshaushalt entfällt etwa jeder zweite Euro auf Ausgaben, die die Soziale Sicherung betreffen. Da diese Ausgaben kaum zu reduzieren sind, werden sie bei entsprechender Haushaltslage über Kredite finanziert.

→ **Finanz- und Wirtschaftskrisen**
  Die Weltwirtschaftskrise 2008/09 ausgelöst durch eine Immobilienkrise in den USA wurde in der Bundesrepublik Deutschland mit Maßnahmen bekämpft, die eine massive Neuverschuldung erforderten. Die durch die Krise verursachte Neuverschuldung betrug für Bund, Länder und Gemeinden in der Bundesrepublik Deutschland ca. 146 Mrd. Euro. Im Bundeshaushalt für das Jahr 2015 sind erstmals seit 40 Jahren keine neuen Schulden vorgesehen (Stand Mai 2014).

Entwicklung Staatsverschuldung Deutschland (in Euro)

Negative Folgen der Staatsverschuldung

→ Der Staat konkurriert auf dem Kapitalmarkt mit privaten Investoren, denen die Kredite, die der Staat aufnimmt, dann nicht mehr gewährt werden können.
→ Die hohen Schulden verringern den Handlungsspielraum des Staates, da ein erheblicher Teil der Staatseinnahmen für Zinsen verwendet wird.
→ Kommende Generationen müssen die Schuldenlast tragen, ohne sie verursacht zu haben
→ Zunehmende Staatsverschuldung kann die Preisstabilität gefährden.

Checkliste 13 Wachstums- und Strukturpolitik

→ Machen Sie Sich den Unterschied zwischen realem und nominalem Wachstum bewusst.
→ Sammeln Sie Argumente zu Bedeutung, Chancen und Risiken des Wachstums.
→ Finden Sie aktuelle Gründe für Wachstums- und Strukturprobleme.
→ Welcher Zusammenhang besteht zwischen Wachstums- und Strukturpolitik und der daraus resultierenden Umweltproblematik?

Betriebswirtschaftslehre
Betriebliche Grundentscheidungen

14

Im Gegensatz zur Volkswirtschaft, die Wirtschaft aus der Sicht des Gesamten beurteilt, betrachtet Betriebswirtschaft die Wirtschaft aus der Perspektive des Einzelnen, also einzelner Unternehmen oder Haushalte.

14.1 Voraussetzungen für die Unternehmensgründung

Formelle/rechtliche Voraussetzungen

→ §12 des Grundgesetzes und §1 der Gewerbeordnung regeln den Grundsatz der **Gewerbefreiheit**: Jeder kann ein Gewerbe betreiben. Genehmigungspflichtige Tätigkeiten schränken diesen Grundsatz ein, mit dem Ziel, die Öffentlichkeit zu schützen, z. B. bei
  - Maklern, Privatkrankenhäusern, Spielhallen, Bewachungsgewerbe
  - Einzelhandel: Sachkundenachweis beim Handel mit frei verkäuflichen Arzneimitteln, Milch, Hackfleisch
  - Gaststätte: unter anderem Unterricht bei IHK (Hygienevorschriften …)
  - Handwerksbetriebe: Eintragen in Handwerksrolle
  - Erlaubnis einer Behörde (Gewerbeaufsichtsamt) bei gefährlichen Anlagen (z. B. Feuerwerksfabrik)
  - Auflagen für umweltgefährdende Anlagen
→ Das Unternehmen muss zunächst bei der zuständigen Ortsbehörde angemeldet werden (**Gewerbeanmeldung**). Diese informiert Amtsgericht (Handelsregister), Finanzamt, Berufsgenossenschaft, zuständige Industrie- und Handelskammer bzw. Handwerkskammer, Krankenkasse …

→ Eventuell vorhandene Patente müssen berücksichtigt werden.
→ Die Rechts- und Geschäftsfähigkeit muss beachtet werden.

Materielle Voraussetzungen

→ Ist ein Mindestkapital für die Gründung erforderlich? (AG, GmbH)
→ Kann man in ein bestehendes Unternehmen einsteigen?
→ Wie schwierig ist die Beschaffung von Rohstoffen?
→ Gibt es unbebaute Grundstücke zu kaufen?
→ Gibt es Förderprogramme?

Daneben spielen persönliche Voraussetzungen wie der Umgang mit Menschen, die Eignung als Unternehmer usw. eine wichtige Rolle.

14.2 Unternehmerische Ziele

Jedes Unternehmen definiert eigene Ziele, die alle unten genannten Bereiche betreffen.

Unternehmensziele lassen sich nach verschiedenen Kriterien gruppieren.

→ **inhaltlich**: Formalziele (z.B. Gewinn, Umsatz) oder Sachziele (auf welchem Wege sollen die Ziele erreicht werden)
→ **nach Fristigkeit**: kurz-, mittel-, langfristig
→ **nach angestrebtem Erfolg**: ökonomische, ökologische, soziale Ziele
→ **horizontal gegliedert**: Ober-, Mittel-, Unterziele
→ **vertikal gegliedert**: finanzwirtschaftliche, leistungswirtschaftliche, güterwirtschaftliche, ökologische, führungsbezogene, soziale Ziele
→ Festlegen eines **Weisungssystems**

14.3 Rechtsformen von Unternehmen

Die Rechtsform gibt einem Unternehmen seine rechtliche Verfassung und regelt das rechtliche Innen- und Außenverhältnis. Die Entscheidung über die Rechtsform ist eine Entscheidung, die langfristig getroffen wird und deshalb sehr wichtig ist. Folgende Kriterien spielen dabei eine Rolle:
→ Wer ist Eigentümer des Unternehmens?
→ Wer leitet das Unternehmen?
→ Wie wird das Unternehmen finanziert?
→ Wie werden Gewinne verteilt?
→ Wer haftet?
→ Wie werden Verluste verteilt?

Der Gesetzgeber stellt zur Beantwortung dieser Fragen verschiedene Rechtsformen bereit.

→ **Gesellschaft bürgerlichen Rechts (GbR)**
- Vereinigung von (natürlichen oder juristischen) Personen
- formloser Gesellschaftsvertrag mit Zweckvereinbarung
- geschäftsführungsbefugt sind nach dem Gesetz alle Gesellschafter gemeinsam, soweit nicht vertraglich anders vereinbart
- gemeinsame Haftung aller Gesellschafter
- Sonderformen: alle anderen Personengesellschaften wie OHG, KG

- → **Offene Handelsgesellschaft (OHG)**
  - Handelsregister-Eintrag
  - Geschäftsführung: in der Regel alle Gesellschafter
  - Haftung: Gesellschafter haften mit Einlage und Privatvermögen
  - Gewinnverteilung: vertraglich geregelt oder lt. HGB (mindestens 4% des eingebrachten Kapitals an Gewinn, Rest nach „Köpfen")
- → **Kommanditgesellschaft (KG)**
  - Haftung der Kommanditisten auf Vermögenseinlage beschränkt, mindestens ein Gesellschafter (Komplementär) haftet persönlich
  - Mindestkapitaleinlage gesetzlich nicht vorgesehen
  - Handelsregister-Eintrag, Geschäftsführung durch Komplementäre
  - Gewinnverteilung: lt. Gesellschaftsvertrag; sonst: Verzinsung der Kapitaleinlage mit 4%, der Rest im angemessenen Verhältnis
- → **GmbH & Co. KG**
  - = Kommanditgesellschaft, deren Komplementär eine GmbH ist
- → **Aktiengesellschaft (AG)**
  - Gesellschaftsvertrag notariell beurkundet
  - Grundkapital mindestens 50 000 Euro, in Aktien zerlegt
  - durch Handelsregister-Eintrag wird AG zur juristischen Person
  - drei Organe: Vorstand, Aufsichtsrat und Hauptversammlung
- → **GmbH (Deutschland)**
  - juristische Person, Kapitalgesellschaft
  - Haftung nur mit Vermögen der GmbH, Stammkapital mind. 25 000 Euro.
  - Eintragung in Handelsregister B Registergericht (Amtsgericht)
  - Geschäftsführer, evtl. Aufsichtsrat, Gesellschafterversammlung
  - Gewinnausschüttung, Kapitalertragsteuer
- → **Kommanditgesellschaft auf Aktien (KGaA)**
  - Komplementäre und Kommanditaktionäre
  - Gesamtkapital = Grundkapital der Kommanditaktionäre + Vermögenseinlagen der Komplementäre; mindestens 50 000 Euro
- → **Genossenschaften**
  - juristische Person, Zweck: wirtschaftl. Förderung der Mitglieder
  - mindestens sieben Mitglieder, Genossenschaftsregister-Eintrag
  - Haftung auf Kapital beschränkt (evtl. Nachschusspflicht)
  - Organe: mindestens Vorstand, Aufsichtsrat, Generalversammlung

14.4 Investitionsentscheidungen

Aus betriebswirtschaftlicher Sicht sind Investitionen die längerfristige Festlegung von Finanzmitteln in Vermögenswerte.

Investitionsarten

Man kann Investitionen nach verschiedenen Aspekten unterscheiden.
- → Zweck der Investition: Gründungs-, Ersatz-, Erweiterungs-, Rationalisierungsinvestitionen und Desinvestitionen.
- → Funktion der Investition: Forschungs-, Fertigungs-, Absatzinvestition

Einflussfaktoren auf Investitionsentscheidungen

Investiert ein Unternehmen hat dies zur Folge, dass verfügbares Kapital in Sach- oder Finanzanlagen gebunden wird. Ob eine Investitionsentscheidung getroffen wird, hängt oft an der Realisierbarkeit: Das Knowhow, die Manpower und das Kapital müssen verfügbar sein. Ferner muss der Faktor Zeit beachtet werden, da von der Investitionsentscheidung bis zur Realisierung eine Zeitspanne von mehreren Wochen, Monaten oder ggf. Jahren vergehen kann. Das heißt, die getroffene Investitionsentscheidung und die damit verbundene Rentabilitäts- und Gewinnerwartung ist zunächst nur eine Erwartung an die Zukunft. Die Konditionen, unter denen die Investition finanziert werden kann, spielen eine wesentliche Rolle, da die Erträge nicht sofort realisiert werden können.

---

14 Betriebliche Grundentscheidungen — Checkliste

Stellen Sie sich vor, Sie gründen ein Unternehmen und müssen Geldgeber von Ihrer Idee überzeugen (Motive, Risiken, Grundsatzentscheidungen, Einflussfaktoren).
- → Welche rechtlichen Voraussetzungen müssen Sie erfüllen?
- → Welche Ziele verfolgen Unternehmer?
- → Wie organisieren Sie Ihr Unternehmen?
- → Können Sie die verschiedenen Rechtsformen unterscheiden und Gründe für die Wahl einer speziellen angeben?

15 Produktion und Kosten

Produktion (lat.: *producere* = hervorbringen), Fertigung, Fabrikation – im rechtlichen Sprachgebrauch die Herstellung, ist der vom Menschen bewirkte Prozess der Transformation, der aus natürlichen, wie bereits produzierten Rohstoffen Wirtschafts- oder Gebrauchsgüter erzeugt.

Jede Art von Produktion verursacht Kosten. Kosten bezeichnen in der Regel den mit Marktpreisen bewerteten Einsatz von Produktionsfaktoren bei der Herstellung von Gütern und Dienstleistungen.

15.1 Die Produktion

Der Prozess der Leistungserstellung in einem Industriebetrieb

Forschung und Entwicklung

Grundlagenforschung Sie sucht neue wissenschaftliche Erkenntnisse ohne konkretes Ziel.	**Angewandte Forschung** Die Suche ist auf ein bestimmtes Ziel bzw. eine Anwendung hin gerichtet.	**Entwicklung** zielt darauf ab, die Ergebnisse auf wirtschaftliche Anwendungen zu übertragen.

Fertigungsprogramm planen
Was wird produziert?

Produktfeld Wie viele Produktfelder? (Diversifikation: mehr als ein Produktfeld)	**Programmbreite** Welche Produktarten? Wie viele Ausführungen?	**Programmtiefe** Wie viele Produktionsstufen in einem Betrieb?

Fertigungsprogramm vorbereiten
Wie läuft der Fertigungsvorgang zeitlich ab?

15.1 Die Produktion

Fertigung durchführen
Je nach produzierter Menge werden verschiedene Fertigungstypen unterschieden:

Einzelfertigung	Serienfertigung	Sortenfertigung	Massenfertigung
Es wird nur eine Einheit gleichzeitig hergestellt. (z. B. ein Schiff)	Gleichartige Produkte werden in bestimmter Stückzahl produziert. (z. B. Auto)	Artgleiche Produkte werden in bestimmter Stückzahl produziert. (z. B. Papier)	Gleiche Produkte werden in unbegrenzter Stückzahl produziert. (z. B. Zigaretten)

Produktionstypen festlegen
Welchen Weg nehmen die Erzeugnisse durch den Betrieb?

Werkstattfertigung	Fließbandfertigung
Arbeitsplätze und Betriebsmittel mit gleichartigen Arbeitsverrichtungen sind in einer Werkstatt angeordnet. (z. B. Dreherei, Schleiferei)	Arbeitsplätze und Betriebsmittel sind entsprechend der Arbeitsabfolge an einem Fließband angeordnet. (z. B. Drehen – Bohren – Fräsen – Schleifen)

Kontrolle
Qualitätskontrolle, Terminkontrolle …

Vollkontrolle	Stichprobenkontrolle
Alle Produkte werden überprüft.	Ein Teil der Produkte wird überprüft.

Der Prozess der Leistungserstellung kann aus folgender Übersicht abgeleitet werden:

Produktionsfaktoren

Kapital	Natur	Arbeit	Wissen (Know-how)
Werkzeug, Gebäude …	Holz, Kohle …	körperliche, geistige	Ausbildung, Forschung

Produktion = Erzeugung, Fertigung, Herstellung
Bei der Produktion werden die Produktionsfaktoren zielgerichtet miteinander kombiniert.
(Transformationsprozess)

Produktionsergebnis
betriebliche Leistung (Fertigerzeugnisse)

15.2 Einflussfaktoren auf die Erreichung der Gewinnziele

> **Merke** **Definition**
>
> Kosten sind der bewertete Verzehr von Produktionsfaktoren, um Sachgüter und Dienstleistungen herzustellen und abzusetzen sowie um selbstgenutzte Anlagen zu erstellen und aufrechtzuerhalten.
> Das betriebliche Rechnungswesen unterscheidet die Begriffe **Ausgabe**, **neutraler Aufwand**, **betrieblicher Aufwand**, **Grundkosten** und **kalkulatorische Kosten** sowie die Begriffe **neutraler Ertrag**, **betrieblicher Ertrag** und **Leistung**.

Im Folgenden werden die Kosten im Sinne des betrieblichen Rechnungswesens betrachtet.

Aufgaben der Kosten- und Leistungsrechnung

→ Kosten und damit die Wirtschaftlichkeit der Leistungserstellung überwachen
→ Daten bereitstellen, um die Kostenlage im Verhältnis zum Marktpreis zu beurteilen
→ Daten für die eigene Preisbildung bereitstellen
→ Daten für Vergleichsrechnungen bereitstellen
→ Daten für die übrigen Zweige des Rechnungswesens liefern (Buchhaltung, Statistik, Planung)

Kostenanalyse

Die Kostenanalyse befasst sich mit
→ Gesamtkosten,
→ Stück-/Durchschnittskosten,
→ Grenzkosten.

Beschäftigungsgrad und Kosten

Kapazität

Unter dem Begriff Kapazität versteht man das Leistungsvermögen eines Betriebes in einer Zeiteinheit. Es gibt verschiedene Arten:
→ Normalkapazität: Leistungsvermögen bei
  - technisch und kostenmäßig optimaler Nutzung des Betriebs
  - durchschnittlicher Besetzung der Arbeitsplätze
  - dauerhaft erbringbaren Leistungen der Stammbelegschaft
→ genutzte Kapazität: tatsächlich erbrachte Leistung (Ausbringungsmenge)
→ Optimalkapazität: technisch und kostenmäßig optimale Inanspruchnahme des Betriebs
→ Maximalkapazität: obere Leistungsgrenze (technisch bedingt)
→ Minimalkapazität: untere Leistungsgrenze (technisch bedingt)

Beschäftigungsgrad

Unter dem Begriff Beschäftigungsgrad versteht man das Verhältnis von genutzter Kapazität zu normaler Kapazität:

Beschäftigungsgrad $= \frac{\text{genutzte Kapazität}}{\text{normale Kapazität}} \cdot 100\%$

Beschäftigungsgrad und Gesamtkosten

→ **Fixe Gesamtkosten** (K_f): sind nicht abhängig vom Beschäftigungsgrad, das heißt, sie fallen immer an, unabhängig davon, ob produziert wird oder nicht
  - **absolut fixe Kosten**: fallen stets in gleich bleibender Höhe an (Bereitschaftskosten), z. B. Gehalt des Pförtners
  - **relativ fixe/intervallfixe Kosten/sprungfixe kosten**: entstehen bei Kapazitätsveränderung
  ⇒ innerhalb eines Intervalls in gleichbleibender Höhe, dann sprunghafte Erhöhung der fixen Kosten, z. B. Abschreibung für eine zusätzlich angeschaffte Maschine
  ⇒ diese Kosten lassen sich meist bei Kapazitätseinschränkung nicht sofort wieder abbauen: **Kostenremanenz**

- → **Variable Gesamtkosten** (K_v): sind abhängig vom Beschäftigungsgrad, das heißt, sie sind abhängig von der Ausbringungsmenge x.
  - **proportionale Kosten**: sie ändern sich im gleichen Verhältnis wie der Beschäftigungsgrad, z. B. Rohstoffe
  - **überproportionale/progressive Kosten**: sie steigen bei zunehmender Beschäftigung stärker an als die Beschäftigung, z. B. Lohnzuschlag für Überstunden
  - **unterproportionale/degressive Kosten**: sie steigen bei zunehmender Beschäftigung schwächer an als die Beschäftigung, z. B. Transportkosten beim Bezug größerer Mengen
- → Die **Gesamtkosten** (K) eines Betriebes setzen sich zusammen aus den fixen Gesamtkosten und den variablen Gesamtkosten: $K = K_f + K_v$

Beschäftigungsgrad und totale Stück-/Durchschnittskosten

Für die Berechnung der totalen Stück-/Durchschnittskosten (k) dividiert man die Gesamtkosten durch die ausgebrachte Menge (x):

totale Stück-/Durchschnittskosten $k = \frac{K}{x} = \frac{K_f + K_v}{x}$

Daraus ergibt sich:

fixe Stück-/Durchschnittskosten $k_f = \frac{K_f}{x}$

variable Stück-/Durchschnittskosten $k_v = \frac{K_v}{x}$

Daraus lassen sich folgende Aussagen über den Zusammenhang zwischen Beschäftigungsgrad und Stück-/Durchschnittskosten treffen:

Fixe Gesamtkosten

- → Absolut fixe Gesamtkosten verursachen bei zunehmendem Beschäftigungsgrad degressive Stückkosten, bei sinkendem Beschäftigungsgrad verursachen sie progressive Stückkosten.
- → Relativ fixe Gesamtkosten verursachen bei steigendem Beschäftigungsgrad degressive Stückkosten, die sich in jeder neuen Kapazitätsstufe sprunghaft erhöhen.

Variable Gesamtkosten

→ Proportionale Gesamtkosten verursachen bei steigendem und sinkendem Beschäftigungsgrad konstante Stückkosten.
→ Überproportionale Gesamtkosten verursachen progressive Stückkosten.
→ Unterproportionale Gesamtkosten verursachen degressive Stückkosten.

Grenzkosten und Grenzerlös

Grenzkosten sind die Mehrkosten, die bei Vergrößerung der Produktionsmenge für die Herstellung der letzten zusätzlichen Produktionseinheit entstehen. Der Grenzerlös beschreibt den dann zusätzlichen Erlös.

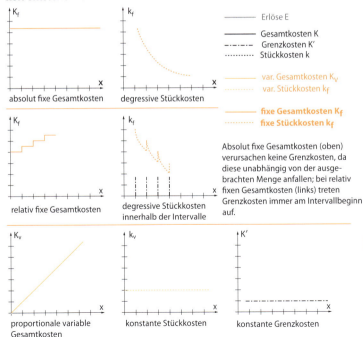

Absolut fixe Gesamtkosten (oben) verursachen keine Grenzkosten, da diese unabhängig von der ausgebrachten Menge anfallen; bei relativ fixen Gesamtkosten (links) treten Grenzkosten immer am Intervallbeginn auf.

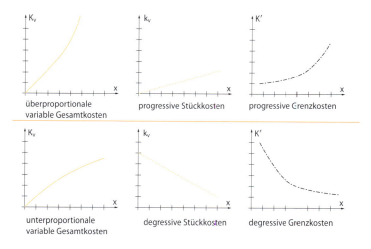

15.3 Erklärungsmodelle der Kostentheorie

S-förmiger Gesamtkostenverlauf

Der s-förmige Kurvenverlauf ergibt sich dadurch, dass innerhalb der variablen Kosten bei niedrigem Beschäftigungsgrad die unterproportionalen Kosten den Kurvenverlauf bestimmen. Der Grund dafür sind die zunächst relativ rasch ansteigenden variablen Kosten, die mit zunehmender Ausbringungsmenge abnehmen. Bei hohem Beschäftigungsgrad

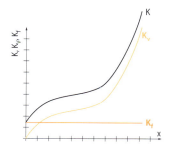

legen die überproportionalen Kosten den Kurvenverlauf fest, da hier die Kosten etwa durch einen erhöhten Maschinenverschleiß rasch steigen. Man erhält die Gesamtkostenkurve, wenn man die Kurve der variablen Kosten um die fixen Kosten parallel nach oben verschiebt.

Stückbetrachtung bei s-förmigem Gesamtkostenverlauf

Die fixen Stückkosten sinken konstant, da sie sich auf eine immer größere Ausbringungsmenge verteilen. Die variablen Stückkosten fallen, wie oben beschrieben, zunächst, bis sie dann nach dem Minimum ansteigen. Der Verlauf der totalen Stück- bzw. Durchschnittskostenkurve sinkt so lange, wie die Fixkostendegression größer ist als die Progression der variablen Kosten. Danach kompensieren die fixen Kosten den Anstieg der variablen Kosten nicht mehr, die totalen Stück- bzw. Durchschnittskosten steigen.

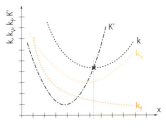

Linearer Gesamtkostenverlauf

Annahme: Konstantes Verhältnis von variablen Produktionskosten und Ausbringungsmenge.
Die Gesamtkostenkurve K(x) ist eine lineare Funktion. Sie besteht aus den fixen Gesamtkosten (K_f) und den zur Menge x proportionalen variablen Gesamtkosten $K_v(x)$.

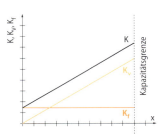

Stückbetrachtung bei linearem Gesamtkostenverlauf

Die Grenzkosten sind bei jeder Ausbringungsmenge gleich hoch, weil die Gesamtkosten konstant steigen. Die Kostendegression der totalen Stückkosten entsteht, weil mit zunehmender Ausbringungsmenge der Anteil der fixen Kosten pro Stück sinkt (Gesetz der Massenproduktion).

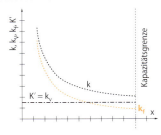

15.4 Schnittpunkte von Kosten- und Erlösfunktion

Aus betriebswirtschaftlicher Sicht sind für ein Unternehmen besonders die kritischen Kostenpunkte von Bedeutung. Diese ergeben sich an den verschiedenen Schnittpunkten der Kosten- und Erlöskurven sowohl in der Gesamtkosten als auch in der Stückkostenbetrachtung.

Voraussetzung: lineare Gesamterlösfunktion $E(x) = p \cdot x$
Daraus folgt: Grenzerlös $E'(x) = p$;
Stückerlös $e(x) = \frac{E(x)}{x} = p$

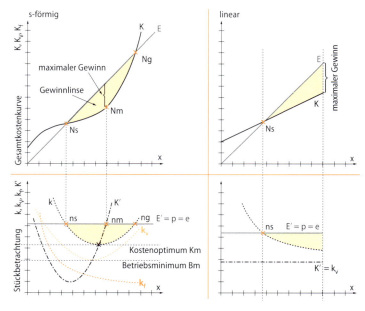

15.4 Schnittpunkte von Kosten- und Erlösfunktion

Gesamtkostenverlauf	s-förmig	linear
Nutzenschwelle/ Break-even-point	Gesamtbetrachtung Ns: (erster) Schnittpunkt der Gesamtkostenkurve mit der Gesamterlöskurve: $K(x) = E(x)$; Stückbetrachtung ns: (erster) Schnittpunkt der Stückkostenkurve mit der Grenzerlös- oder Preiskurve $k(x) = E'(x) = p$ ⇒ Gewinnzone beginnt	
Nutzengrenze	Gesamtbetrachtung Ng: am zweiten Schnittpunkt der Gesamtkosten- mit der Gesamterlöskurve $K(x) = E(x)$ Stückbetrachtung ng: zweiter Schnittpunkt der Stückkostenkurve mit der Grenzerlös- oder Preiskurve $k(x) = E(x) = p$ ⇒ Verlustzone beginnt	existiert nicht
Nutzenmaximum/ Gewinnmaximum	Gesamtbetrachtung Nm: Der vertikale Abstand von Gesamterlös- und Gesamtkostenkurve ist am größten; Stückbetrachtung nm: Grenzkosten sind gleich dem Grenzerlös bzw. dem Preis $K'(x) = E'(x) = p$	Kapazitätsgrenze
Kostenoptimum/ Betriebsoptimum Ko	Minimum der totalen Stückkostenkurve $k'(x) = 0$; $k(x) = K'(x)$ ⇒ Kapazität kostenoptimal genutzt ⇒ langfristige Preisuntergrenze	Kapazitätsgrenze
Betriebsminimum Bm	Minimum der variablen Stückkostenkurve $k'(v) = 0$; $k_v(x) = K'(x)$ ⇒ kurzfristige Preisuntergrenze	existiert nicht

15 Produktion und Kosten — Checkliste

→ Können Sie den **Leistungserstellungsprozess** kurz aufskizzieren?
→ Was versteht man unter **Kosten** aus volkswirtschaftlicher Sicht?
→ Können Sie den Begriff **Beschäftigungsgrad** erklären?
→ Machen Sie sich die grafischen Zusammenhänge der unterschiedlichen **Kosten- und Erlösarten** klar.
→ Grenzen Sie die Begriffe Gewinnmaximum, Gewinnlinse, Kostenoptimum, Betriebsminimum bei liearem und s-förmigem Kostenverlauf voneinander ab.

16 Markt und Absatz

Der Begriff Markt (lat.: *mercatus* = Handel) bezeichnet im engeren Sinne den Ort, an dem Waren regelmäßig gehandelt oder getauscht werden. Im weiteren Sinne bezeichnet der Begriff heute das geregelte Zusammenführen von Angebot und Nachfrage von Waren, Dienstleistungen und Rechten.

16.1 Wovon hängen Angebot und Nachfrage ab?

Angebot

- → vom technisch Machbaren
- → vom zu erzielenden Preis
- → von den verursachten Kosten
- → von den Unternehmenszielen
- → von Konkurrenzpreisen

Je höher der zu erzielende Preis für ein Gut X ist, desto mehr Güter dieser Art werden angeboten und umgekehrt. Dies kommt vom Hauptziel der Gewinnmaximierung eines Unternehmens. Steigen die Preise für das Gut X an, werden die betreffenden Unternehmen ihre Produktion erhöhen. Dies wird längerfristig zu einem Ausbau der Produktionskapazitäten in der Gesamtwirtschaft führen.

Nachfrage

- → von den Bedürfnissen der Konsumenten
- → vom Einkommen der Konsumenten
- → vom Preis des betreffenden Gutes
- → vom Preis anderer vergleichbarer Güter

Wenn der Preis für ein Gut X fällt, steigt die Nachfrage nach diesem Gut an und umgekehrt. Steigt der Preis an, geht die Nachfrage zurück und die Konsumenten versuchen, gleichwertige Güter günstiger zu kaufen. Betrachtet man den Markt im Hinblick auf die Anzahl der an ihm teilnehmenden Subjekte, ergibt sich nachfolgende Einteilung in neun Marktformen.

16.2 Marktformen

Anbieter/ Nachfrager	viele Kleinanbieter	wenige mittelgroße Anbieter	ein Großanbieter
viele Kleinkonsumenten	vollkommene Konkurrenz **Polypol**	**Angebotsoligopol**	**Angebotsmonopol**
wenige mittelgroße Konsumenten	Nachfrageoligopol	bilaterales Oligopol	beschränktes Angebotsmonopol
ein Großkonsument	Nachfragemonopol	beschränktes Nachfragemonopol	bilaterales Monopol

Achtung: Ein nicht zu unterschätzendes Problem dieser Einteilung besteht darin, dass sie mit unscharfen Begriffen wie „viele", „wenige" arbeitet und keine klare Abgrenzung vornimmt. Die wichtigsten Marktformen sind farblich hervorgehoben.

16.3 Preisbildung auf bestimmten Märkten

Die Preisbildung wird mit Modellen beschrieben, an denen in vereinfachter Weise die Wirklichkeit abgebildet werden kann. Dabei geht man meist von einem **vollkommenen Markt** mit folgenden Bedingungen aus:
1. Es gibt keine räumlichen, sachlichen, persönlichen und zeitlichen Präferenzen.
2. Jeder Marktteilnehmer hat die vollkommene Marktübersicht.
3. Alle Prozesse geschehen unendlich schnell.

Um nicht zu weit von der Wirklichkeit entfernt zu sein, löst man in konkreten Beispielen nach und nach einige Vorbedingungen auf.

Preisbildung beim Polypol

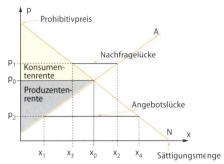

Dabei hängt die Menge vom Preis ab. Am Schnittpunkt beider Kurven stimmen Gesamtangebot und Gesamtnachfrage überein. Bei p_1 übersteigt das Angebot die Nachfrage, es entsteht eine Nachfragelücke. Bei einem niedrigeren Preis p_2 kommt es zur Angebotslücke. Die Käufer, die eigentlich mehr bezahlen würden, sparen sich die Konsumentenrente. Entsprechend erhalten Verkäufer eine Produzentenrente, die auch zu einem niedrigeren Preis anbieten würden. Es kommt am Markt zu einer ständigen Verschiebung der Kurven und damit auch zur Verschiebung des Gleichgewichtspreises und der Gleichgewichtsmenge.

Preisbildung beim Monopol

Hier wird vorausgesetzt, dass nur ein Gut hergestellt und abgesetzt wird. Die Gesamtnachfragekurve ist deshalb gleich der Preis-Absatz-Funktion (PAF) des Monopolisten. Der Gesamterlös ist das Produkt aus Menge und Preis. Der maximale Erlös liegt genau in der Mitte der Nachfragekurve. Die Erlöszuwächse (Grenzerlöse E') sind bis dahin positiv.

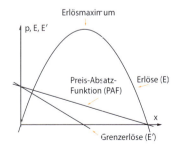

Gewinnmaximierung beim Polypol

Der Polypolist erreicht den größten Gewinn dort, wo Gesamterlös und Gesamtkosten den größten Abstand voneinander haben.

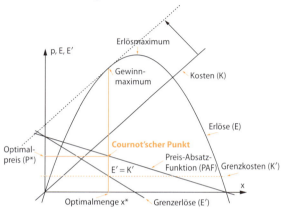

Der **Cournot'sche Punkt** ist das nach dem französischen Nationalökonomen Antoine Augustin Cournot (1801–1877) benannte Gewinnmaximum eines Monopolisten. Dieses errechnet sich aus einer verkauften Menge zu einem verlangten Preis eines Produktes minus der Produktionskosten. Typisch für den Cournot'schen Punkt ist, dass das Gewinnmaximum vor dem Umsatzmaximum erreicht wird.

16.4 Preispolitik

Begriff: Preispolitik verfolgt das Ziel, mit der Preisgestaltung Kaufanreize zu setzen. Ein wichtiges Gestaltungsmittel ist die Preisuntergrenze. Die Preisobergrenze dagegen wird durch die Nachfrager festgelegt. Sie liegt dort, wo der vom Kunden wahrgenommene Preis mit seiner Wertschätzung des Produktes übereinstimmt.

Die Preisuntergrenze basiert auf der Teilkostenrechnung oder der Vollkostenrechnung des Unternehmens, welche beispielsweise die Produktions- und Materialkosten berücksichtigen. Zu beachten ist, dass die variablen Kosten für das Produkt (z. B. Materialkosten, Stundenlohn und Energieverbrauch) gedeckt werden. Dies ist die **kurzfristige Preisuntergrenze**. In diesem Fall ist der Deckungsbeitrag gleich null. Werden sowohl die variablen als auch die fixen Kosten (z. B. Raummiete, Abschreibungen für Maschinen, Lagerräume ...) durch den Preis gedeckt, ist von der **langfristigen Preisuntergrenze** die Rede. Mit der kostenorientierten Preispolitik wird nicht etwa die Höhe des zu verlangenden Preises festgelegt, sondern sie liefert die Grundlage für die Entscheidung, ob sich die Produktion und/oder der Vertrieb des Gutes überhaupt lohnt.

Die **marktorientierte Preisfindung** orientiert sich sowohl an den Preisen der Konkurrenzunternehmen als auch am Verhalten der Nachfrager. Sie hat das Ziel der Gewinnmaximierung. Um den gewinnmaximalen Preis zu bestimmen, müssen sowohl die Marktform (Monopol, beschränktes Monopol, etc.) berücksichtigt, das Verhalten der Konkurrenten analysiert als auch eine intensive Absatzforschung betrieben werden. Dies kann je nach Markt zu sehr unterschiedlichen Preisstrategien führen. Ein wichtiges Hilfsmittel dabei ist die Preiselastizität der Nachfrage. Allgemein gilt, dass der (niedrige) Preis bei den Kunden eine „unechte" Präferenz (Vorliebe) bildet. Steigt der Preis und ist ein anderes Unternehmen günstiger, wechselt der Kunde zum günstigeren Unternehmen. Anhand der Preiselastizität kann ermittelt werden, in welchem Ausmaß Kunden auf unterschiedliche Preisänderungen reagieren. Ist die Elastizität niedrig, können die Preise relativ stark variiert werden, ohne dass die Kunden übermäßig reagieren, das heißt, bei Preiserhöhungen wandern kaum Kunden ab. Die Existenz von Präferenzen hebt auch die Einheitlichkeit des Marktpreises auf. Käufer, die eine bestimmte Marke bevorzugen, sind bereit, einen höheren Preis als für vergleichbare Konkurrenzleistungen zu bezahlen. Der sich daraus ergebende preispolitische Spielraum (monopolistischer Bereich) ist kennzeichnend für unvollkommene Märkte.

16.5 Konzentrationsvorgänge

Motive für Konzentrationsbestrebungen

→ gesamtunternehmensbezogene Motive
  - Gewinnsteigerung
  - Sicherheit
  - Wachstum
  - Erhöhung der Marktanteile
→ beschaffungsmarktorientierte Motive
  - Preisvorteile
  - Sicherheit durch Bindung mit Zulieferern
→ produktionsbezogene Motive
  - Vorteile durch Normung und Typung
  - Kostensenkung durch Massenproduktion
  - Vergrößerung der Kapazitäten
  - gemeinsame Forschung und Entwicklung
→ absatzmarktorientierte Motive
  - gemeinsame Vertriebswege nutzen
  - gemeinsame Preise und Bedingungen
→ finanzwirtschaftliche Motive
  - Vergrößerung der Eigenkapitalbasis
  - Verbesserung der Kreditwürdigkeit
  - Verbesserung der Liquidität
  - Großprojekte
  - steuerliche Vorteile
→ verwaltungsorientierte Motive
  - gemeinsame Buchhaltung und EDV

Arten von Konzentrationsvorgängen

→ nach der Integrationsrichtung
  - anorganisch: Unternehmen unterschiedlicher Branchen schließen sich zusammen
  - vertikal: Unternehmen, deren Produktionsstufen aufeinander folgen, schließen sich zusammen (z. B. Baumschule mit Sägerei)
  - horizontal: Unternehmen derselben Produktionsstufe schließen sich zusammen (z. B. zwei Reedereien)

→ nach der rechtlichen Ausgestaltung des Zusammenschlusses
- Kooperation: Vertraglicher Zusammenschluss von Unternehmen, die gemeinsam betriebliche Teilaufgaben erfüllen wollen. Dabei bleiben die beteiligten Unternehmen rechtlich und wirtschaftlich selbstständig (in der nachfolgenden Aufzählung die Formen a, b, c und d).
- Konzentration: Zumindest ein beteiligtes Unternehmen verliert seine wirtschaftliche Selbstständigkeit. Es kann auch sein, dass die rechtliche Selbstständigkeit ebenfalls verloren geht, wenn der Zusammenschluss die Bildung eines neuen Unternehmens zum Ziel hat (e, f).

Folgende Formen für Zusammenschlüsse sind möglich:

a) **Unternehmensverband:** Bei dieser Art des Zusammenschlusses sollen die gemeinsamen wirtschaftlichen Interessen gefördert werden (z. B. Wirtschaftsfachverbände, IHK, Arbeitgeberverbände).
b) **Konsortium:** Diese werden zur Durchführung bestimmter Projekte, z. B. Großbauprojekte, für einen begrenzten Zeitraum gebildet.
c) **Kartelle:** Zusammenschluss von rechtlich und wirtschaftlich eigenständig bleibenden Unternehmen, dessen Hauptziel es ist, den Wettbewerb zu beschränken. Dabei wird durch das Gesetz gegen Wettbewerbsbeschränkungen eine Unterteilung in drei Kategorien vorgenommen. Es gibt anmeldepflichtige Kartelle (Konditionenkartell, Rabattkartell, Produktionskartell), genehmigungspflichtige Kartelle (Strukturkrisenkartell, Rationalisierungskartell, Importkartell) und verbotene Kartelle (Preiskartell, Gebietskartell, Absatzkartell).
d) **Interessengemeinschaft:** Rechtlich selbstständige Unternehmen geben einen Großteil ihrer wirtschaftlichen Selbstständigkeit auf, um gemeinsame Aufgaben in Forschung und Entwicklung durchzuführen.
e) **Konzern:** Rechtlich selbstständige Unternehmen begeben sich unter eine einheitliche Leitung.
f) **Trust (Fusion):** Dabei verschmelzen Unternehmen und verlieren ihre wirtschaftliche und rechtliche Selbstständigkeit.

16.6 Marketing

Marketing bezeichnet eine marktorientierte Unternehmensführung. Marketing soll heutzutage **alle absatzpolitischen Instrumente optimieren**. Dazu muss jeder Anbieter seine Produkte optimal den Markterfordernissen anpassen, seine Preise gewinnmaximal gestalten, die Kommunikation mit den Konsumenten verbessern und seine Logistik optimieren. Dadurch wird automatisch das Gewinnmaximum für das Unternehmen erreicht. Dazu bedarf es in jedem Unternehmen eines simultanen Ansatzes, das heißt, alle denkbaren Kombinationen absatzpolitischer Möglichkeiten müssen berücksichtigt werden und so langfristig gedacht sein, dass auch in Zukunft die erhofften Erfolge eintreten.

Dies kann jedoch nur teilweise gelingen, da zukünftige Verhaltensweisen der Konsumenten nicht vorhersagbar sind. Deshalb berücksichtigt man nur eine kleine Zahl von Kombinationen und legt nacheinander die Maßnahmen fest, die den Unternehmenserfolg garantieren sollen. Zuerst werden **produkt- und verteilungspolitische Maßnahmen** getroffen, da diese langfristig Auswirkungen haben. Danach werden der **Preis und die Art der Werbung** festgelegt, da diese variierbar sind.

Nur wenn man auch suboptimale Entscheidungen trifft, kann man vorwärtskommen, denn Nichtstun hat für jedes Unternehmen fatale Folgen. Jedem Unternehmer muss bewusst sein, dass der optimale Gewinn kaum erreichbar ist.

---

16 Markt und Absatz — Checkliste

→ Wissen Sie, wovon **Angebot** und **Nachfrage** abhängen?
→ Welche **Marktformen** gibt es? Können Sie dazu je ein Beispiel geben?
→ Ist Ihnen die grafische Darstellung der **Preisbildung** geläufig (Polypol, Monopol)?
→ Machen Sie sich die verschiedenen **Konzentrationsvorgänge** bewusst (Motive, Arten, Formen).
→ Erklären Sie den Begriff **Marketing**.

17 Investition und Finanzierung

Unter Investition versteht man die Verwendung finanzieller Mittel oder die Anlage von Kapital in Vermögen bzw. Geldkapital, um damit neue Geldgewinne, oder höhere Geldgewinne aus bestehenden Unternehmungen zu bekommen. Unter Finanzierung dagegen versteht man alle betrieblichen Prozesse zur Bereitstellung und Rückzahlung der finanziellen Mittel, die für Investitionen benötigt werden.

17.1 Investition

Begriff: Als Investition bezeichnet man alle kapitalbindenden Ausgaben, die ein Unternehmen tätigen muss, bevor ihm Geldmittel zufließen. Dabei unterscheidet man zwischen einmaligen und wiederkehrenden Ausgaben.

Investitionsarten

Bruttoinvestitionen		
Nettoinvestitionen		Ersatzinvestitionen
Gründungsinvestitionen	Erweiterungsinvestitionen	Erhaltungsinvestitionen
	Rationalisierungsinvestitionen	

Je nachdem, in welche Art von Vermögensgegenständen die Investitionen fließen, unterscheidet man drei Gruppen von Investitionen:
→ **Sachinvestitionen** (z. B. Grundstücke, Gebäude, Maschinen)
→ **Finanzinvestitionen** (z. B. Beteiligungen, Rechte)
→ **immaterielle Investitionen** (z. B. Forschung, Entwicklung, Werbung)

Alle Sachinvestitionen zusammen bilden die **Bruttoinvestitionen**. Diese setzen sich zusammen aus:

→ **Ersatzinvestitionen** (zur Erhaltung der Unternehmenssubstanz)
→ **Nettoinvestitionen** (erweitern die Kapazität eines Unternehmens)

Der Kapitalstock einer Volkswirtschaft wird durch die Nettoinvestitionen erweitert. Je größer diese ausfallen, umso höher wird das gesamtwirtschaftliche Wachstum ausfallen. Zu den Nettoinvestitionen zählt man **Gründungsinvestitionen** und **Erweiterungsinvestitionen**. Letztere könnten aber auch zu den Ersatzinvestitionen gehören, da auch beim Ersatz alter Maschinen oftmals eine Erweiterung der bestehenden Kapazität vorgenommen wird. Ebenso kann es vorkommen, dass im Zuge einer Erweiterung **Rationalisierungsinvestitionen** vorgenommen werden, um die Wirtschaftlichkeit des Produktionsprozesses zu erhöhen.

Auswirkungen von Investitionen

Um ein Unternehmen langfristig erfolgreich zu führen, müssen alle Investitionen sorgfältig geplant werden. Dazu ist es nötig, vielfältige Informationen aus allen Bereichen innerhalb und außerhalb des Unternehmens zu erhalten, da sämtliche Investitionen nicht nur für das einzelne Unternehmen, sondern für die gesamte Volkswirtschaft Auswirkungen haben, von denen die wichtigsten im Folgenden aufgezeigt werden.

→ **Volkswirtschaftliche Auswirkungen**
- Arbeitsplätze werden neu geschaffen, gesichert, abgebaut
- Bruttonationaleinkommen steigt an
- Kapitalstock wird erhöht
- internationale Marktstellung verbessert sich
- Unternehmen bleiben flexibel
- Umwelt wird schonender behandelt
- Ressourcen können gespart werden
- Kapitalmarktzinsen steigen an
- Kapitalbedarf erhöht sich

→ **Betriebswirtschaftliche Auswirkungen**
- Umsatzsteigerungen
- Kostensenkungen
- Kapazitätserweiterung
- Produktionsfaktoren werden besser eingesetzt
- Kapitalbedarf erhöht sich

17.2 Finanzierung

Begriff: Für jede Investition benötigt ein Unternehmen Kapital. Alles was ein Unternehmen zur Beschaffung, Verwaltung und Tilgung von Geldern benötigt, gehört zur Finanzierung. Wenn das Kapital dem Unternehmen von außerhalb zur Verfügung gestellt wurde, spricht man von Außenfinanzierung. Wird das für Investitionen benötigte Kapital innerhalb des Unternehmens generiert, nennt man dies Innenfinanzierung.

Außenfinanzierung

Generell kann die Finanzierung von außen über Beteiligungen oder Fremdkapital erfolgen.

- → **Einlagenfinanzierung:** Dies bedeutet, dass bei Personengesellschaften der Unternehmer oder die Mitunternehmer dem Unternehmen Kapital zuführen. Bei Kapitalgesellschaften bedeutet die Beteiligungsfinanzierung, dass Anteile am Unternehmen erworben werden.
- → **Kreditfinanzierung:** Dabei wird dem Unternehmen Fremdkapital zugeführt, welches innerhalb eines bestimmten Zeitraums zurückbezahlt werden muss.
- → **Leasing:** Man versteht darunter die befristete Überlassung eines Gutes durch den Leasinggeber. Dabei wird kein Geld direkt überlassen. Der Leasingnehmer vermeidet größere Ausgaben, muss allerdings regelmäßige Leasingraten in Kauf nehmen.

Innenfinanzierung

Wenn die finanziellen Mittel, die einem Unternehmen zufließen, aus dem Umsatzprozess stammen, spricht man von Innenfinanzierung.
Man unterscheidet:

- → **Finanzierung aus Gewinn (Selbstfinanzierung):** Dabei finanziert sich ein Unternehmen selbst, indem es den erwirtschafteten Gewinn nicht auszahlt, sondern wieder in das Unternehmen investiert.
- → **Finanzierung aus Abschreibungen:** Abschreibungen sollen die Wertminderungen von Anlagegütern erfassen. Die über den Umsatzprozess eingenommenen Abschreibungsgegenwerte können wieder

für Neuinvestitionen eingesetzt werden und führen so zu einer Kapazitätserweiterung des Unternehmens.
→ **Finanzierung durch Pensionsrückstellungen:** Dabei werden die entsprechenden Vermögenswerte nicht zur Gewinnauszahlung verwendet und sind deshalb auch nicht steuerrelevant.
→ **Vermögensumschichtung:** Hierbei werden Gelder, die in dieser oder einer vergangenen Periode zum Kauf von Material, Arbeitsleistung oder Ähnlichem verwendet wurden, durch den Verkauf von Fertigprodukten wieder erwirtschaftet. Behält man nun den Produktionsprozess konstant, müssen die Abschreibungsgegenwerte erst später zur Verfügung stehen. Mit diesem Betrag können also in der Zwischenzeit neue Investitionen getätigt werden.

Man kann die Finanzierung auch nach der Rechtsstellung der Kapitalgeber in Eigen- und Fremdfinanzierung gliedern:

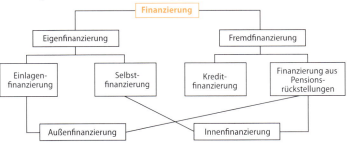

Dabei gehört zur Eigenfinanzierung die Einlagen- und die Selbstfinanzierung. Zur Fremdfinanzierung gehören die Kreditfinanzierung und die Finanzierung aus Rückstellungen.

Kurzfristige Fremdfinanzierungsformen

→ **Lieferantenkredit:** Die Unternehmen nutzen gewährte Zahlungsziele bei Einkäufen aus. Diese belasten nicht durch Zinsen, können Unternehmen aber dazu zwingen, auf mögliche Rabatte und Skonti zu verzichten.

- → **Kundenkredit:** Dieser resultiert aus Anzahlungen von Kunden, welche als Vorfinanzierung herangezogen werden und zur Absicherung von Liquiditätsengpässen dienen.
- → **Kontokorrentkredit:** Dies ist ein kurzfristiger Kredit bei einer Bank, der bis zu einer vorher abgemachten Höhe in Anspruch genommen werden kann und dann auch in einer beliebigen Zeit getilgt werden darf.
- → **Sicherungsübereignung:** Ein Unternehmen sichert einen Kredit durch ein Pfand an beweglichen Sachen ab. Dabei geht das Eigentum an der Sache auf den Kreditgeber über. Der Kreditnehmer bleibt aber Besitzer und kann den Gegenstand weiter nutzen.

Langfristige Fremdfinanzierungsformen

- → **Anleihen-, Obligationsfinanzierung:** Dabei handelt es sich um festverzinsliche Wertpapiere, die in der Regel in kleinen Mengen ausgegeben werden. Die Rückzahlung erfolgt in festgelegten Tilgungsplänen im Zeitraum von 10 bis 20 Jahren.
- → **Grundpfandrechtlich gesicherte Rechte:** Langfristige Bankkredite werden häufig durch die Belastung von Immobilien gesichert. Dabei werden Rechte an unbeweglichen Sachen in das Grundbuch eingetragen. Bekanntestes Beispiel ist die Hypothek.

Finanzierungsgrundsätze

Jede Finanzierungsentscheidung sollte an bestimmten Grundsätzen ausgerichtet werden. Jeder Unternehmer muss sich überlegen, welchen Einfluss eine beabsichtigte Finanzierungsentscheidung auf Liquidität, Stabilität, Rentabilität, Unabhängigkeit und Haftung seines Unternehmens hat.

In unserer Volkswirtschaft haben sich einige Finanzierungsregeln herausgebildet, an die sich jeder vernünftige Unternehmer halten wird.

Vertikale Finanzierungsregel

Diese betrifft das Verhältnis von Eigen- zu Fremdkapital. Dabei wird in der klassischen Literatur gefordert, dass mindestens so viel Eigenkapital in einem Unternehmen vorhanden sein sollte wie Fremdkapital. Dadurch würden einem Unternehmen laufende Zinszahlungen erspart und es bliebe relativ unabhängig von Gläubigern. Allerdings kann es durchaus lohnend sein, Fremdkapital einzusetzen, solange die damit erzielte Rendite den zu bezahlenden Zins übersteigt (Leverage-Effekt). Außerdem ist die Zusammensetzung stark branchenabhängig. Deshalb sollte das Verhältnis zwischen Eigenkapital und Fremdkapital am Durchschnitt des jeweiligen Wirtschaftszweiges ausgerichtet werden.

Horizontale Finanzierungsregeln

→ **Goldene Finanzierungsregel:** Zwischen Kapitalverwendung und Kapitalbeschaffung sollte Fristenkongruenz herrschen. Damit ist gewährleistet, dass keine Liquiditätsprobleme auftreten. Problem dabei ist, dass der Kapitalbedarf jedes Unternehmens größer ist als die Vermögensseite der Bilanz, da laufende Ausgaben getätigt werden müssen.
→ **Goldene Bilanzregel:** Langfristig gebundene Vermögensobjekte sollten auch durch langfristiges Fremdkapital finanziert werden.

---

17 Investition und Finanzierung — Checkliste
→ Welche **Investitionsarten** gibt es?
→ Wie wirken sich die Investitionen aus?
→ Machen Sie sich die unterschiedlichen **Finanzierungsarten** bewusst und grenzen Sie diese voneinander ab.
→ Wenden Sie die Finanzierungsgrundsätze auf aktuelle Bilanzen von Unternehmen an.

Stichwortverzeichnis

A
Absatz 224
Afghanistan-Krieg 129
Aktiengesellschaft (AG) 212
Akzeleratorprinzip 160
Alleinherrschaft 25
Angebot 224
Außenhandel 191
Außenwirtschaftspolitik 185
Außenwirtschaftstheorie 185

B
Banken 115
Bankenunion 118
Beitrag 179
Beschäftigungsgrad 216, 217
Börsen 115
Bruttoinlandsprodukt 168
Bundesstaatsprinzip 45
Bundestagswahl 49
Bundeswehr 136
Bürgerinitiativen 32

D
Demokratie 19, 29, 31, 96
Demokratiedefizit 97
Demokratietheorien 54
Devisenmangel 188
Devisenüberschuss 188
Diktatur 25
Drei-Sektoren-Modell 157
Dualismus 132

E
Einkommenspolitik 194, 196
Einkommensverteilung 194
Entpolitisierung 18
Erlösfunktion 222

EU-Gesetzgebung 90
Europäischer Rat 87
Europäisches Parlament 97, 98
Europäische Union 78, 81, 90, 96, 100
EU-Sanierungskonzept 118

F
Fazilität 175
Finanzierung 232, 234
- Außenfinanzierung 234
- Finanzierungsgrundsätze 236
- Fremdfinanzierung 235
- Innenfinanzierung 234
Finanzierungsregel 236
Finanzkapitalismus 115
Fiskalpolitik 178, 179, 180
Freiheitlich demokratische Grundordnung 42
Friedensmission 133

G
Gebühr 179
Geld 170
Geldmenge 171
Geldpolitik 170, 171
- expansive 176
- kontraktive 176
Genossenschaften 212
gerechter Krieg 124
Gesamtkosten 218
Gesellschaft 60
Gesellschaft bürgerlichen Rechts (GbR) 211
Gesellschaftsanalyse 62
Gesetzgebung 27, 28
Gewaltenteilung 29, 30
Gleichgewicht 157

Global Governance   139
Globalisierung   103, 105, 106, 116
Globalismus   104
Globalität   105
GmbH (Deutschland)   212
Grenzerlös   219
Grenzkosten   219
Grundgesetz   19, 22, 150
Grundrechte   21, 22

I

Identitätsdemokratie   56
Individualisierung   60
Individualprinzip   149
Initiativen   31
Internationaler Gerichtshof   143
Internationaler Währungsfond   111
Internationales Recht   139
Internationale Zivilisierung   137
Internet   33
Interventionspunkt   190
Investition   232, 233
Investitionsfunktion   161
Investitionsquote   161

K

Kanzlerprinzip   27
Kapitalbilanz   186, 187
Klassengesellschaft   63
Klassenmodell   63
Kollegialprinzip   27
Kommanditgesellschaft auf Aktien (KGaA)   212
Kommanditgesellschaft (KG)   212
Konjunktur   164
Konjunkturanalyse   169
Konjunkturindikatoren   166
Konjunkturpolitik   169
Konjunkturprognose   169
Konjunkturschwankungen   166
Konjunkturzyklus   164
Konkurrenzdemokratie   56
Konsumfunktion   161
Konsumquote   161

Konzentrationsvorgänge   229
Korporatismus   40
Kosten   216, 217
Kostenfunktion   222
Kostentheorie   220

L

lean retailing   106
Leistungsbilanz   186, 187, 188
Liquidität   116
Lobbyismus   32, 40
Lohnpolitik   196

M

Maastricht-Vertrag   96
Machtstruktur   25
Marketing   231
Marktformen   225
Medien   31, 36, 37
Mehrebenensystem   81, 84
Mehrheitswahl   49
Mindestreservepolitik   172
Modernisierung   60
Monarchie   25
Monopol   226
Multiplikatorprinzip   159

N

Nachfrage   224
Nichtregierungsorganisation   32
Non-Governemental Organisation (NGO)   32

O

Offene Handelsgesellschaft (OHG)   212
offene Volkswirtschaft   155
Offenmarktpolitik   173

P

Paritätskurs   190
parlamentarische Demokratie   27
Parteien   31, 34
partizipatorische Demokratie   57
Pluralismus   40

Polypol 226, 227
Preisbildung 225
Preispolitik 227
Pump-Kapitalismus 116

R

Rechtsformen 211
Rechtsstaatsprinzip 43
repräsetative Demokratie 57
Ressortprinzip 27

S

Say'sches Theorem 183
Souveranitätsdemokratie 55
soziale Marktwirtschaft 147, 148, 152
sozialer Wandel 60, 61
soziale Sicherung 68
soziale Ungleichheit 61
Sozialpolitik 70
Sozialprinzip 149
Sozialstaat 68, 71, 74
Sozialstaatsprinzip 44
Sozialstruktur 63
Sozialversicherung 72, 76
Sparfunktion 161
Sparquote 161
Spekulation 115
Sperrklausel 48
Staatshaushalt 179
Staatsorgane 25
Stabilisierungspolitik 169
Ständegesellschaft 63
Steuer 179
streitbare Demokratie 47
Strukturpolitik 200
Strukturwandel 105, 106

U

Umweltproblematik 206
Ungleichgewicht 157, 158, 188
Unterbilanzen 187
Unternehmensgründung 209
unternehmerische Ziele 210

V

Verband 31, 40
Vereinte Nationen 125
Verfassungsdemokratie 55
Verfassungsprinzipien 42
Verhältniswahl 49
Vermögenspolitik 198, 199
Vermögensverteilung 194
Vierte Gewalt 37
Völkerrecht 140
Volkseinkommen 157

W

Wachstum 200, 202
Wachstumsfaktoren 203
Wachstumsprobleme 204
Wahl 47
Wahlrecht 49, 51
Währungspolitisches Instrumentarium 191
Währungsreserven 186
Wechselkurs 189
Weltbank 112
Welthandelsorganisation (WTO) 113, 114
Weltordnungspolitik 139
Weltwirtschaftsgipfel 117
Wertpapiere 187
Wirtschaftskreislauf 155, 186
Wirtschaftsordnung 149
Wirtschaftspolitik 182
Wirtschafts- und Finanzkrise 58

Z

Zahlungsbilanz 185, 186, 187
Zahlungsbilanzdefizit 188
Zahlungsbilanzüberschuss 188

Bildnachweis:
Seite 67 – Sinus Sociovision 2014;
Seite 171 – Erich Schmidt Verlag